山东省社会科学规划研究项目“新媒介时代的大众阅读经验研究”（18CWYJ15）成果

山东师范大学中国语言文学山东省高水平学科 · 优势特色学科建设经费资助

触感审美

新媒介时代的文艺接受与批评

李红春　著

中国社会科学出版社

图书在版编目(CIP)数据

触感审美:新媒介时代的文艺接受与批评/李红春著. —北京:中国社会科学出版社，2023.4
ISBN 978-7-5227-1211-6

Ⅰ.①触… Ⅱ.①李… Ⅲ.①传播媒介—研究 Ⅳ.①G206.2

中国国家版本馆 CIP 数据核字(2023)第 022354 号

出 版 人 赵剑英
责任编辑 王小溪
责任校对 师敏革
责任印制 戴 宽

出 版 中国社会科学出版社
社 址 北京鼓楼西大街甲 158 号
邮 编 100720
网 址 http://www.csspw.cn
发 行 部 010-84083685
门 市 部 010-84029450
经 销 新华书店及其他书店

印刷装订 北京君升印刷有限公司
版 次 2023 年 4 月第 1 版
印 次 2023 年 4 月第 1 次印刷

开 本 710×1000 1/16
印 张 17.25
插 页 2
字 数 236 千字
定 价 86.00 元

序

周均平

万事开头难。书序作为冠于书前的一种常见的书面文体，是开头的开头，要想写好，就更是难上加难了。因众所周知的原因，迄今，我都是为我带过的博士研究生出版的博士论文作序，已写近十篇。记得曾在一篇序言中，在无法之法的意义上，以所序与书的内容关系作为衡量标准，总结过此类序文写法的多种类型及特点。如所谓“天马行空”式，洋洋数千言，甚至万言，竟与所序著作几无关系；“蜻蜓点水”式，纵横翻飞，腾挪逶迤，但所言与所序著作仅有散点相连；“卒章显其志”式，满篇宏论，凌高蹈虚，仅在篇尾对所序著作略评一二；“画龙点睛”式，简明扼要，力透纸背，所言聚焦凸显于所序著作的玄关命门；当然，运用最多的可能是“天女散花”式，既提纲挈领，又当到应到，所言紧扣所序著作，且基本覆盖其光点和盲点。我追慕画龙点睛，但为功力和才气所限，往往退就于天女散花。

近日，李红春教授邀我为其由中国社会科学出版社出版的新著《触感审美：新媒介时代的文艺接受与批评》写序，我打破惯例，欣然应允。缘由有三：一是盛情难却；二是该著作的选题内容是我比较感兴趣的，可借写序对此加深了解，一举两得；最重要的是我与红春有着颇为特殊的人生交际，或者日常说的缘分。红春硕士和博士都是在山东大学攻读的，导师是山东大学原副校长、著名美学家陈炎教授。2004 年 6 月的一天，突然接到陈炎教授的电话，大意是说他有一个学生，非常优秀，原拟留校任教的，但出于多种原因，学校已决定即时开始不再选留本校博士毕业生，让我了解一下我校传播学院是否招聘人才，能否帮助办理聘用事宜。因当时我院也在招聘全国优秀博士毕业生，我暗忖，有现成的山大优秀人才，何乐而不捷足先登哪！所以当即就回答：我们先考察一下，如果符合招聘的要求，我院即可聘用。红春当然完全符合甚至超出我院的招聘条件。他时年二十八岁，是按时行我国学制从小学至博士研究生一气读完的最标准年龄。至今脑海里还留有我和院招聘考察组与红春第一次见面时对其形象的深刻印象：浓眉大眼，圆头虎脑，笑容灿烂，帅气俊朗，按当下流行文化的表达，可以说是妥妥的一个阳光大男孩儿！红春进校即被评聘为副教授，很快就适应了高校工作，教学科研都非常突出。2013 年被选拔为校首批重点培养学术带头人骨干，学校花重金把本校这批最有学术潜力的青年学者送往国外世界著名高校做高级访问学者。红春选择在美国纽约大学潜心研究两年，为此后的研究打下了很好的西学基础。2018 年晋升教授。先后主持承担教育部等省部级科研项目 3 项，已出版《自由空间与审美话语——社会领域分化中的当代中国审美文化》等学术著作 3 部，独立获山东省社会科学优秀成果奖一等奖。近二十年时光弹指一挥间，当年的阳光大男孩儿已成长为国内知名学者，令人感慨万千。现在他的又一部新著出版，可喜可贺。如果陈炎教授健在，可能还是他给写序更为合适，但天妒英才，其英年早逝，我为红春的新著作序，就义不容辞了。

反复研读，深感该著作特点鲜明，颇多创获。

首先，追踪前沿。该著作紧跟时代发展，具有前沿探索性质。21 世纪以来，媒介技术与传播环境发生了巨大变化，以数字技术和体制为主导，以智能手机为代表，以跨界融合为特点的新媒介（融媒体），不仅以其技术特性广泛地影响了社会生活的方方面面，而且深刻改变着大众审美和文艺批评的制度环境、时空结构、身份归属、主体状态、体验方式和快感内容等诸多方面。该著作把所研究的问题放到上述变化所形成的新媒介时代的历史语境中，具有突出的时代感和当下性。应该说，这种时代语境中生成的新媒体艺术，走进学术研究的视野已经颇有时日了，虽然在诸多重要问题上学界仍众说纷纭，但普遍认为新媒体艺术是当下最新和最有代表性的审美和艺术现象之一，是当代艺术及科技手段和思想理念交互融合的最前沿的活跃领域，是最具当代性、综合性和实验性的艺术文化形式，因此需要高度重视、深入研究。当今新媒体艺术不仅已被纳入高等教育体制、增设了相关学科和专业，而且推出了一批研究成果。但无可否认的是，已有的研究或集中于新媒体艺术概论性的一般普适问题，或是工具性的教材类成果，大多缺乏对前沿问题的整体探讨和深度研究。即便该著作述评的后现代主义、现象学、政治经济学批判三大研究范式，在有所贡献的同时，也存在着不可忽视的局限性。而且随着时代条件特别是科学技术的发展，新媒体艺术实践也在不断地发展，不断地出现新情况、提出新问题，迫切需要学界做出进一步的阐释和回答。该著作正适时呼应了这种需要。鉴于此前研究成果的缺憾和解答新问题的需要，该著作通过新媒介、新媒介时代、新媒介视野、新媒介语境等一系列概念、观点和命题的链接，把为文艺接受和批评所建构的新媒介理论视野，从 21 世纪初年的互联网转移到当下的移动智能终端设备，如智能手机、iPad 和虚拟穿戴设备等。技术视野的这种转换使得该著作能够就文艺接受和批评提出新问题和新观点。为此，该著作主张以马克思的辩证技术观为理论观照视野，深入文艺接受、审美和批评的内部与后台，探究新媒介文艺活动在制度环境、时空结构、内在特质、人机互动、主客关系、生产方式、主体体验和社会功能等方面的嬗变和重构；不仅从客观层面揭示新媒介文艺活动以何种方式扎根于社会的政治、经济基础，并影响着大众的思想、情感甚至无意识层，而且从价值立场出发，为新媒介文艺活动构建新的审美理念、运行方式和价值准则。从该著作勾勒的研究对象的轮廓和所论及的主要内容来看，已经涉及乃至覆盖了众多前沿问题。这不仅有助于促进大众的自我启蒙和提升其阅读自觉及审美自律，而且有助于促进媒介文化实践的更新和数字文艺的良性发展，并为学者介入文化批判找准靶向，具有突出的前沿性和重要的学术价值及实践意义。

其次，问题导向。该著作具有突出的问题意识。发现问题、提出问题、分析问题和力求解决问题，是该著作的鲜明特色。这表现在该著作从整体到章节几乎所有的主要内容上。如该著作绪论开宗明义就提出要探讨解决的总问题：面对国外学者所说的自机械复制时代以来美学实践和理论所面临的最大挑战，只有深入研究由新媒介所带来的大众审美新范式，才能最大限度地揭示大众阅读和审美在新时代所遭遇的这场媒介技术更新，到底是一场主体解放和庶民胜利，还是一场资本骗局和技术胁迫。再如第四章“新媒介语境下的艺术本质重构”，也在导语中围绕艺术本质的重构、针对艺术消解论明确地提出一系列问题：对艺术概念的一味消解是否也是另一种偏执？对美与审美的驱逐，是否导源于对它们的误解从而造成的误杀？艺术理论在包容现代艺术时是否也需要重拾理论的规范引导功能？能否通过对艺术、美与审美等概念的重新界定，消除两者之间的隔阂，使其在扬弃中实现更高层次的融合与统一？其他各章也都以不同的方式、不同程度地表现出这一特色。甚至诸多章节的标题，就是问题式的。如“谁在拆解艺术的审美本质”“‘读者阅读’缘何重要”“批判阅读能否兼容审美”“为什么要自我批判”“面向自我，还是守护他者”“文艺批评转型如何响应社会现实”，等等。虽然该著似乎未如传统研究所追求的那样，构建一个高度严整和逻辑化的理论体系，但以问题为导向，以问题为核心，目标明确，聚焦充分，重点显豁，力所能及，无疑为该著增加了内容的精度、理论的深度和焦点的穿透力，体现了当下学术发展的主流趋势。

再次，辩证批判。该著作秉持辩证思维，采取批判立场，能够对问题做出较为全面深刻的把握和阐释。这里所谓批判，反思扬弃之意也。新媒介审美是一种以技术为中介的审美活动，对这种审美活动，当前的研究往往震荡于技术乌托邦和技术虚无主义之间，该著作则主张采用马克思的辩证技术视野，对新媒介审美进行重新把握。“通过马克思的辩证技术视野，将新媒介文艺活动从单纯的技术领域解放出来，建构到更为深厚的政治经济学领域，从而在社会整体语境中为新媒介文艺活动寻求准确定位。既肯定新媒介文艺活动是当代大众不可剥夺的文化权利，避免将其一概视为‘数字劳动’，也要揭示新媒介文艺活动可能遭遇的政治、经济异化，避免以理想化、浪漫化心态将其视为社会革新的原动力。只有建立这样一种辩证视野，才能既肯定大众的数字审美权利，又为新媒介文艺批评找准批评的靶向。”对于在技术与商业环境中生产的文艺产品，该著作通过对文化批评阅读观的阐释，倡导一种批判阅读模式，并将这种阅读模式具体落实在对美国好莱坞新世纪电影的批判分析中。这种辩证批判特色充分地表现在该著作论及的几乎所有主要问题的探讨中，大大增强了该著立论和建构的合理性。

第四，守正创新。该著作具有鲜明的建构创新意识，紧密结合新技术环境对文艺接受和批评等文艺活动重要环节提出新概念、新观点、新命题，如“网联受众”“增强主体”和“触感审美”等概念为理解新媒介审美活动中的主体形态、经验特质提供了新的视野。对艺术与审美的关系、典型理论在当下的批评价值、文艺批评在新媒介时代的性质重构等问题，也都提出了独到的建设性意见。这些新概念、新观点、新命题，有机联系，相互作用，构成对新媒介时代文艺接受与批评的创新性整体阐释，无疑丰富并深化了当前的文艺理论和美学研究，在一定意义上成为这一研究领域或重要问题的一家之言。更为重要的是，该著在着力创新的同时，努力坚持学术探索上的真理性和科学性。既不唯新是求为新而新，也不剑走偏锋刻意追求所谓片面的深刻，更不随波逐流。面对纷纭众说，高度尊重，严谨审度，深刻反思，谨慎取舍。无论是肯定、否定，还是既肯定又否定，都力求以相对真理性和科学性为标准，表现出自觉的反思意识和难得的学术定力。

第五，追根究底。该著作研究的主体是新媒介时代的文艺接受与批评，但并未简单地就事论事，而是追本溯源，刨根问底。该著作先对新媒介时代的文艺接受与批评的重要基础性或前提性问题进行讨论。如前三章立足于新媒介审美活动的空间形态、新媒介美学文本的多元特征和新媒介审美体验的三重转化，论析了新媒介审美不同意义上的特征和变化，侧重阐明新媒介时代文艺接受与批评的美学或审美基础。第四、五章，“新媒介语境下的艺术本质重构”“新媒介时代的艺术价值转换”，更进一步，从美学到艺术，侧重探讨新媒介时代文艺接受与批评的艺术理论基础。这样逐步论析，步步深究，最后才落实到新媒介时代的文艺接受与批评主要问题的探究。这种追根究底式的研究，不仅展现了新媒介时代的文艺接受与批评的其然，而且揭示了其所以然；不仅合乎揭示研究对象内在规律的逻辑需要，而且体现了研究者开阔的学术视野和全面的理论素养，显然使该著作的探讨具有了较深厚的理论底蕴和较强的逻辑力量。

此外，该著作还搜集运用了中外诸多新材料。为其创新性探索和建构，提供了有力的支持。

当然，作为一种面向时代、面向挑战的前沿性创新研究，该著作还存在诸多不足：如全书尽管围绕新媒介时代的文艺接受与批评展开，但系统性不够；对马克思辩证技术观的运用还不够彻底，有待进一步加强和深化；有些章节述多论少，缺乏必要的建构；对于主体研究对象新媒介时代的文艺接受与批评，在接受和批评区分并列的严格意义上，似乎对批评着力较多，对接受着墨偏少，等等。这些问题都有待于今后优化和完善。

但是，瑕不掩瑜。毫无疑义，该著作的出版，标志着红春教授在自己的学术研究上开拓了一个新领域，是其发展的一个新的里程碑。作为他的同事和师长，我由衷地祝贺该著作的问世。红春教授学术潜力巨大，而且年富力强，正值人文学科学者出成果的最佳年龄。希望他围绕这个重要领域，一方面细化和深化已有研究内容，另一方面根据已有积累和学理需要把这一研究做大做强，形成整体特色和优势。我期待他有更多新成果问世，不断攀登科学研究的高峰。

是为序。

2023 年 2 月 18 日于山东师大高层楼寓所见山厅

目　录

绪　论

进入21世纪以来，媒介技术与传播环境发生了巨大的变化。最鲜明的标志是，传统的报纸、广播和电视等，正日益被以互联网、数字技术、无线网络、卫星和光纤传播、红外感应技术和智能终端设备等为技术构架的新媒介代替。这些新媒介包括数字电视、便携电脑和iPad等，其中又以智能手机为代表。它们的广泛普及、无处不在，以及在物理和心理上与人的贴近，使有些媒介学者认为，当今社会已经进入“媒介终结”，或者“后媒介”时代，即在数字技术和体制的主导下，所有媒体正日渐融合，“媒体有效地成为无处不在的信息流的不同界面”①。在这种媒介环境下，大众的文艺和娱乐活动越来越借助新媒介来进行，表现出鲜明的媒介化倾向。对于大众的阅读和审美体验来说，新媒介的介入并非仅仅换了一个新平台，实际上，新媒介正以其移动、便携、互动、虚拟、增强和跨媒介等技术特性，深刻地改变着大众审美和文艺批评的制度环境、时空结构、身份归属、主体状态、体验方式和快感内容等诸多方面。马克·波斯特在面对新媒介时就曾感叹，“信息机器的日益复杂、多样和普及，改变了对所有文化的体验”②。马丁·瑞泽甚至认为，这是“自机械复制时代以来，美学实

---

① B. Mark, N. Hansen, *New Philosophy for New Media*, Cambridge and London: The MIT Press, 2004, p. xviii.

② A. Aneesh, Lane Hall and Patrice Petro, eds., *Beyond Globalization: Making New Worlds in Media, Art, and Social Practices*, New Brunswick, New Jersey and London: Rutgers University Press, 2012, p. 27.

践和理论所面临的最大挑战”①。显然，只有深入研究由新媒介所带来的大众审美新范式，才能最大限度地揭示大众阅读与审美在新时代所遭遇的这场媒介技术更新，到底是一场主体解放和庶民胜利，还是一场资本骗局和技术胁迫。探清大众在新媒介阅读和审美中的内在肌理和外在机制，不仅有助于提升大众的阅读自觉和审美自律，而且有助于促进媒介文化实践的更新，同时，也可以为学者介入文化批判找准靶向。

从肖恩·库比特在1998年出版《数字美学》算起，中西方学者对新媒介审美活动的研究已经有20余年的历史。这期间，涌现出一大批思想深刻、观点新锐的学者。根据哲学基础和关注焦点的不同，可以将这些研究大致分为三种理论研究范式，即后现代主义范式、现象学范式和政治经济学批判范式。其他诸如关于新媒介审美的女性主义研究、生态学研究等也可以归入前三种范式。

后现代主义研究范式主要借用后现代主义思想资源对新媒介审美活动进行阐释。理论代表人为肖恩·库比特、马克·波斯特、罗伯特·萨缪尔、阿兰·科比等。他们以罗兰·巴特、德里达、福柯、利奥塔、鲍德里亚和德勒兹等后现代学者为思想座上宾，借用他们的“主体间性”“互文”“游牧”“流动”“能指链”等概念，将新媒介审美理解为释放多元自我、促进个体自由、激发跨界意识、包容远距他者的社会实践。在这一方向的学者看来，新媒介审美作为一种脱域、脱身活动，真正实现了后现代主义的终极理想，即主体的符号化和现实的文本化。不仅如此，由新媒介的数字虚拟空间所激发形成的主体新质，反过来又会对现实进行重塑，自上而下、由虚拟到现实，创造崭新的个体和社会。马克·波斯特就曾肯定地说，只要以“最有益和最富创意的方向发展它们”②，新媒介审美就可以

---

① Martin Rieser, *The Mobile Audience: Media Art and Mobile Technologies*, Amsterdam and New York: Rodopi, 2011, p. 84.

② A. Aneesh, Lane Hall and Patrice Petro, eds., *Beyond Globalization: Making New Worlds in Media, Art, and Social Practices*, New Brunswick, New Jersey, and London: Rutgers University Press, 2012, p. 20.

创造一个崭新、民主而多元的全球文化。后现代主义研究范式在价值上给予新媒介审美较为充分的肯定，表现出较为乐观的情绪。但是，这一范式也带有明显的技术中心主义倾向，未能将新媒介审美置于技术外部更为真实、复杂的现实社会之中。尽管技术有瓜塔里所说的“横贯”力量，也与人类之间有海德格尔意义上的本体论关联，但技术要想发挥力量，始终需要依赖政治、经济等因素的奠基作用。

现象学研究路径主要将新媒介审美活动视为数字技术主导下的主客体相互作用事件，并对其中的主客体关系样态、审美对象的呈现以及身心体验等进行现象学考察。这一研究路径以乔纳森·克拉里、安娜·蒙斯特、马克·汉森和罗伯特·迪奥达托等学者为代表。这一研究路径不同于后现代主义路径将新媒介审美视为一种非物质、无身体和非情境的活动，而是重新将物质、现实、身体和主体引入审美构造，凸显受众在新媒介审美活动中的主体性和能动性。马克·汉森曾明确地表示，在新媒介审美活动中，数字图像是一种过程性和具身化的实体，它的形成乃起源于身体的选择功能，而身体始终是一种充满激情、无法驯化的无中心主体。其他如迪奥达托、蒙斯特等也将新媒介审美活动视为主体、身体积极参与其中的“事件”。尽管在“事件”中离不开客体提供的机缘，但事件的原动力和终极归宿始终是人类生命。此外，凯瑟琳·海耶斯也反对将数字与现实、虚拟与身体等对立起来，认为数字虚拟技术是人类“认知无意识”的延伸和外化，这些对立项之间尽管相互区别，但又同时相互支持，最终实现要素的耦合与增强。这一研究路径也对新媒介审美活动中的虚拟、沉浸和互动等心理现象做了细致剖析，但无论对哪一种心理体验，他们都强调了主体和身体在其中的基础、主动地位。总的来看，这一研究路径致力于恢复现实、物质和身体在新媒介审美经验构成中的作用，为后者注入了人文主义内涵。他们普遍认为，技术并没有架空和霸凌身体、自然和现实，只是对后者进行了重构，其基座始终是人类主体及其自然属性。不过，这一路径也存在对新媒介审美进行孤立研究的倾向，依然像后现代主义研究范式一样，将新媒介审美局限于人与技术这一狭小的空间，未能将政治、经济等因素结合进来。

新媒介审美的第三种研究路径为政治经济学批判路径。这一路径借助马克思主义的政治经济学思想，对新媒介审美展开批判研究，以克里斯蒂安·福克斯、伊安·费舍尔、吉姆·麦奎因和文森特·莫斯可等学者为代表。这一研究路径弥补了上述两种范式的缺陷，主张将新媒介审美置于更加具有基础作用的政治、经济学层面加以考察。在他们看来，貌似自由、个性、多元的新媒介审美活动，在本质上都受到资本主义逻辑的控制，从属于资本主义生产方式。也就是说，大众在新媒介中的审美活动时间越长，对自我内在情思吐露得越多，就越容易被商业资本捕获，成为大数据和算法所针对的对象。在对新媒介审美活动的分析中，这一范式大量借用马克思的剥削、异化、劳动、资本和剩余价值等概念，挖掘新媒介审美活动所面临的种种危机。福克斯指出，资本最大的乐趣就是“不用支付任何报酬，就能实现利润的最大化”①，而资本的这一乐趣正借助于大众的新媒介审美活动得以实现。费舍尔则将马克思的剥削和异化概念结合起来，认为，大众在新媒介审美活动中越是公开自己的人口学信息和内在情感志趣，他们所受到的剥削就越重，异化也就越深。从总体上看，这一研究路径拓展了新媒介审美活动的政治经济学批判视野，将活跃于新媒介审美领域的大众称为“数字劳工”，而且是没有任何报酬的“劳工”，而这意味着大众受到的剥削达到了更深的程度。不过这一路径也存在批判大于肯定的问题，尽管弥补了后现代主义范式和现象学范式的不足，但未能以辩证视野看待人类与技术既对立又统一的关系，从而使得相关结论过于悲观，没能

① Christian Fuchs, *Culture and Economy in the Age of Social Media*, New York and London: Taylor & Francis, 2015, p. 142.

在理论上给大众的新媒介审美活动确立合法性。

鉴于此前研究成果的缺憾，本书主张以马克思的辩证技术观为理论观照视野，深入新媒介文艺接受、审美和批评的内部与后台，探究新媒介文艺活动在制度环境、时空结构、内在特质、人机互动、主客关系、生产方式、主体经验和社会功能等方面的嬗变与重构；不仅从客观层面揭示新媒介文艺活动以何种方式扎根于社会的政治、经济基础，并影响着大众的思想、情感甚至无意识层，而且从价值立场出发，为新媒介文艺活动构建新的审美理念、运行方式和价值准则，以期促进大众的自我启蒙和数字文艺的良性发展。

本书认为，新媒介不仅形塑了审美文本的呈现方式、存在特性，使其更具可塑性、心灵性和事件性，而且重构了审美主客体之间的传统关系，并使人机互动、赛博格、虚拟现实和机器尺度等成为重要的理论问题；更为重要的是，审美受众在人机耦合中，摆脱了静观、移情等传统主体形象，成为增强主体和触感主体，获得一种全新的与他人互联、共在的本体论快感。在新媒介的影响下，文艺批评在21世纪不仅开始对自身进行全面反思，而且对自身的性质和方式进行重构，进而从“审判者”转向“对话者”，从诉诸“理性”转向推崇“体验”；新媒介不仅促生了媒体批评、网络批评等备受争议的批评新类型，而且改变了文艺批评的整体格局，使其更为多元；新媒介不仅促使马克思主义文论走向生活，而且使复兴典型理论成为时代要求。

本书的核心目的是，通过马克思的辩证技术视野，将新媒介文艺活动从单纯的技术领域解放出来，建构到更为深厚的政治经济学领域，从而在社会整体语境中为新媒介文艺活动寻求准确定位。既肯定新媒介文艺活动是当代大众不可剥夺的文化权利，避免将其一概视为“数字劳动”，也要揭示新媒介文艺活动可能遭遇的政治、经济异化，避免以理想化、浪漫化心态将其视为社会革新的原动力。只有建立这样一种辩证视野，才能既肯定大众的数字审美权利，又为新媒介文艺批评找准批评的靶向。

第一章　新媒介审美活动的空间形态

以智能手机为代表的新媒介，体积小巧、便于携带，具有突出的可移动特性。新媒介随时联网的能力，也使它成为大众得心应手的“上手”之物，可以跟随人们出入于各类场所和空间。如果说以电视和台式电脑等固定媒介为代表的传统媒介主要地带来了私人空间的公共化，那么新媒介所具有的自由穿行能力则成就了公共空间的私人化倾向。当然，在拥有重塑公共空间的能力之外，新媒介还为现实与虚拟空间的叠加、渗透提供了机缘。新媒介对各种空间的重新配置能力，具有突出的美学价值。它不仅引导大众在空间叠加中享受游戏空间的额外乐趣，而且促成了一种以自我为导向的审美文化倾向。

一　移动空间的形成及其效应

新媒介的小巧便携及其随时响应主体的能力，使其与使用者之间建立起一种不仅私密而且亲密的关系，由此形成一种带有鲜明个体特征的移动空间。一旦人们拿起新媒介设备，注视屏幕，在新媒介与个体使用者之间就建立起一个极具个体性和私人性的移动空间。说它更具个体性，是因为与电视等媒介的屏幕相比，以手机为代表的新媒介具有更小的屏幕，只适合个人近距离地观看，这势必会培育一种更具个体特征的文化，并取代此前适应电视屏幕的合家欢文化。说它更具私密性，是指这个个体空间又具有强烈的排他性。哈贝马斯曾将家庭视为私人领域的核心地带，认为家庭担负着培养人性和个性意识的任务。如果说，哈贝马斯所标举的家庭私人空间还带有公共性质，由家庭成员之间的交往构成，那么这个由个人与新媒介机器构成的个体空间，则有着强烈的排他性和独占性。尽管这块领地没有物理地标和界限，但是，一旦有人靠近专注于新媒介内容的使用者时，后者总是会感到被打扰甚至冒犯，甚至家庭成员也不被允许。与同样带有亲密隐私属性的家庭空间相比，这个人机复合的私人空间还具有突出的移动特性。它可以跟随个体出入于各种场所，进入各类空间。通信技术和媒介硬件技术的升级，如防水、防火、防尘以及适应极端环境等，也在不断提升新媒介的这种跟随能力。由新媒介与个体使用者所构建起来的这个私人移动空间具有许多崭新的特质：它是个体的、私密的，但同时又是敞视的、透明的，经常暴露于公共注视之下；它是技术参与的，但又具有鲜明的心理学属性；它可以无处不在，但又可以随时消失；它既可固定一点，也可跟随人们四处移动。这种崭新的私人移动空间，与拥有者心有灵犀，妙不可言，表现出幽灵般的特质。这一特质也给大众的新媒介阅读接受活动带来许多额外的快感和体验。

这种新媒介文艺接受活动，有将公共空间私人化、柔性化的能力，能为文艺阅读和审美提供一个公、私交融的混合空间，流溢出一种以空间为游戏对象的特殊快感。以智能手机为代表的新媒介已经成为大众皮肤和意识的延伸，与人如影随形、不可分离，这就使得由新媒介构成的私人空间可以随时嵌入体制化的公共地带。在现代社会生活中，广场、地铁、商场、街道、飞机场、咖啡馆，甚至办公地点等传统意义上的公共空间，都已经演化为低头族的世界。人们争分夺秒地利用闲暇、等待等时空片段，观看各类短视频，浏览微叙事，或者畅玩互动、竞技游戏。学术界一般从时间角度，将大众的这种审美活动称为微时代的微审美，大众的闲暇时间得到有效利用，是日常生活审美化的重要组成部分。但是，如果从空间视角观照这一现象，就会发现，大众借助新媒介所进行的阅读接受活动，实际上在公共地带打开了一个私人空间。在这种套嵌结构中，公、私空间并非简单叠加，而是既相互对立，又相互作用，形成一种辩证关系，深刻地影响到大众的阅读体验和审美方式。在新媒介私人空间的嵌入下，公共空间原有的物理属性和社会规约都有被软化、弱化的倾向，也即“减少了场所的具体性，而创造了有利于交流者的具体性”[①]，这就给具体的文艺接受活动提供了一种“如家感”。

这种“如家感”首先是指，公共空间原有的人与物消解了它们的他异和陌生性质，成为具有亲和力的文艺欣赏背景，并强化着受众的审美体验。在康德看来，审美判断从方式上看是一种没有概念的必然性。当某人觉得一朵花很美时，他就有充足的理由认为其他人也觉得这朵花美。康德认为这是由人类拥有的共通感所决定的。在家庭等私人独处空间，这种要求他人赞同的审美吁求只能是一种内心的潜意识活动，但是在公共环境下，这种要求就有了现实的载体和呼应对象。当人们欣赏到精彩片段，总是禁不住抬头四顾，尽管与他人可能并无眼神或者情感的交流，但他人的在场本身就提供了一种确认和肯定的力量。阿伦特在谈到公共呈现对于自我体验的意义时曾说，“他人的在场向我们保证了世界和我们自己的实在性”，“我们的现实感完全依赖于呈现……即使是照亮了我们私生活和亲密关系的微光，也最终来源于公共领域更耀眼的光芒”。[②] 审美体验作为一种私人体验和感受，在经由他者在场的肯定之后，会更具有实在性，主体的感受也会更为强烈。

其次，这种“如家感”还指向新媒介文艺接受中对公共空间硬性制度和规约的软化。任何公共空间都内化着特有的体制内容和社会规约，但是当人们在诸如机场、办公室、商场、咖啡馆等公共场

---

① Sonia Livingstone, ed., *Audiences and Publics: When Cultural Engagement Matters for the Public Sphere*, Portland and Bristol: Intellect Ltd., 2005, p. 193.

② ［美］阿伦特：《人的境况》，王寅丽译，上海人民出版社2009年版，第33页。

所，拿起手机，对着屏幕眉飞色舞、旁若无人，就像在家里一样时，公共空间的公共性正在被吸入私人性之中，“手机用户总是待在家里，因为‘家’就是主页，一个便携且始终跟随的财产”[①]。对于公共空间来说，这种“如家感”释放着使用者的适意快感。在受众借助新媒介文艺活动在公共空间打开私人领地时，实际上就是对公共规约的一种潜在消解和软化。由于新媒介所允诺的私人空间具有特殊的亲密和忘我特性，这种潜在的消解和软化往往以无意识方式进行。因此有些人经常忍不住在公共场所外放影音文件，以致对他人造成打扰。这实际上就是新媒介使用中的一种无意识倾向。就此，上海市在 2020 年 12 月发布的《上海市轨道交通乘客守则》中有条文规定，禁止手机等电子设备在地铁车厢外放声音。实际上，早在 2019 年 10 月，中华人民共和国交通运输部就出台过相关规定。这些规定也从相反的方向说明了，隐匿于新媒介文化娱乐中的越界倾向及其快乐原则具有相当的普遍性。

二　空间游戏与空间辩证法

新媒介所允诺的移动空间使数字虚拟世界与物质现实世界始终如影随形。这两种空间的平行、并存和叠加，不仅给予大众一种将空间作为游戏对象的可能，而且使大众对空间的体验具有了以自由为核心的审美属性。大众对新媒介审美的欲罢不能，与混合空间所提供的自由和张力有着紧密关系。

通常认为，涌现于新媒介的各类短视频、微叙述，有效填补了现代社会碎片化了的时间，但实际上，这些微型的文艺产品更为大众提供了一种在公共与私人、现实与虚拟等空间之间自由切换、频繁进出的操控感。新媒介文化产品之所以越来越微型化，与大众对“触控”的迷恋有

---

① Peter Glotz, ed., *Thumb Culture: The Meaning of Mobile Phone for Society*, Bielefeld: Transcript Verlag, 2005, p. 87.

着直接的关系。在新媒介软硬件的持续更新之下，拇指的触控、设备的跟随已经和人们的神经反应达到协调一致。在拇指的轻轻一触之下，人们就能躲开公共、现实空间的尴尬、无聊，进入私享、虚拟的数字世界，而一旦对虚拟世界的信息轰炸心生厌倦，则又可在轻轻一挥间，关闭视窗，重返滚滚红尘，体味现实的厚重。就此，有学者认为，“移动媒介的独特之处在于它们处于线上和线下的交叉点，以及开启和关闭状态之间的相互影响”①。新媒介中的微型文艺作品，成为一个个传送门，助力大众在公共与私人、现实与虚拟等空间闪转腾挪、自由来去。罗伯特·萨缪尔（Robert Samuels）将新媒介视为“自动现代性”在当代社会的最新发展，他认为新媒介具有高度自动化特性，这一特性大大强化了使用者的“高度个人控制感和自由感”②。正是因为新媒介所能提供的这种自主体验，当代大众似乎已经将新媒介视为生存体验的一部分，无法割舍，非常亲密，它不仅在外部紧贴大众的皮肤，而且向内重塑大众的心理。

现实和虚拟世界的并存，并不是简单地罗列和相加，而是形成了一种空间辩证法。一方面，虚拟空间和现实空间在性质上相互对立，前者往往被赋予自由、空灵的气质，后者往往是质实、沉重的代名词；另一方面，每一空间也因对方的存在，而不再是主体不得不驻留的所在，也就有了可以被作为自由对象进行审美体验的可能。现实世界的嘈杂和忙碌虽然往往使大众时刻想要逃离，但是，一旦人们在虚拟空间浸淫良久，现实世界的烟火气和物理存在反倒具有了特殊的魅力。德国美学家韦尔施曾经谈到，在美国硅谷工作的电子工程师、网络工程师们，下班后最喜欢做的事情就是驱车到加利福尼亚海岸看日落。由此他感叹，“在电子潜能与日俱增的喧嚣世界

---

① Hidenori Tomita, ed., *The Post-Mobile Society: From the Smart/Mobile to Second Offline*, London and New York: Routledge, 2016, p. 105.

② Robert Samuels, *New Media, Cultural Studies, and Critical Theory after Postmodernism*, New York: Palgrave Macmillan, 2009, p. 7.

中，不可再现的一个时刻和一次相会，其独特性正再次被我们重视起来。一只美丽的手，一双漂亮的眼睛，愈益叫我们欣喜不尽。我们在回忆那些简单行为的自在自足的完美，一次散步、一餐饭食、一片风景，以及孤居独处，摆脱了传媒，摆脱了一切传播机器的孤独”①。同样的，当一个人在现实社会动辄得咎、备感压抑时，数字世界提供的虚拟、自由和多元等特性会更加显露出它的迷人魅力。

数字虚拟空间对现实空间的审美增强并不仅仅表现在主体的主观意识中，还表现在人们的日常技术实践中，这主要以“增强现实”（AR）为代表。在增强现实技术中，虚拟世界中的信息以图像、建模、音乐或者视频的方式，对应于主体眼前的物理现实，出现在主体手持或者头戴的显示界面上。在这种技术实践中，虚拟世界被下载到现实物体之上，两种空间被混合在一起。原本可能枯燥、陌生的物理现实，在技术虚拟的补充下变得形象、生动，甚至被补充相关的历史知识、文化信息，进而形成对物理现实的虚拟叙述。在空间定位跟踪、实时成像、移动设备摄像头和互联网等技术的共同支持下，每一次现实与虚拟的相遇，都成为一次审美事件。增强现实还有另外一种实现方式。在很多知名风景区、历史文化遗迹，或者历史、文化艺术场馆中，每一处值得观赏的景观或者文化艺术作品都有自己的专属二维码。只要用智能终端设备（如手机等）扫描二维码，就会在媒介屏幕上得到景观和作品的详细数字信息，其内容有无限拓展的可能。借助新媒介所实现的这种空间叠加，既是现实景观和作品向数字虚拟空间的跃进，成为数字叙述的一部分，也是数字信息的本地化和情境化，拥有了真实可感的物质身躯。在虚拟与现实、数字与物质、历史与当下的交会处，则是主体不断移动的视野。在主体的扫视之下，原本对立的空间界限不断被消解。这种消解并不是对空间的弱化，而是对空间的糅合与倍增。由空间激荡所带来

---

① ［德］沃尔夫冈·韦尔施：《重构美学》，陆扬等译，上海译文出版社 2002 年版，第 259 页。

的意义增生，使主体的审美感受更丰富、更强烈、更直观、更深刻。

三 “自我导向”的审美新范式

大众与新媒介之间这种亲密且私密的关系，甚至引导着大众在新媒介中创造出一种以自我为导向的审美新范式。以手机为代表的新媒介，在形式设计、材料选择、触控感受等各个方面，正从服务于功能，转向追随于情感，由此进一步强化了新媒介与大众之间的情感联系。新媒介所具有的这种私密和亲密性质，使作为使用者的大众自愿暴露于设备前。在大众的新媒介审美活动中，无论是我国的微信、微博等社交软件，还是抖音、快手等短视频平台，其中的大部分内容是对自我生活和自我形象的披露、展示。国外社交媒体，如 Facebook 和 Twitter 等，据统计，其内容的一半以上也以这种自我展露为主，并主要集中于自我面部的写真自拍。在新媒介亲密特性的引导下，大众几乎将自我的内在心理和外在皮肤暴露到极限。最大限度地展示自我、揭示内心，甚至已经成为新媒介文化活动的一种意识形态要求。以推特、脸书、微博和微信朋友圈等为代表的社交媒介，也通过持续不断的技术更新，以及对保护隐私和版权的承诺，进一步促成了这种审美范式的滥觞。

对于这种由新媒介引导的自我展示和叙述，目前学术界主要有两种批评意见。第一种从技术批判立场出发，认为自我在新媒介中的展示在本质上是对人类交往的异化，充其量只能是一种大众的自我交流。对此，萨缪尔曾说，新媒介中的这种自我展现除了渴望得到他人的关注和承认之外，没有任何其他更高的公共目的，这种流行的交往由于受到技术屏幕的阻挡，“将社会上的他人降格为仅仅确证自我存在的镜像而已”①。在他看来，当潜在的信息在数量和种类

---

① Robert Samuels，*New Media*，*Cultural Studies*，*and Critical Theory after Postmodernism*，New York：Palgrave Macmillan，2009，p. 21.

上无限倍增以后，个体往往只去寻找那些强化个人观点和意识形态的信息，由此，“屏幕彻底成为一面自动反射自我的镜子”①。第二种则从政治经济学角度切入，认为大众在新媒介中的自我暴露是资本伙同技术恶意鼓动的结果，大众对自我暴露得越多、越彻底、越全面，就越容易沦为资本操纵的对象，成为商业广告的精准投放对象。克里斯蒂安·福克斯就此进一步认为，越是处在被压迫的底层，就越是喜欢在新媒介中寻求存在感。这些底层不仅在政治上被疏离、经济上被贬斥，而且在文化上也遭受异化，“生活的碎片化建立在个人主义文化的基础上，这种文化赋予少数名人以可见度和关注度，但使大量的普通人被孤立、忽视，孤独生活”②。在福克斯看来，底层大众借助新媒介对存在感的寻求既是一种无奈，更是饮鸩止渴，不仅不能解救自我，反倒会在社会生活中陷入更大的被动。上述忧思有助于警醒人们，人类活动的技术化潜藏着人文危机。但是，如果考虑到从旧石器时代开始，人类就已经与技术相共生这一事实，那么任何对技术的简单否定和抵制都将有失偏颇。弗里德里希·基特勒甚至认为，人类主体在原初就是技术性的，在技术装置被发明以前，人类对于自身和心灵是一无所知的，就此他曾说：“关于心灵或人类，我们唯一能知道的是，它们就是历史上特定时代用以把握它们的技术装置本身。”③ 以这样一种开放的态度看待当下的技术发展，那么由新媒介所支撑和引导的自我呈现也包含着积极的社会文化价值。

这种价值首先表现为，可促进大众对自我身份的自觉建构，对

① Robert Samuels, *New Media, Cultural Studies, and Critical Theory after Postmodernism*, New York: Palgrave Macmillan, 2009, p. 20.

② Christian Fuchs, *Nationalism on the Internet: Critical Theory and Ideology in the Age of Social Media and Fake News*, New York and London: Routledge, 2020, p. 15.

③ Friedrich Kittler, *Optical Media*, Cambridge and Malden: Polity Press, 2010, p. 35.

日常生活的审美重塑。大众在新媒介中的自我展示与叙述，往往就是几张图片、一段文字，没中心、无逻辑，带有鲜明的独语倾向，这也正是它经常被诟病的地方。但如果这种自我叙述本来就不是为了公共讨论而生产，那么非要用后者的标准要求前者就不免强人所难了。大众在新媒介中的自我叙述活动，的确不是为了交流而存在。据统计，在美国社交媒介上，“只有不到一半的帖子有目标受众”①，也就是说，大部分帖子所面对的只是一个抽象观众，大众发帖在本质上就是一场自我交流。但是，这个抽象观众并非没有意义，大众的自我交流也绝非作茧自缚，实际上这个抽象观众正因为其抽象，所以才能内化为大众思想情感中的超我力量，起到督促、提升的作用。表面看来，大众只是生存现状的搬运工，镜头、键盘是他们的工具，搬运过程似乎很客观，但日常生活是一个连续不断的经验流，大众只能选择其中一段进行共享，而选择哪一段共享就涉及主观的思量和社会的考量了。这种思量和考量最终将指向大众对自我身份和生活的反思、谋划和提升。这其中无论是对自我个性的培育，还是对社会期望的追求，都为大众更新自我、重塑生活提供了机缘和动力。如果没有抽象观众所形成的这一客观力量，大众重塑自我和生活的热情可能就没有那么强烈了。从心态上讲，借助新媒介进行的自我审美重塑要比互联网初期更为持重和真诚。互联网初期的网络交往大多以匿名状态进行，自我身份往往是游戏和颠覆的无中心对象，但在以智能手机为代表的新媒介时代，大众对自我的媒介建构不仅以真实身份奠基，而且面对的是熟人社会，以亲朋好友、志同道合者居多。这就使大众的媒介身份往往就是现实身份的延伸，而非戏拟、颠覆，并因此具有内在的一致性和连续性。从根本上说，大众在新媒介中的自我展示和叙述尽管受制于媒介逻辑，呈现出碎片化状态，但由于媒介大众首先是一位具有现实能动性的社会个体，

① Ralph Schroeder, *Social Theory after the Internet*, London: UCL Press, 2018, p. 96.

因此，对新媒介中的自我叙述只有立足于现实个体的社会位置、权力关系，以及由此产生的思想、情感和态度，才能得到更为准确的理解。

大众的新媒介自叙还有第二种积极价值，有利于在社会个体之间创造一种“视觉共在”和情感团结。现象学哲学的一大贡献，就在于揭示了人类存在的共在结构。与他人共在，不仅是人类生存的客观属性，而且是挥之不去的主观需求。自进入现代社会以来，人类不仅在物理上，而且在观念上，被相互隔离，成为原子化的个体存在。与这种个体存在如影随形的，则是人们日趋强烈的共在需求。新媒介，尤其是社交媒介在当下社会的空前壮大，就是这一强烈需求的集中表现。大众在新媒介中的自我言说，尽管缺少对话的意图，且处于散乱的状态，但是却能够在大众之间创造一种沟通视觉的公共“显现”。阿伦特认为，个人生活只有经过这种“显现”，才会具有“实在性”。但还需进一步指出的是，这种公共“显现”不仅在“被他人而且被我们自己看到和听到”[①] 中构成实在，还会反过来，在自我与他人之间创造一种“视觉共在”。这种视觉共在需要必要的技术设置辅助实现，它或者是“跟随”“点赞”，或者是“评论”“转发”，也就是说，他人不仅要关注文本，还要留下关注的痕迹，让发帖者知晓。因此，只有经历发帖、他人点赞、查看点赞或者进一步反馈之后，视觉共在才真正完成，发帖者才会获得志得意满的存在感。这也正是发帖者总是迫不及待地第一时间查看点赞、跟随和转发等情况的根本原因。

“视觉共在”还给予双方一种情感上的有机团结。大众在新媒介中所分享的生活与体验，往往带有隐私的性质。这种对隐私的袒露、分享和让渡具有重要的社会文化价值，可以让双方不由自主地融入一个亲密的共同体之中。在新媒介中的社会交往需要一个前提，那

---

① ［美］汉娜·阿伦特：《人的境况》，王寅丽译，上海人民出版社 2009 年版，第 32 页。

就是双方首先彼此关注、成为好友，这已经为双方建立情感共同体奠定了基础。双方在新媒介中的活动也大多在自由支配的休闲时间，这也有利于保证情感的自由和真诚，有助于丰富和提升双方的情感联系。大众在新媒介中的自我展露，基本上都是以第一人称的方式。这种叙事方式，使得展露者与对方建立起一种“我”和“你”的亲密关系。新媒介中大众交往的魅力就在于，它能松弛人们的神经、打开心灵的大门，“允许事物和现象以新的方式呈现，并以此来帮助个体成长，帮助个体完成身份认同”①。不过，在新媒介建立的这种情感团结带有淬火的性质，减弱了灼人的热度。大众所分享的“显在”内容，既将人们联系在一起，同时也是一种分离的力量。作为屏幕上的互动，它在将人们聚拢起来的同时，又防止人们彼此倾倒在对方身上，给对方造成挤压、紧迫感。大概正是因为能建立这样一种既能有机团结又使人从容不迫的情感联系，新媒介才显现出非凡的魅力，让大众欲罢不能。

---

① 李红春：《自由空间与审美话语——社会领域分化中的当代中国审美文化》，中国社会科学出版社2014年版，第159页。

第二章　新媒介美学文本的多元特征

就美学表现来说，新媒介艺术在屏幕上的呈现依然以图像、声音和文字等形式为主，与画报、电视和电影等艺术类型相比，似乎没有什么特别之处。它们都通过色、形、声等形式美要素作用于人们的感官。但是作为高精尖技术的集大成者，新媒介具有很不相同的技术构架和物质形态，尤其是在数字技术、传感技术和远程互动等技术融入之后，新媒介艺术无论是在显现方式、存在特性上，还是在主客关系上，都表现出新的形态和特点，影响着大众的审美感受。

从技术特性来看，新媒介艺术所依赖构型的数字技术具有突出的可塑性和交互性。究其原因，在于数字技术使屏幕形象与现实事物之间的物理联系趋于消失，在削弱了现实事物的掣肘之后，技术的可操作性就可以发挥到极致。一般而言，现实事物的影像经过感光器件之后，就会从光信号转变成电信号，电信号又会经过微处理器被转换成以像素为单元的一系列二进制数字信号。正是二进制数字信号层的存在和嵌入，使数字图像具有了非同凡响的特性。在数字信号层，原有事物的形式都以数组或矩阵的方式存在，消除了一切差别、一切维度，甚至时空观念也在此失效。基特勒在谈到这一问题时认为，数字信号成功地“将一切维度降为零”①。通常数字信

---

① Friedrich Kittler，*Optical Media*，Cambridge an Malden：Polity Press，2010，p. 227.

号的光照位置和强度是离散的，并处于休眠状态，不过一旦获得能量，被使用者激活，这些数字信号就会按照特定的配置完成显像，成为可以被主体感知的图像和声音等。更为重要的是，在数字信号层，不同的数组和矩阵之间不仅没有明确的界限，而且会根据指令实现相互替代，重新组合，从而产生不同的屏幕形象。当然，数字形象更为激进的地方在于，它可以完全不依赖于现实事物的光学作用，而直接在数字信号层通过算法形成特定配置，进而显像成型。数字技术所允诺的可塑性和交互性直接影响到新媒介艺术的本体和具体存在形式。

一　存在形式的准心灵特质

新媒介艺术的首要特性表现为它的准心灵特质。新媒介艺术种类繁多，几乎囊括了一切可以数字化的艺术类型，但这些不同类型最终将主要以数字图像的形式呈现在大众面前。数字图像对分析新媒介艺术的本体特性具有典型意义。同样都是形象，但数字图像既不同于客观事物的形象，也不同于大众精神心理层面的想象，而是一种介于两者之间带有准心灵特性的形象。与现实事物的形象相比，数字图像也需要可见、可触的物质依托，如新媒介的硬件等，但是，数字图像不再受制于现实事物，而是由数字信号按照特定配置，通过计算机的层层算法被创造出来，从这个意义上讲，数字图像既是技术的，更是人工的，具有突出的可塑性和灵活性。数字图像在屏幕上的最终显现，借助于发光二极管组成的密集点阵，其来去都以电子的速度，不仅招之即来，挥之则去，而且来无痕，去无踪，且没有体积和重量，如同人的意念和想象一般。如此，数字图像可以视为人类意念和想象力的延伸，带有心灵的特质。对于数字图像的这一特点，保罗·克劳瑟将其称为“魔法”，是“比电影和视频中的静止画面更为完全的幻想载体。它具有一种在超验性的意义上将现实进行虚拟化重构，并将这一变形和转换过程持续化、长久性的能力”①。然而，与人类的心灵和幻想相比，数字图像依然带有惰性和被动性。一方面，它受制于新媒介的软硬件系统，其灵活性与人类心意能力相比还相去甚远，另一方面，它需要被触发才能显现，否则将一直处于潜在状态，并与其他数字信号无差别地以像素形式存储于各种存储器中，而人类心意和想象则是来自人类身心感受的一种内在涌动和绽出，既是主动的、内在的，也和人类有机体保持着有机的联系。在数字图像那里，图像与其载体之间则是冷漠和偶然的联系。鉴于以上特点，数字图像作为新媒介艺术的代表，它具有心灵和想象的灵动、速度和去物质化，但又不具备心灵和想象的主动和绽出特性，因此是一种准心灵的存在物。

尽管数字图像只具有“准”心灵的特质，但它已经使得新媒介艺术成为人类的属己存在，贴近人类生存，释放巨大魅力，使人难舍斯须。这种属己存在首先表现为，新媒介艺术在数字技术的帮助下，克服了各种现实物质的羁绊，与大众的心意功能同频共振、无缝对接。黑格尔曾经按照物质与心灵对立关系的发展演变，将艺术划分为三大历史范型：象征艺术、古典艺术和浪漫艺术。在浪漫艺术之后，黑格尔认为，艺术将进入哲学阶段，即绝对精神进入纯思阶段，不再依赖于任何物质媒介。按照这一逻辑，在艺术进入哲学阶段之前，新媒介艺术应该是浪漫艺术的顶点，因为它尽管依然依赖于形象而非纯概念来展现心灵，但它所依托的物质媒介已经彻底摒弃了大理石、油彩、纸张等媒介的物质属性和固有惰性。在数字技术那里，它的数字化形态使其更接近心灵而非物质，因此也更能与人类心灵建立起心有灵犀的属己关系。这种属己存在还表现为新媒介艺术对于大众来说的“上手”状态。作为数字艺术的鲜明代表，新媒介艺术没有体积、没有重量，以数据状态存储于各类远程数字服务器或者云端存储之中。只要大众拥有一部可联网的智能手机，

① ［英］保罗・克劳瑟：《视觉艺术的现象学》，李牧译，南京大学出版社 2021 年版，第 236 页。

他就可以随时随地登陆艺术世界，畅享审美体验，新媒介艺术在当下社会生活中，已经成为大众生存的一个维度，消融在人们的起居坐卧、生产生活之中，甚至变得不再可见。对此罗伯特·萨缪尔曾说，在新媒介时代，大众与新媒介不仅在物理上而且在心理上有融为一体的倾向，在新媒介的信息流和虚拟情境面前，“人们倾向于忘记他们正在使用的技术媒介，并在很多方面与这些机器融为一体”[①]。

二　文本内容的“自我现象化”

新媒介艺术的第二个特性在于它的可塑性。新媒介艺术的具体呈现方式，是由数字信号层的二进制数字矩阵所决定的，不同的点阵配置将产生不同的声、色、光、影形象和效果。不过，以像素为具体表现单元的二进制数字矩阵并非固定的先验结构，而是可以随时得到修改的后验配置。目前各大软件应用商提供了大量的视听编辑软件，只需要简单的技术操作和知识储备，就能灵活自如地对新媒介艺术进行重新编辑和再次加工。新媒介艺术作为数字艺术，也就展现出其他艺术类型［如雕塑、纸媒艺术，甚至电影、电视艺术（前数字时代）］所不具备的可塑性。这种可塑性，使新媒介艺术始终属于一种悬欠结构，处于未完成状态。换句话说，新媒介艺术在本体上的这种悬欠结构，使其不再是接受者被动观看的对象，而是使用者主动进入的对象。在新媒介技术框架内，当前给大众带来审美快感的新媒介艺术产品往往是已经包含了使用者主体痕迹和操作的艺术文本。简单如各种自拍照片，最初的机器尺度总是最大限度地被使用者进行各种花式操作，如放大、剪裁、补光、添加文本、变形、动漫化等；复杂如各类数字视频，无论是短视频，还是电影、电视剧，都给大众提供了介入其中的技术后门，即“弹幕”。大众可以一边观看，一边

---

① Robert Samuels, *New Media*, *Cultural Studies*, *and Critical Theory after Postmodernism*, New York: Palgrave Macmillan, 2009, p. 21.

将即时的观影感受变成文字，推送到屏幕上，形成“弹幕”，使其叠加在画面之上。在弹幕这种形式中，大众所观看的内容是叠加着观众主体信息的画面，而这种影像呈现方式正主导着当下的新媒介艺术。对于新媒介艺术的这种悬欠结构，马克·波斯特将其描述为“一个非限定的对象”“一个未确定的空间”[①]。由于这个未定空间是留给受众和使用者通过技术操作来填补的，表现为自我向未定空间的移入，可称为自我的现象化过程，而由此形成的形象就带有鲜明的“自我现象化”特征。新媒介艺术的这种自我现象化特征，使其在身份上有了被重新认定的可能。通常，学术界将新媒介艺术文本视为后现代主义文本，但是，在阿兰·科比看来，新媒介艺术文本是一种崭新的文本，既不是拥有解释学秘密的传统文本，也不是开放给读者并任其发挥的后现代文本，而是一种可以在物理形态和技术构架上由读者、观众进行重塑的“数字现代主义”文本。在阿兰·科比看来，数字现代主义文本在时间上晚于后现代主义文本，以物理可塑和身体感触为技术构架，表现出前向性、瞬时性和未定性等特征。尽管阿兰·科比对数字现代性文化主要持批判态度，认为它倾向于“去社会化和准自闭症”[②]，但他在客观层面指认了新媒介艺术文本的这种自我现象化特性。

新媒介艺术的这种可塑性和自我现象化特点，在新媒介网游这种艺术类型上表现得最为突出。新媒介网游，尤其是手机网游因其整合了游戏、社交和互动等多种功能，正成为大众新媒介活动的主要内容，风靡各个社会群体。这类游戏往往需要玩家选定或创建某一角色，与他人组队协作，共同完成某项任务。新媒介网游的美学性质，既表现为游戏情节的展开，带有叙述特征，更表现为对虚拟角色的选择和培育。相对来说，由于游戏情节乃适应着角色活动而

---

① Mark Poster, *Information Please: Culture and Politics in the Age of Digital Machines*, Durham and London: Duke University Press, 2006, p. 126.

② Alan Kirby, *Digimodernism: How New Technologies Dismantle the Postmodern and Reconfigure Our Culture*, New York and London: Continuum, 2009, p. 54.

得以形成的，虚拟角色也就在新媒介游戏中占有更为本体的位置，而玩家的快感也主要来自对虚拟角色的创建和控制。单纯从视觉效果上看，网络游戏中的虚拟角色似乎与电影荧幕和电视屏幕上的形象没有差别，都是某种具体的形象，但由于网游虚拟形象以数字技术为构架，它在本体论上就不同于其他两种，而是带有鲜明的自我现象化特征。网络游戏中的虚拟形象，或称为虚拟身体，首先是使用者在众多待选角色中的自主选择。其次，玩家主体根据偏好为虚拟形象匹配装备和能力。再次，虚拟形象在游戏中的行动由玩家来具体指挥。因此，这一虚拟形象尽管还会受技术构架的限制，但却不仅为游戏玩家提供了巨大的自我移入空间，而且改变了游戏主体与虚拟形象之间的关系。理论界一般认为，形象之于主体通常有两种情态，或者是人们沉思的对象，与其保持一种理性的心理距离，或者是人们移情的对象，主体将情感投入其中。但是，社交媒介游戏中的虚拟形象既不是沉思的对象，也不是移情的对象，而是物理操作的对象，是游戏者身体的延伸。它与身体的这种联动性，使它的虚拟性得以跳出真实/虚假这一二元框架，转而成为真实的一种状态，因此也就内在地包含着消除主体在其他形象上所经常追加的怀疑态度。身体向虚拟形象中的移入包含着身体动觉功能的全部投入，这也是为什么屏幕前的游戏玩家总是那么不安分，响应虚拟形象做出各种潜在的身体动作。作为这样一种充满身体要素的虚拟形象，它实际上与身体而非形象更接近，也许正是这个原因，罗伯特·迪奥达托才将这种虚拟形象称为建模对象。他认为，虚拟图像“不是真正的图像，而是图像身体”①。

三 文本生成的事件属性

新媒介艺术的第三个特性在于它的事件属性。这一属性在本质

① Roberto Diodato, *Aesthetics of the Virtual*, Albany: State University of New York Press, 2012, p. 1.

上是指，新媒介艺术在由潜在到显在、由前显到后显的过程中，都是在与新媒介使用者的交互作用中形成的。也就是说，在新媒介艺术中，小到一张数字图片，大到一部数字电影，抑或一场手机网游，都不是既定的，也不是已经完成了的，总是在与主体的遭际中产生新的变化，显现新的样态。在主体与新媒介艺术之间不是认识与被认识、反映与被反映的关系，而是一种带有偶发性、遭际性的创造和实践。对此，罗伯特·迪奥达托曾说："在虚拟环境中，被使用者感知为某物的东西，实际上是一个事件，是虚拟性的暂时实现，在其当下状态中，仅作为交互关系的功能而存在。"① 当下大众借用新媒介所热衷的自拍写真，尽管有现实指向，但是一旦对现实截取之后，又总是被大众进行各种编辑、改造，往往呈现出意想不到的效果，而且这一图像还有无限变形、编辑的可能。即使是带有固定性的数字电影和电视剧等，在大众使用新媒介观看时，也总是利用新技术（如"弹幕"等）将被动的视频观看转变成与其他观看者之间展开的一场文化对话和审美互动，产生意想不到的文学公共领域。对于手机网游来说，这种事件属性就更加明显。这不仅是指主体每次进入游戏，总会出现于不同的游戏情境，其形象、路线在计算机的随机配置中千变万化，而且也是指，网络游戏基本上都是多用户游戏，游戏用户各自携带不同的身份、思想和情感在虚拟情境中相遇、互动，共同推动游戏情节的发展。这种发展和推进，既没有固定脚本的制约，也没有所谓权威的统领，尽管都会有完成某一任务或者取得最终胜利的目标，但前进过程却完全取决于各主体的随机应变，表现出一种有目的的无目的性。

新媒介艺术的这种事件属性意味着，它总是包含着某种令人意想不到的因素，总是面向一种未定的空间开放。这种开放不仅是意义阐释上的，更是技术构架和物理操作上的。这种事件性及其所带

---

① Roberto Diodato, *Aesthetics of the Virtual*, Albany: State University of New York Press, 2012, p. 10.

来的开放性，使其更接近于海德格尔的“此在”而非“存在者”。在海德格尔那里，如果说“存在者”，如石头和树木等，它们的本质是先验的，是已经规定好了的现成物和封闭物，那么“此在”则区别于这些现成物，它始终处于成为自己的过程之中，也就是说，它始终面向未来，面向可能性，并在谋划之中使自己存在起来。这也意味着，此在的总体属性中包含着一种“能在”。与每一个具体谋划或者显现相比，这个指向无限可能的潜在“能在”具有更为根本的作用。显然，在新媒介艺术中，其“能在”的基础则是数字信号层及其可编译能力。在获得不同的指令之后，这个“能在”就会以不同的方式打开自身。当然，新媒介艺术的此在特性还是不充分的。这是因为，此在在海德格尔那里是自我谋划、自我发展的，表现出鲜明的主动性，新媒介艺术则有待使用者去点亮它的存在，带有受动性。此外，此在状态原本包含着时间向度，只有在时间性中，此在才能感受到自己的存在。但是，新媒介艺术尽管展现出面向未来的开放特征，但是它却将时间性压缩为零，也就意味着它的每一次展开都带有随机性和偶然性，没有内在的秩序和必然的倾向，甚至可以说虚拟形象在本质上就不是叙述性质的。不过，时间性维度的缺失并不一定就是缺点，由于没有时间性的内在压力，虚拟图像拥有了在各个方向延展的可能，具有了更大的可塑性。作为一种没有剧本和内在约定的故事，虚拟形象在屏幕上的次第出现和运行，更近似于一系列电影中的蒙太奇。新媒介艺术中的虚拟图像不仅没有时间维度，而且没有空间维度。失去空间维度后，新媒介艺术中的数字图像也拥有了非凡的组合关系。在同一界面，不同的数字图像可以相互叠加，也可以相互穿越、套嵌，形成图像中的图像、图像下的图像，视像效果经常达到令人匪夷所思的程度，犹如魅影，又似意念，让人迷恋。

四　文本制式的“可播撒”特性

新媒介艺术在当下越来越具有“可播撒”特性。“可播撒”是詹金斯等提出来的一个概念。他们认为，随着新媒介的技术演进，尤其是随着社交媒介的兴起，新媒介艺术生产越来越适应媒介环境的变化，不断强化艺术文本的可传播特性。在互联网早期，网络艺术的创造还往往着眼于“黏性”，也就是通过文本形式和内容等方面的淬炼，提升艺术的吸附能力，使更多的受众、更长时间地关注特定文本。在这一阶段，衡量艺术作品价值高低的一个重要指标就是它的“点击量”。在看重黏性和点击量的互联网阶段，其传播样式依然主要是一种自上而下的一对多样态，带有传统的被动烙印。但是，在社会进一步民主化的进程中，民众对话语权、传播权的需求越来越强烈，他们并不满足于在封闭的私人单元里对媒介文本进行秘享和盗猎，而是渴望自己成为艺术的分享者、意见的发出者，强化自我的主动性，增强身份的公共性。这样一种社会总体心理氛围极大地促进了可播撒文本的出现。这种文本也是商业社会所乐见其成的。

可播撒文本实际上就是这样一种适应大众社交欲求，可供大众通过新媒体软件制作、传播、评论和转发的媒介文本。马克·波斯特将之称为一种崭新的文化实践，他认为伴随数字技术出现的新媒介文本，“总是允许用户修改、存储、复制并分发它们。在这一方面，数字形态的文本、图像和声音不同于模拟文本”[①]。这种数字文本往往具有四个鲜明的特点。在技术手段上，这些文本往往具备嵌入代码，具有易于分享的格式制式，可以很方便地在各种媒体环境下传播，典型如中国抖音短视频、国外 YouTube 上的视频等，都具有这种特点。它们这种易于传播的特性，使其影响力日益扩大，对其他媒介形式甚至形成碾压之势。在形式规格上，这种文本往往是微型文本，有的视频短则十几秒，文字十几字，或者就是一张图片，但这些文本在结构或者情节上却颇为用心，精练而跌宕，其内容往

---

① 参见 A. Aneesh, Lane Hall and Patrice Petro, eds., *Beyond Globalization: Making New Worlds in Media, Art, and Social Practices*, New Brunswick, New Jersey, and London: Rutgers University Press, 2012, p. 23。

往极具视觉吸引力。在传播形式上，杜绝了自上而下的传播形式，而是横向交织于大众之间的社交网络之中，这种来自亲朋好友的亲密传播形式，使人更愿意接受其中的内容，并乐于再次转发。在介入程度上，这些文本指向一种深度参与的文化形式。这些可播撒文本在被大众转发时，总是被大众以不同目的，采用各种形式，进行再加工、再创造。有的被划重点，有的则附加评论，有的被夸张变形，还有的进行蒙太奇组合，等等。这种包含了转发者思想、认识甚至价值观内容的文本，被转发、播撒时，就已经介入社会意义的动态生成之中了。

就目前来看，那些被大众所热衷转发、评论的内容，不论是在西方还是在国内，多集中于图片、歌曲、短视频、影视剧片段，或者各种娱乐、文化信息。尽管有些可播撒文本出自商业公司之手，但这并不影响大众的深度参与与传播。据詹金斯所统计的数据，参加《英国达人秀》的苏格兰女子——苏珊大妈，曾制作过一个试镜视频，名之曰《我有一个梦想》，放到了短视频分享平台 YouTube 上。这个短视频不仅创下了将近 8000 万的点击量，而且被网友在世界范围内分享、传播、改造，在詹金斯等调查时，这个可播撒文本在全球范围内已经被改造成了 75 份不同的版本，分布在巴西、日本、荷兰、美国和中国等。其中，仅在中国的土豆网，就有至少 43 个经过再加工的版本。就此，詹金斯认为，“如果没有社交网站、媒体分享工具和微博平台所促成的人际关系和社区，苏珊大妈现象就不会以此等方式和如此规模出现”①。对于这些可播撒文本，尽管詹金斯认为它们依然处于商业化大众传媒与资本主义文化逻辑的阴影之下，但是观众改变内容传播的能力，已经使文化公司和艺术家感到恐慌。

---

① Henry Jenkins, Sam Ford and Joshua Green, *Spreadable Media*: *Creating Value and Meaning in a Networked Culture*, New York: New York University Press, 2013, p. 11.

总体来看，数字文本的这种“可播撒”特性，不仅满足了大众的社交热情，而且强化了受众的主动性，使大众介入意义的创造和传播等过程之中。意义在大众之间的这种创造和交换，就已经涉及文学公共领域的创造了。如果说，在哈贝马斯那里，文学公共领域的创造者还被局限在拥有良好教养的中上层人士，那么在当下活跃于各大社交媒介、娱乐平台的意义创造和传播者已经主要是普通大众。由于他们不再被传统的大众媒介自上而下地分割为孤立的个体，而是被新媒介在横向上连接为即时沟通的公众和群体，也就大大提升了大众的话语权。由于大众的这种话语权，既能削弱传统媒介把关人的规训，也内在地抵制商业力量的诱导，因此赋予大众在数字文化生产系统中更大的影响力，将有助于促进网络文化生态的良性发展。

第三章　新媒介审美体验的三重转化

在崭新的媒介环境下，大众借助新媒介所展开的艺术、审美活动不仅在客观上造就了一系列新媒介艺术现象和文本，甚至成为当今社会艺术文化繁荣的起搏器，而且在主观上促成了审美主体感知模式、主体状态和审美经验的诸多更新。尽管新媒介所表现出来的技术尺度，在不断给予主体以挤压甚至胁迫，但是主体也在不断地调整内在的感知和神经系统，去同化和吸收这些技术影响，试图使其服务于现实生活。技术与人类自古以来就相伴生、互界定的这一事实，提醒人们应当以更为开放和豁达的心态，去审视新媒介给大众审美所带来的诸多影响。从总体上看，以数字技术为基础、以互联网为构架、以智能移动终端设备为主要界面的新媒介，给当代审美活动不仅带来了一种相互分散但又紧密联系的“网联受众”，还提供了一种人机复合的增强主体，同时也造就了一种以触感和运动感受为核心的审美体验。

一　网联受众与受众的公众化

当代大众移居新媒介进行审美活动，既是一种社会现实，也是一项大众能力。由于新媒介已经普遍可及，古今中外的审美资源经过数字技术的软化，已经可以被整体打包，迁移进新媒介空间。当下，只要大众有意愿，几乎可以随时随地接近任何审美资源。这其中，既包含文化的平权，也蕴藏着审美的民主。审美活动与新媒介的结合，为当代社会造就了一种具有独特社会关系的审美主体，可以将其称为“网联受众”。

网联受众是新媒介时代大众参与审美活动时的社会身份状态。一方面，随着移动智能终端媒介设备的小巧便携化，大众越来越在物理空间上被分割为一个个独立的个体，人们的审美活动似乎都是极端的个体化活动；另一方面，大众的新媒体审美活动又总是通过互联网，与他人处在即时联通的状态。新媒介在当代审美活动中，既充当了分离的力量，使大众相互隔离，即便是在家庭内部，这种分离也十分明显，但同时它又是联通的纽带，哪怕彼此处在地球的两端，也能保持即时互动。这种既相互独立又即时互动，正成为当代新媒介审美受众的新形态。这种网联受众对于大众的审美来说，是一种巨大的激励事件。物理意义上的个体状态，使他更容易摆脱群体的压力和规范，按照自我的意志和趣味去海量的审美文化数据库寻求心灵和情感共契。在越来越扁平化的网络世界，审美大众不仅可以在线欣赏数字艺术资源，而且可以与艺术家和其他受众互动。当前兴盛的各种社交媒体（如脸书、微博、推特等）就提供了在艺术场域重构社会关系的新平台。在世界范围内，艺术、文化工作者在社交媒介注册账号已经成为普遍现象，甚至有专门人员为其打理。在社交媒介平台，受众可以通过账号与艺术文化工作者直接对话，既可能是关注、跟随，也可能是讨论、对话，更可以随时取消对他们的关注。如今西方的推特、脸书和 YouTube 等社交媒介，正将音乐审美活动的各方聚拢在同一平台，音乐从业者可以利用这些服务与歌迷取得联系，歌迷也能主动与乐队建立联系，成为朋友。在社交媒介平台，艺术文化工作者已经与受众处于同一平面。当下最为典型的新媒介艺术欣赏场景就是，受众一面在某一视频平台欣赏作品，一面又打出一串串“弹幕”与其他受众交流观影体会，同时，还可以在多任务窗口，通过社交平台对主创或者主演表达其爱慕或者不满。如果有意愿，受众可借用各种编辑软件，对作品进行截取、剪辑和编辑，顺手转发出去。在这种操作情境下，受众与作者的界限、接受与生产甚至传播之间的界限，已经变得十分模糊。

新媒介所提供的各种技术支持和便利，不仅极大地拓展了受众的艺术交往能力和介入艺术实践的机会，而且强化了受众社会身份的公共性。尽管前文曾论述新媒介天生带有一种将一切私人化、个体化的倾向，但是，这种倾向只局限于物理空间，而在网络空间，则辩证地促进了大众构造公共交往和公共空间的积极性。在这一过程中，具体的审美文化产品不仅是大众观赏的对象，而且是大众进行网络交往的中介。人们通过对具体审美文化产品的共同欣赏、交流讨论、接力转发、友情推荐等多种方式，不断地反思自我，培育社会身份，提升理性能力，一度附着于观众这一概念身上的被动、私密和个体属性正被一种积极的公共理性替代。大众社会交往的媒介化一直被唱衰，这在哈贝马斯那里体现得最为明显。哈贝马斯认为，真正的、有效的社会交往，应该秉持真诚、真实等原则，以平等身份面对面交往。只有处于彼此双方的视野中，双方才能真正达到开诚布公，保证交流和交往的有效。他曾提出“文学公共领域”这一概念，其中所强调的一点，就是参与文学讨论的成员，都应该亲身到场，面对面交流。就此，哈贝马斯对媒介化了的交往颇有微词。在他看来，一方面，大众媒介导致公众的个体化、原子化，无法凝聚力量；另一方面，大众媒介的商业性质使其臣服于权力和盈利逻辑，有着再封建化的危机，再则，公私边界的混淆也将导致公共领域情感化、私人领域公开化的恶果。哈贝马斯所针对的大众媒介主要是指广播、电视等传统媒介，这些大众媒介的确表现出自上而下的意识形态灌输特性。但是在互联网进入 Web 2.0 时代以后，大众媒介中的权力关系不再垂直分布，而是走向网络化、平面化。传统媒介中的社会控制机制面临各个方向的冲击，越来越呈现整合无力的颓势，但这恰恰为真实而多元的社会交往提供了对话空间。

在张桂芳看来，以 Web 2.0 为代表的新媒介，通过匿名、互动等技术架构，促成了大众在网络空间的自由“聚合”，并生成了具有公共性、原生态性的网络趣味群体，这种在网络交往中形成的群体，“在存在样态上从‘想象共同体’走向‘现实共同体’，在内部结构上具有自我沉淀的层级性，而在不同的群体之间倾向于和平相处、相互包容”①。更为重要的是，公共领域能否形成并产生效应似乎并不能简单由亲身到场、相互照面来保证。有学者就曾指出，即便亲身到场，哈贝马斯的公共领域也携带着西方白人中产男性等诸多不平等和非理性的烙印。实际上，如果公共领域的核心不在于达成共识或促成共同行动，而在于促进交流各方对自我身份、社会价值等多重因素的反思，那么，大众在新媒介中的活动并不缺少公共特性，甚至可以说是一种更为开放和活跃的公共领域新形态。

对社会交往公共性的这种考量，可以在德国社会学家尼克拉斯·卢曼那里得到启示。卢曼认为，公共领域应该被理解为一个持续社会化的过程，它主要通过媒体来进行，给大众提供反思社会系统和个人自我的机会，“公共领域因此是一般的全社会反省媒介”②；尽管这一领域面向所有人开放，但又不勉强人们必须参与，“更确切地说，所有人，都能参与到这些实在建构，而又不会由此使人们有义务以特定方式与之往来”③。卢曼还曾特意指出大众传媒与公共领域之间的关系。他认为，“大众媒体的功能不是生产公共领域而是再现公共领域”④。这里的“再现”既是指“收缩”，也是指“化约”，也就是大众传媒通过简化、协调等方式，构建文化、娱乐等信息的

---

① 张桂芳：《传播媒介与社会转型期的文化政治》，山东人民出版社 2020 年版，第 102—103 页。

② ［德］尼克拉斯·卢曼：《大众媒体的实在》，胡育祥等译，台北：左岸文化、远足文化事业有限公司 2006 年版，第 206 页。

③ ［德］尼克拉斯·卢曼：《大众媒体的实在》，胡育祥等译，台北：左岸文化、远足文化事业有限公司 2006 年版，第 207 页。

④ ［德］尼克拉斯·卢曼：《大众媒体的实在》，胡育祥等译，台北：左岸文化、远足文化事业有限公司 2006 年版，第 207 页。

呈现框架，以降低社会的复杂性。由此，大众在新媒介中借助对文艺产品的欣赏、讨论和交流，使原来隐而不彰的心理习惯、文化图式和社会规约等得以显现，促成大众的身份自觉和文化反省。这其中的公共属性和内涵显而易见，作为文艺活动主体的受众，也因此有着从个体向社会、从私人向公共、从观众向公众跃升的潜能。2020 年美国真人版电影《花木兰》（刘亦菲版）在国内上映，一度引发观影热潮，也引起大众的广泛热议，很多受众集结于豆瓣网，各抒己见。尽管讨论区中的很多言论往往只有短短几行，但其反思和批判却指向女性意识、民族文化和意识形态等多个方向。网友“天兔八哥了没”认为，这部电影“壳是中国壳，魂还是老外那个劲，造型是日本艺伎，内核是老美超级英雄主义。总之是外国对中国片面化的认识”。这段话，在批判电影《花木兰》的同时，也对自我的民族文化身份有了更为明确的自觉和认同。一位在加拿大多伦多生活多年的网友“哟哟”在评价该电影剧本、配乐和特效等都一塌糊涂时，不自觉地跳转到对自我族裔身份和现状的反思：“是因为这是大女主电影，所以所有大男子主义的封建男人都要突然一下了悟、相信女主，然后被她领导是吗？是因为疫情导致资金短缺所以特效做得人都变形、五毛都不值得是吗？是因为我在多伦多待久了所以觉得西方眼里的东方文化就应该这样表现是吗？这就是中华之美是吗？什么烂电影！什么破情节！归根到底就是蹭女权热度的爆米花电影罢了！”另外一位名叫 Cosimo 的网友，则立足女性意识对作品女性观的实质做了揭示，甚至将这种批判引向对当下社会女性生存现状的反思：“这个故事本身就不适合拍成现在环境下的迪士尼童话，木兰从军本身所展现的冲突就是和女权背道而驰的，一个男权下的‘个例’，甚至连个例也谈不上，她是‘孝女’替父从军的。以及更退一步，一个‘个例’的‘伪觉醒’于社会大环境有何用呢？噢这还是个开了挂的个例……好了不想继续吐槽了。女孩可以成为战士和传奇，但如果她们是有自我意识地战斗，就绝不是以这种方式和这种故事背景。”① 从真人版电影《花木兰》评论区的整体状况来看，大众表现出强烈的参与热情，尽管相关讨论和意见并没有多么一致，角度不同、立场各异，但是就反思的深度和广度而言，却极大地丰富了大众的认知，为社会文化体系等要素提供了多元可变的视角，缓解了个人思想意识与社会连续性之间的紧张和裂隙，表现出鲜明的公共性。这就意味着，新媒介所生成的这种网联受众，是个体与公众、私人与公共的辩证统一，其内涵甚至已经超越传统的公私和空间等概念，预示着一种崭新的公民文化，利维斯通等认为，这为女权主义所钟爱的口号——“个人的就是政治的”——增加了一个新维度。②

二　人机复合与增强主体

在面对新媒介中纷至沓来、无所不包的审美信息流，主体原有的本体论结构是否会受到冲击，甚至被颠覆？大众审美越来越离不开集中了当代尖端科技的新媒介，这是否会造成人类尺度在审美中的失效，而机器尺度却日渐隆盛？在以速度、差异和互动为原则的新媒介视像面前，主体是现代的，还是后现代的，抑或后现代之后？新媒介所引发的艺术嬗变，只有落实到人类主体的身心效应中才有价值，也正是在这个问题上，当前人文学界也最有争议。

当前学界已经普遍认识到，随着新媒介不断强化其智能、互动、数字和联网等特性功能，它不仅已经成为大众生活和审美娱乐的必需品，而且成为人类本体论存在的一个维度。在新媒介审美活动中，大众主体与新媒介的这种本体论亲和性，越来越表现出人机复合的存在论特征。这种人机复合特性，并非机器向人体的简单植入或者叠加，而是机器及其逻辑已经被整合进人类的感受神经系统，成为

---

① 豆瓣网，https：//movie. douban. com/subject/26357307/，2020 年 9 月 4 日。

② Sonia Livingstone，ed.，*Audiences and Publics*：*When Cultural Engagement Matters for the Public Sphere*，Portland and Bristol：Intellect Ltd.，2005，p. 200.

人们感知世界、体悟生命和表达情意的内在方式。法国哲学家维利里奥在谈到人类身体所面临的科技革命时曾说，科技“不只是提供人体可替换的零件，将其置入人类身体的比例尺中；更是在个体内部创造一种接近可感受性的竞争，一种存在在世上的切分”[①]。大众与新媒介的这种亲和性，以及后者对前者的本体论改造，早在麦克卢汉那里就曾得到表述。他在20世纪60年代就提出，媒介技术是人类感官的延伸，如车轮是人类腿脚的延伸，电子技术是人类神经系统的延伸，等等。在麦克卢汉这里，媒介技术与身体之间还是主从的关系，前者响应着后者的感官需求而出现，媒介从属于身体及其感官，所以有人将他的观点称为“身体人文主义”媒介观。在麦克卢汉之后，德国媒介学者基特勒则向前迈了一大步，将媒介技术从对人类身体的依附中独立出来，强化了它的存在论属性。基特勒认为，媒介技术具有自身独立的发展逻辑，它不仅不依附于人类及其身体，反倒人类对自我心灵和人性的理解只有借助于媒介技术才有可能。尽管基特勒的观点不无偏激之处，但却很能让人对媒介技术向人类本体存在方向的移动保持必要的关注。

对于新媒介技术向人类主体移入的美学结果，学术界在目前存在巨大分歧。其中一种持积极态度，以马克·波斯特等为代表。他们往往从新自由主义立场出发，以后现代哲学或过程哲学为理论基础，认为新媒介促生了一种更加自由、多元、流动、去中心的后现代主体。波斯特将之称为“主体普遍性的去稳定化”[②]，并认为这种虚构的、去中心化的主体可能“比‘真实的’自我更具‘本真性’”[③]。这种乐观、积极的态度，使波斯特对鲍德里亚的总体悲观主

① ［法］保罗·维利里奥：《消失的美学》，杨凯麟译，河南大学出版社2018年版，第160页。

② ［美］马克·波斯特：《信息方式：后结构主义与社会语境》，范静哗译，商务印书馆2014年版，第22页。

③ ［美］马克·波斯特：《信息方式：后结构主义与社会语境》，范静哗译，商务印书馆2014年版，第170页。

义极为不满，认为鲍德里亚“陷入超现实令人沮丧的夸张”，“以囊括一切的悲观见解，超出批判话语的底线”，并因此“排除了新运动的可能性”。[①] 另一种则持消极态度，维利里奥是典型代表。他一方面认为媒介技术已经深达人类的生存根基，另一方面则将这种接近和融合视为一种人性异化和生存危机，发出浓重的忧世之音。维利里奥认为，当代社会生活在各个层面都受制于“速度”暴政。更快、再快，已经成为当代社会生活极具压迫性的意识形态。对速度的绝对追求，导致整个世界被压扁为高铁、飞机窗户上一闪而过的“全新、非逼真的、超自然的记忆残迹”[②]，电视、电脑屏幕所代表的“电传乌托邦”更成为“速度”耀武扬威的高光之地。以光速运转的屏幕借助信息流，将人类主体席卷而去。在超高速、不间断的信息流中，思考和记忆一律被清除，健忘症、失神症、条件反射性质的尖叫，成为当代大众的精神常态。在维利里奥看来，速度尽管充满了暴力，但是大众却对其充满激情，也就相应地对静止和抵达感到不快，“停留、驻扎，则是令人不快的活动，而且就连驾驶者也痛恨前往任何地方或朝向任何人，拜访某人或前往观赏演出对他而言需要一种超人的努力”[③]。换句话说，一种“动态持续性”成为人们的本体需求。具体到电子传媒世界，一方面，艺术和审美本身不断“消失于放映机器与宣传机器的强烈照明中”[④]，成为既不表达情感也不反映现实的幻象和拟象；另一方面，主体也受困于技术和影像逻辑，在一种“无止境艺术的幻术中”丧失现实感，进而走向麻木和被动，“其中的一切将崩塌在无区别中，不久后将是主体的冷漠，接着便是不知

① ［美］马克·波斯特：《信息方式：后结构主义与社会语境》，范静哗译，商务印书馆 2014 年版，第 95 页。

② ［法］保罗·维利里奥：《消失的美学》，杨凯麟译，河南大学出版社 2018 年版，第 150 页。

③ ［法］保罗·维利里奥：《消失的美学》，杨凯麟译，河南大学出版社 2018 年版，第 160 页。

④ ［法］保罗·维利里奥：《消失的美学》，杨凯麟译，河南大学出版社 2018 年版，第 156 页。

所措的主体的被动”[①]。

与维利里奥的认识相似，布鲁内拉·安托马里尼等也对新媒介审美活动中的主体状况表达了忧虑。在他们看来，在新媒介时代，艺术创造越来越遵循机器尺度，成为一种绝对技术的产物。在其中，艺术所标榜的独创性被刻意忽视，取而代之的，则是网络上唾手可得的数字文本片段。这些成为戏仿、拼贴和变形的原材料，总之就是那些任何被机器交互所允许的下脚料。在安托马里尼等看来，这种艺术品是“任性的、荒谬的，没有美，或者没有可讨论的意义，甚至无法去衡量它们的审美价值”[②]。面对这种自我呈现、自我指涉、切换迅速的超个体作品，人类主体必然会丧失其格式塔整合能力，成为实时流动信息的被动感受器。在这种感受中，判断中止、想象缺失，认知主体蜕变为应激主体，一切心理反应都成为条件反射。就此，安托马里尼等预言，在新媒介日益发达的21世纪，认识论将从“承载理论的事实观”转向“自造事实的认识论，或者说是事实的临时理论化”[③]。在这种自造事实的认识论阶段，事实在虚拟技术中的去留，将失去来自知觉和概念等理性因素的支持。

上述学者无论是持积极态度还是持消极态度，都认为新媒介技术已经入驻主体的存在论根基，而对技术与主体之间关系性质的判断，构成了他们在理论上的不同认识。新媒介中的主体问题，实际上还是技术与主体的传统话题。在波斯特那里，是技术对主体的分化，在维利里奥那里，则是技术对主体的压制和异化，但不论哪种认识都隐含着“主体是脆弱的”这样一种观点。在科技加速发展的当下，这种忧患意识的确可以让人保持清醒，防患于未然。但是，

---

① ［法］保罗·维利里奥：《无边的艺术》，张新木等译，南京大学出版社2014年版，第85页。

② Brunella Antomarini and Adam Berg, eds., *Aesthetics in Present Future*, New York and Toronto: Lexington Books, 2013, p. 109.

③ Brunella Antomarini and Adam Berg, eds., *Aesthetics in Present Future*, New York and Toronto: Lexington Books, 2013, p. 106.

这种忧患不应该演化为悲观主义，无论科技发展到多高的水平，它在整体上依然是人类社会的工具存在。无论是作为生产工具，还是生活和社交工具，其目的和作用都将是服务于人类。马克思、恩格斯在谈到一切历史的前提时，将对工具的需要与对物质生产的需要、人口增殖的需要和家庭的需要并列为四大前提。尽管在阶级社会，科技有可能成为阶层统治和商业渔利的工具，蜕变为权贵阶层压迫大众的得力手段，但这不能在本体性质上否定科技与人类本质属性之间那种水乳交融、共存共生的关系。因此，在剖析新媒介对当代大众审美活动的影响时，盲目乐观与简单对抗都有失偏颇。一种理性、审慎而又辩证的态度在这一问题上需要被引进来。一方面应当积极肯定技术在本体意义上与人类的亲缘性及其对人类社会需求的响应和作用；另一方面也要对技术在社会中的不当使用保持必要的警惕。认识不到前者，就很容易将数字技术作为替罪羊进行批判，漠视大众的数字审美权益；忽视后者，则很容易对技术发展盲目乐观，忽视政治、经济等因素对它的扭曲和异化，并因此对数字技术和新媒介审美抱有不切实际的幻想。只有在肯定数字技术的基础上，对来自政治、经济层面的异化保持警惕，才能对新媒介与审美主体之间的关系有清晰且清醒的认识。

在新媒介审美活动中，主体既不是静观主体，也非移情主体，而是一种在技术加持下的“增强主体”。这种“增强主体”首先表现为，从以视像为中心的视觉主体转向以动感为中心的触觉主体。与前者相比，后者不仅从静观走向运动，也从单一的感官经验转向身体的全部丰富性。在传统的纸媒或电子媒介时代，受众在艺术欣赏中往往被置于旁观者的位置，而对象也主要转换为视觉形象，与主体保持反思性的静观距离。在这种旁观模式中，主体往往需要暂时搁置自我意识，促成心理层面的静观或者移情。但是在新媒介审美活动中，主体与数字对象之间就不仅是视觉关系，还是包含视觉在内的身体事件，主体与对象之间是行动及其结果的联动关系，是指令及其现象的临时配置。对于新媒介审美活动中的主体，可以从两个相反相成的方面进行把握。第一，受众借由新媒介技术和软件支持，通过具体的身体操作进入审美对象内部，对对象进行激活、引导甚至重塑。在这种操作过程中，主体的动觉功能往往通过技术操作被充分调动起来。在这里，“偷窥冲动被一种介入冲动所代替，这是一种没有限制的介入冲动，一种仅只受限于程序的全能冲动”[①]。这在网络竞技游戏玩家身上体现得尤其鲜明。由于数字图像成为主体自由进入的数字躯壳或者义肢，而这一数字躯壳和义肢在技术上又具有神性特质，不仅具有分身性，而且拥有瞬时性和全时性，这就极大地强化了主体在数字界面上的活动能力，上天入地，幻化变形，无所不能，无所不至。换句话说，数字图像凭借其技术优势，可以带领主体去探索身体的极限。这样看来，技术应该并非如麦克卢汉所谓的对人类身体的截肢，而是对人类身体的强化，对运动感的提升，在本质上是一个复杂的主—客体结构，是一个准机械人的身体，或者也可以将其视为一种灵犀化的身体，带有心灵的种种特质。

第二，主体在潜入审美对象的同时，又能同时从数字图像中抽离出来，君临于数字界面之上。这种抽离并非对自我现实身体的弱化或者压制，相反，在这种抽离之中，主体得以形成一种上帝之眼或者心灵之眼，以便对扩容并增强了的自我身体（即人机复合体，更确切地说，是自我的现象化技术进程）进行全感官的涵纳和体验。主体的这种抽离，对于新媒介审美活动来说十分重要。正是在抽离中，主体才能站到一个更高的位置，对自然身体及其数字化进程予以融合，并在两者之间建立起联系。没有这个占据高位的“心灵之眼”，人们也就无法对内与外、主体与客体、身体与数字以及现实与虚拟达成整合，甚至连简单的一次数字图像修改，或者一场网络对战游戏都难以完成。这个“心灵之眼”类似于庄子笔下解牛的庖丁。

---

① Roberto Diodato, *Aesthetics of the Virtual*, Albany: State University of New York Press, 2012, p. 106.

在多年的实践积累之后，庖丁能做到“以神遇而不以目视，官知止而神欲行”。其中，超越目视的“神遇”就是在更高位置掌控全局的一种心灵感受能力。这种统合能力既能保证主体在扩容之后维持整一状态，也能将主体在数字活动中的各种体验引向同一方向和爆点，达到“提刀而立，为之四顾，为之踌躇满志”的高峰状态。当代学者之所以经常对数字审美经验抱以悲观态度，根本原因就在于他们往往忽略了在数字审美活动中，主体具有极强的适应和超越能力，而非没有根基的浮萍被数字之流裂如星散。当然，这个心灵之眼并非空穴来风，它始终奠基于人类身体的感受能力之上，尤其是对贯穿体内的运动官能感受更具始基作用。也就是说，在新媒介活动中，审美主体是一个综合并协调着意识、无意识、身体和媒介技术于一体的增强主体，而这个增强了的主体又是一个能够被主体时刻感受着的操作行动进程，它所给予主体的审美体验也就具有了许多崭新的特质。

三　本体论信任与触感审美

对于新媒介审美活动来说，由于新媒介技术直接介入审美进程中，不仅在纵向上对心灵状态、意识结构和感知方式等因素进行重新配置，而且在横向上将个人审美置于与他人的即时联动中，勾连起他者、社群、商业等诸种要素，这就使得大众的新媒介审美感受与传统审美感受相比，尽管在纯度上可能略逊一筹，但在厚度与强度上却要远超后者。大体来说，新媒介审美感受是一种复合感受，它既包含着一种自我神祇化的超强触控感，也指向以身体运动感为核心的具身体验，同时也包含与他人互联、互动的本体论共在感。

新媒介审美给大众带来的第一层审美感受是一种自我神祇化的触控感，可有效唤醒大众的皮肤自我。米开朗基罗应教皇之约，给西斯廷教堂礼拜堂画了天顶画《创世记》，其中一幅为《创造亚当》。在这幅画中，上帝通过手指的触碰赋予亚当生命。在西方文化情境中，触碰也就带有了全能、天启的意味。以智能手机为代表的新媒介，正通过硬件和软件的提升优化，给大众提供这样一种通过触摸而创造新世界的全能感受。这种将自我体验为神祇的触控，就构成了新媒介审美感受的第一层内容。当前以华为、三星和苹果等智能手机为代表的新媒介，正在消灭最后一个按键，全面转换成触控屏。这些新媒介在材质、造型上，也在追求手感握持的极致。触控感的一个重要维度在于机器能瞬间对神经系统做出响应，所以提升芯片的速率、调节软件的流畅度，就成为新媒介竞争的不二法门。苹果手机第“X”代在京东网上商城的宣言就将这一心声表露得很明白，“一直以来，APPLE 都心存一个设想，期待着能够打造出这样一部 iPhone：它有整面的屏幕，能让你在使用时完全沉浸其中，仿佛忘记了它的存在。它是如此智能，你的一触、一碰、一言、一语，哪怕是轻轻一瞥，都会得到它心有灵犀的回应”。这里所描述的轻轻一触就可得到即时回应，虽然意在强调手机有高超性能，但同时也等同于向公众允诺了一种更强更快的掌控能力，在触碰之间打开新界面、开启新世界。在众多文艺、审美资源向数字形态迅速转化的语境下，大众在触碰之间拥有了迅速抵达各种审美资源的能力。大众的这种触控感还来自对数字内容的创建和形塑能力。在数字技术的支持下，大众借助各种软件，可以获得无中生有的能力，创造一系列带有审美性质的数字作品。目前，大众的这种活动主要集中于各种短视频平台，以及社交软件和微博。对既有的数字文化产品，大众也可以借助各类软件进行修改、变形、组合、注释和传播。这些活动的展开，仅仅通过受众拇指的轻轻触摸就可以完成，这种高度自动化的新媒介进一步巩固了大众在新媒介审美活动中神祇般的全能感受。

从心理层面讲，这种神祇般的全能感受是“皮肤自我”的复苏，连通着无意识领域，激发着一种以全能和自恋为核心的本体论幸福。“皮肤自我”是法国心理学家安齐厄（Didier Anzieu）提出来的一个概念。安齐厄认为，在婴幼儿的心理成长中，皮肤自我要早于镜像自我。早在视觉功能之前，皮肤就在婴幼儿的自我形成中起着奠基和原初的作用。安齐厄借用生物学上的内陷概念，将皮肤与大脑的功能联系起来。在内陷观点看来，大脑在本质上就是皮肤表皮的内陷，因此，貌似肤浅、感性的皮肤实际上与大脑有深厚的亲缘关系，它不仅是感性的，而且也是理性的。就皮肤自我的形成进程来看，安齐厄认为，婴儿在被分娩的那一刻，自经历产道挤压开始，其皮肤就开始发挥重要作用，这一方面是指皮肤被体验为一个表面，使婴儿有了内外之感，另一方面皮肤也被体验为一种包膜，为婴儿提供了一种包裹性和完整性体验，同时，这种完整性体验也给予婴儿控制这一包膜的信心。此后，母亲对婴儿的照顾，如洗澡、拥抱、抚触、摇晃和喂食等，一直在不断刺激着婴儿的皮肤，并在婴儿的皮肤之外形成一种外在“包膜”。婴儿也在不断接受这些肤觉刺激，在通过这种刺激获得愉悦感的同时，也将这个外在包膜映射到大脑之中，形成一个想象的容器，包裹着他的心灵，进而允许一个自我的出现。婴儿自身的皮肤与外在包膜也就成为母子共享的“皮肤界面”，成为信息交流的生物场。安齐厄就此提出，所谓“皮肤自我”指的就是婴幼儿“根据其对身体表面的体验，将自己表现为一个包含心理内容的自我内在意象”。[①] 在安齐厄看来，这个皮肤自我既向外区分，形成自我意识，又向内保护，维系自我的整体感，同时还起着重要的信息交流和象征功能，即通过皮肤向外发出需求，而这个需求又总是能得到母亲或者其他看护者的积极响应而获得满足，这就使得皮肤自我具有一种既全能又自恋的双重人格特征，而那个总是得到积极响应的“皮肤界面”，也就成为婴幼儿和其看护者的“共享皮肤”。在安齐厄看来，尽管皮肤自我的这种全能和自恋带有幻觉特性，但对自我人格的成长却至关重要。在皮肤自我阶段，只有经历一个恰到好处的外界响应，既不匮乏，也不过度，才能形成

---

① Didier Anzieu, *The Skin-Ego*, London: Karnac Books Ltd., 2016, p. 43.

最终的健康人格。当然，这个最终的健康人格是以“皮肤自我”与外界的撕裂和最终被隐藏为代价的。这是因为，随着个体的成长，外界对皮肤自我的响应越来越迟钝，它就不得不经历与母体皮肤在心理上的撕裂，即“共享皮肤”的破裂，并逐渐变成后来的“普通皮肤”，与此同时，一个内在主体开始生成，并“从自恋关系过渡到客体关系”。[①] 在安齐厄看来，尽管这个带有幻想特性的皮肤自我逐渐被面向现实的普通皮肤和理性自我掩盖，但是只要条件允许，这个皮肤自我就会被激活，再次表现自身，因为它拥有特殊的心理亲和力和浪漫色彩。

具体到当代大众的新媒介审美活动，不难发现，新媒介技术装置通过触摸所拥有的即时响应特性，使新媒介的数字触控界面成为使用者的“共享皮肤”。这个能随时对主体做出响应的共享皮肤，也就自然会唤醒大众内心被普通皮肤和理性自我压制到无意识领域的“皮肤自我”。在人类目前的各类生产、生活工具中，似乎还没有任何一个东西，能像新媒介或者更准确地说像智能手机一样精准触及人们的皮肤自我。由于皮肤自我具有巨大的心理亲和力，这就使得智能手机等新媒介成为大众难以割舍的上手之物。用安齐厄的皮肤自我理论来看，大众通过新媒介所获得的审美体验既是带有自我掌控的全能体验，也是一种自我肯定的自恋体验，而这些体验都将给主体以完满、适意的幸福感受。不仅如此，由于皮肤的通灵特性，它因此是各种“其他感官数据联系起来的基本参照”，所有人类的其他感官活动（如视觉、味觉和听觉等）“都以触觉反应为基本模型，甚至后来的思维也是如此”。[②] 这也就意味着，新媒介审美体验必将是一种饱满的身心经验，其中不仅有心灵和心理维度，而且也综合、贯通了其他各种感官体验。作为一种前语言的自我，经由新媒介审美活动所唤醒的皮肤自我，给当代大众带来一种原初而又饱满

---

① Didier Anzieu, *The Skin-Ego*, London: Karnac Books Ltd., 2016, p. 70.

② Didier Anzieu, *The Skin-Ego*, London: Karnac Books Ltd., 2016, p. 66.

的生命感受。不过，这也会引发不少的担忧，比如，皮肤自我的重新唤醒和长期运行，是否会使当代大众的自我和人格向低幼状态蜕变呢？由皮肤自我所激励的内心生活公共化，是否也是一种资本逻辑布下的陷阱？由皮肤自我所引发的全能感受和自我掌控是否是一种虚假的意识和感觉，因此需要抵制？

事实上，也的确有不少理论家对新媒介审美所具有的强大吸附能力积极预警。罗伯特·萨缪尔就提出“自动现代性”这样一个概念。通过这一概念，他认为，当代社会由机械化带来的自动化，越来越给大众以个人自治和自由等感受，他将自动化与自主化结合起来创造了自动现代性这样一个概念。在萨缪尔那里，他将大众对新媒介的使用视为自动现代性的最高形态。在给予主体以自主掌控和全能感受这一点上，萨缪尔也指出了新媒介审美所具有的“皮肤自我”特性。不过，萨缪尔是在批判的意义上使用自动现代性这一概念的。他曾说，推动自动化的个人联网电脑，表面看似乎代表了后现代主义，推动了多元文化和社会互动，但在本质上却“通过给予个体消费者一种自动自主的错觉，侵蚀了社会的和多元文化的世界”①，不仅如此，新媒介在增强个人掌控感的同时，“也引导人们进入一个受到经济利益操控的空间”②。不过，尽管有各种各样的批评，对于新媒介赐予大众的这种全能感受和个体掌控体验还是应该给予充分的肯定。从安齐厄的皮肤自我理论来看，对世界的掌控感和自我的全能感是人类自婴幼儿起就有的一种本体论需求。新媒介所具有的即时应答、全面响应和自我导向特性，从本质上讲，是对人类这一本体需求的应答和满足，具有生存论价值。那些对使用智能设备上瘾的人，并不一定就是新媒介使其上瘾，而是这些使用者

---

① Robert Samuels, *New Media, Cultural Studies, and Critical Theory after Postmodernism*, New York: Palgrave Macmillan, 2009, p. 17.

② Robert Samuels, *New Media, Cultural Studies, and Critical Theory after Postmodernism*, New York: Palgrave Macmillan, 2009, p. 18.

婴幼儿期的皮肤自我的非正常发展所导致的一种成年后的心理补偿。

新媒介审美给大众带来的第二层审美感受是一种以内部身体运动感为核心的具身经验。新媒介审美对象所具有的数字性、可塑性、交互性以及瞬时响应等特性，改变了审美主体与审美对象的关系，使其从传统的静观模式转变为当下的介入模式。主体借由手指触控和身体姿态进入数字艺术界面之中，并在与新媒介后台技术构架的互动中主导着审美对象的呈现。对于这一审美对象，由于它不再是静观反思的对象，而是主体身心的延伸，大众会不自觉地放弃怀疑倾向，而采取一种本体信任的态度。对于新媒介审美活动来说，这种本体论信任态度是大众沉浸于对象并流连忘返的内在动力。当然，新媒介审美活动中的沉浸并非传统意义上的移情，而是动觉功能的全面启动。动觉功能之所以能在新媒介审美活动中被启动，第一个原因在于，新媒介艺术主要通过触控被激活，而触控作为肤觉在安齐厄看来，联系于人类的一切其他感受，也深刻而内在地指向人们的运动感受。大众在通过触摸、摁压、滑动、倾斜或者晃动等动作姿势来控制艺术品的显现时，动觉功能往往会得到更强烈的激发。动觉功能被启动的第二个原因在于，数字图像与操作主体之间主要是一种胚胎关系和全息映射关系。在这种关系中，数字图像尤其是在诸如自拍图像修饰、深度形体模拟、新媒介装置艺术、网络生活以及网络游戏等审美活动中，往往就是主体在数字界面中的全息投影，是主体运动和神经功能的外展。这种外展既不是主体的模拟，也不是主体的投影，而是主体的数字存在形态。这种数字存在形态的形成，来自主体身体的介入和操作，是主体身体以信息方式进入媒介机器并与技术构架互动的结果。这一移入过程，也是身体的运动感被激发和代入数字界面的过程。不过这种代入并非平铺直叙的位移，而是一种技术增强的过程。由于数字图像在延展、速率、变幻等各个方面具有无限可能，这必然会带动移入其中的身体在各个向度探索其极限。在数字图像的带动下，主体的内在运动机能也不断刷新其强度和活跃度，甚至臻达身体所能承受的极限。这也正是那些网游玩家一场游戏下来，虽然身体在物理空间没有发生多少移动，但总感觉体力耗尽、疲惫不堪的原因。这种放大、增强了的身体内在运动机能，又可以通过特定的技术形式成为主体感受的对象。诸如数字图像在界面互动中的场景、声音以及机身振动等，将增强主体客观化、形式化，并最终成为主体直接感受的对象。在对这个客观化的增强主体进行感受时，主体感受的强度和热度也被推向极致。从某种意义上讲，这实际上就是一个将自己感受为非凡主体的过程。在由主客体互动所配置的数字界面中，主体先是进入机器，然后是机器融入主体，在经过一个递增的微循环后，主体就成为一个人机复合的增强主体，而其生存体验也更为强烈、饱满，一种“具身化”的审美经验也就形成了。

由新媒介审美活动所形成的“具身化”审美经验包含两层内容。第一，这种审美经验是一种向人们的全部感官开放的经验，这种经验的形成将审美从较为单薄、缥缈的反思直观状态，重新引渡到活色生香的身体感性和运动感受之中。在传统的审美理论中，审美一直恪守康德、叔本华等所指引的路径，将审美局限于一种非利害、无身体的本质直观之中。这种审美观虽然有利于人们明辨审美元素，提升审美价值，但却又有将审美捧杀的危机。离开现实经验的混整性，审美很容易走向曲高和寡的歧途。在19世纪中后期，唯美主义在西方的昙花一现就是理论在现实的映射。进入20世纪后，尽管杜威、梅洛·庞蒂和舒斯特曼等理论家，用经验、身体等概念为审美不断补充感性血液，而卡罗尔等也通过为审美增加义项的方式收编感性，但是他们还主要地将审美作为一种以视觉为中心的图像审美来看待。他们赋予审美的感性、身体内涵，还主要是通过视觉的连带感受和主体的想象来实现的。即便是柏林特提出来的“介入审美”，在给予审美以感性、身体内涵时，也主要是通过视觉范式，借助想象能力来达成。很显然，新媒介审美活动中，审美对象与主体的这种联动和操作模式，既以一种主客联动的崭新模式为审美赋予了感性和动觉内涵，也向审美理论提出了新课题。在这一方面，诸如罗伯特·迪奥达托、马克·汉森等数字美学家正引领这一转向，将“触觉”而不是“视觉”、将“动感”而不是“直观”视为数字美学的核心范畴。第二，这种带有“狂喜”特征的审美感受不是对主体的一种置空和放逐，而是对主体的肯定和增强。理论家在这一问题上有很不相同的看法。一种看法以维利里奥为代表，他认为当代社会中的视像在转移到屏幕中之后，其运动更呈加速度趋势。他将之称为图像专制，主体在高速运转的图像面前，犹如海浪中的孤弱水草，将被连根拔起，随波逐流，失去统一性和连贯性。为了彻底解构人类主体对图像的整合能力，维利里奥放弃了胡塞尔在现象学中不证自明，带有恒定、纯粹和理想特征的视觉图式，而是将人类的视觉感知确立为“线条与表面、图形与背景、存在和缺席、形式和反形式”等因素相互斗争与转化的“不稳定动态结构”，[①] 这样一来，外在的图像很容易就能突破主体的防御，扰乱主体的内在构成，造成主体的陷落。另一种看法以马克·汉森为代表，他与维利里奥的观点相左。在汉森看来，在新媒介审美活动中，数字技术向主体身心结构中的铭刻只是主客关系的一个方面，而更为突出的另一个方面则是，任何数字图像和信息在本质上都不是自主独立的，它们要想获得意义都要经过人类身体框架的主动过滤、填充和阐释。也就是说，主体不仅不会被数字图像击溃，反倒对数字信息起到构型作用，就此，马克·汉森曾说，任何形式的数字艺术形式，“都不可能被赋予德勒兹所认为的自主性，其形式所反映的一直是具身感知的需求，或者更确切地说，反映了技术能力和人类具身感知之间历史性的偶发谈判。在任何具体的技术图像之下，都存在着我所谓的

① John Armitage and Ryan Bishop, eds., *Virilio and Visual Culture*, Edinburgh: Edinburgh university press, 2013, p. 233.

人类身体的框架功能，而这个人类身体具有鲜明的去中心化特性”①。按照马克·汉森的观点，带有混沌和无中心特性的人类身体，对于数字信息具有主动构成的作用，而非处在被动刻写的位置。与维利里奥相比，汉森对于新媒介使用中的主体有更多的自信，依然认为人类的身体主导着技术，技术只有联系于人类主体的需求，在人类身体的灌注和阐释下才有意义。

维利里奥和汉森的新媒介主体观的确有深刻的差异，但是如果将他们的观点分别定位于微观和宏观等不同层次，那么两人之间也不无互补的可能。从宏观的本体存在论看，汉森所提出来的人类身体主导论更符合人类社会的演进历程，无论技术如何发达，技术及其成果总是在人类生存特性和心理需求的主导框架下展开其逻辑。正如马克思所说的，“工业的历史和工业的已经产生的对象性的存在，是人的本质力量打开了的书本，是感性地摆在我们面前的、人的心理学”②。由于新媒介技术、数字技术等在本质上依然属于工业历史及其生产的对象，因此，也就是人类本质力量的一部分，在整体上从属于人类心理。这就意味着，无论技术包括新媒介技术发展到何等发达的程度，人将始终是主导和主体，而非相反。从微观的个体生存来看，维利里奥等人对技术所发出的忧世之音也有其合理性。在人类历史的演进中（尤其是在阶级分化和强制分工时代），技术往往会被统治阶级利用，成为控制大众的工具。因此，在对技术进行总体肯定的前提下，又要警惕技术在特定历史阶段下的异化倾向。马克思对此也有充分的关注，强调了特定社会情境下，个人面临着技术压迫，个人的自主活动受到有限的生产工具和有限的交往的束缚，他们虽然占有这种有限的生产工具，但他们本身始终屈从

---

① B. Mark，N. Hansen，*New Philosophy for New Media*，Cambridge and London：The MIT Press，2004，p. 8.

② ［德］马克思：《1844 年经济学—哲学手稿》，刘丕坤译，人民出版社 1979 年版，第 80 页。

于分工和自己所有的生产工具。马克思对技术的批判一直立足于个体生存以及特定的生产关系，而非从人类存在角度所进行的总体否定。与马克思相比，维利里奥尽管也注意到当代以“速度”为绝对律令的技术发展导源于军事竞赛和政治统治，这显然发人深省，并与马克思对技术的批判有呼应之处。不过，与马克思不同的是，维利里奥将对速度和技术的批判加以普遍化，“不论哪种政体，掌控权力的统治阶级都是掌有财富，同时也是掌握速度的人”①，这就在总体上否定了技术，这显然是马克思所不能认可的。这实际上意味着，对技术的批判不应该针对技术自身，而应聚焦于特定社会环境中对技术的特定使用上，否则就会使人文研究误置批判对象，失去学术和社会价值。总的来说，汉森的新媒介理论需要被作为宏观视野来构架，而维利里奥的新媒介理论则更适应于从微观角度来应用，这种结合有利于建构考察新媒介技术及其审美形态的辩证视野。

新媒介审美给大众带来的第三层审美感受是一种连通感和共在感，是对人类存在论需求的呼应。新媒介技术所允诺的移动、便携和随时上线等特性，犹如起搏器，重新激活了审美本体中的共享、共在精神，给予大众一种相互连通、同声相应的集体狂欢感和原初满足感。大众在当下的新媒介审美活动中，总是情不自禁地通过弹幕、评论区或社交软件，邀请朋友或他人共同观看某艺术作品，或参与某项艺术活动。实际上，大众并不满足于共同观看，更渴望即时在线交流，于是，弹幕齐飞、评论刷屏，已经成为当代审美活动的常态。这既是一场语言的狂欢，也是一种共享、共在的宣言。曾经隐匿于审美现代性深处的普遍性，正在外展，客观化为新媒介审美活动中的共享与共在。

新媒介审美活动中的这种共享、共在，是对原初仪式化审美精神的一种技术释放。从人类发生学角度来看，审美始终和一种集体

---

①［法］保罗·维利里奥:《消失的美学》，杨凯麟译，河南大学出版社2018年版，第30页。

共享特质紧密相关。斯蒂芬·戴维斯、埃伦·迪萨纳亚克以及马里奥·佩尔尼奥拉等进化论美学家，他们或者立足于进化论，或者立足于人类学，都不约而同地将艺术、神话与仪式等上古时代人类的集体行动联系在一起，认为艺术要么就是仪式，要么就是与仪式有相同结构的文化活动。佩尔尼奥拉直接宣称艺术就是仪式，认为仪式、秩序和艺术在词源学上就存在同一关系。[①] 迪萨纳亚克在强调艺术是仪式不可分割的部分时，尤其突出了艺术承载的群体信仰和群体意义，强调了艺术与审美的共享、共在内涵，“艺术是表达、表现和强化一个群体最深层信仰和关切的仪式庆典的永恒而不可分割的一部分。作为群体意义的载体和群体一心一意的激励者，与仪式结合在一起的艺术是群体的生存所必不可少的”[②]。但是，在美学的现代建构中，审美精神越来越指向个体、自治和私人等内涵，原本的带有集体共享特质的审美变成了一种个体的私密享受。尽管审美内涵的这种转变，与社会的现代化进程密切相关，有其历史必然性，但是，这种审美内涵上的个体主义倾向也的确压制了大众对共享、共在等有机团结的心理诉求。这也是伽达默尔、海德格尔以来的现象学、存在哲学开始重新强调“共在”的一个重要原因。在哲学与社会的多重吁求下，新媒介审美活动所提供的相互连通、同享共在，为大众重新走向一种仪式化的共在、连通审美开辟了空间。大众通过新媒介所形成的这种共在审美与电影院中的共在审美有着很大的不同。在影院中的观影，尽管人们也在同一时间出现于同一物理空间，比肩而坐，近在咫尺，但在荧幕亮起来的瞬间，其他观众就消失于黑暗，成为在场的缺席者，不仅不可能相互交流，而且公共空间的公约也对个体审美反应带来约束。新媒介中的共在审美就避免

---

① 参见［意］马里奥·佩尔尼奥拉《仪式思维》，吕捷译，商务印书馆 2006 年版，第 93 页。

② ［美］埃伦·迪萨纳亚克：《审美的人》，户晓辉译，商务印书馆 2004 年版，第 307 页。

了影院中这一孤独的形而上状态，彼此虽然没有物理上的切近，却有一种文化心理上的亲近，语言上的互动使得人们的共在、共享具有了切实的社会实践特性。与远古时代的集体仪式相比，当代带有仪式特性的互联网共在，尽管也有鲜明的重复性特征，但是在参与者的身份特征上却远远突破了熟人社会的局限，将不同阶层、族群、年龄等的陌生人包容进来。这就意味着，原来在熟人社会发挥强制作用的信念、制度、道德和禁忌等将被搁置，一种强调当下、流动、快感、自由和率性的集聚仪式得以生成。在这种好聚好散的新媒介审美集聚中，人们的聚散已经转变成佩尔尼奥拉所认为的“没有神话的仪式”。在互联网的集聚中，当人们抛却了本原和本质的羁绊后，每次相聚都是新的，“一切言谈举止、一切行为模式都处在一种流动之中”，“准备好去迎接挑战，去体验每时每刻的丰富”。[①]

新媒介审美给大众带来的第四层审美感受是一种“点阵式”快感体验。新媒介审美对象的微型化有目共睹，学术界一般将对这种微型作品的欣赏称为微审美。但实际上，新媒介中的这种微审美，微而不小。大众的具体审美往往以集群方式，呈点阵排列，以总体方式构成大众的一次具体审美活动。当前大众喜闻乐见的审美作品，大多集中于抖音、快手、微博、推特和脸书等社交媒介平台。其中的作品长不过几分钟，短则只有十几秒。尽管就单个作品来看，的确短小得可怜，甚至让人怀疑其艺术身份，但是，由于当下的新媒介审美既是受众的一种自主选择，同时也是机器算法的热情推荐，所以当受众观看了某一类型的微文本之后，就会有同类型的微文本被源源不断地推送过来，而受众也往往会忍不住一直看下去，难以割舍，最终构成一个大的时间段落。“点阵”中的“点”是指一个个微文本及感受，“阵”则是指由数量众多的微文本及感受构成的群体。在“点阵”模式下，每个微文本尽管有相似之处，但又彼此独

---

① ［意］马里奥·佩尔尼奥拉：《仪式思维》，吕捷译，商务印书馆2006年版，第37页。

立，并非一个完整叙述中的各个组成部分。这就决定了点阵式快感体验具有三个特点。其一，高密度。由于微文本在时间序列中，是前后相继的一个又一个点，而非延伸的直线，受众的审美感受将会处于此起彼伏的高密度状态中，是一种短平快的瞬间体验的集合。在快节奏的现代社会生活中，大众既没有时间也没有耐心去阅读长篇大论，因此渴望以高密度的形式，刺激内心感受，至少是视觉神经。其二，高强度。由于篇幅短小，无法按部就班地展开叙述、层层推进，又不宜采用多线索，展开长剧情，这些致力于求关注、博点赞的微文本，往往开门见山，剑走偏锋，采用反转、猎奇、变形、蒙太奇等各种叙述策略，求得戏剧效果。其三，高笑度。这些微文本，不论涉及何种题材，大多以“笑果”为目的。在压力日增的现代生活面前，轻松、搞笑的内容往往最受欢迎。各类短视频平台，几乎已经将大众的休闲生活送入喜剧时代。尽管有些喜剧层次不那么高，以扮丑、求奇，或者戏弄他人、搞恶作剧为主流，但作为放松心情的材料，也有其社会价值。当然，点阵式快感的获得往往以牺牲思想深度和艺术高度为代价，但也不宜对其痛心疾首、口诛笔伐。作为一种亚文化或者草根文化，它自然有它的存在价值和市场。在满足人性和审美的多元需求上，它甚至要比主流商业文化提供了更为丰富的选择。实际上，如果主流商业文化能提供高质量、高水准的文艺作品，大众也乐意暂别新媒介而去捧场。2021 年春节档期的现象级电影《你好，李焕英》就是明证。这部主打母女亲情的电影，是喜剧演员贾玲导演的第一部作品，在几次延迟撤档后，截至 4 月初，其国内票房已经达到 54 亿元，仅次于吴京导演《战狼 2》的 56 亿元，高居中国影史最高票房的第 2 位。实际上，这部影片从崭露头角，到人们奔走相告、相约观影，新媒介通过各种形式对它的传播也起到巨大的推动作用。

上述内容主要从新媒介的技术特性入手，对新媒介审美活动中的时空关系、主体身份、文本特性以及审美体验等几个方面进行了较为细致的剖析。通过分析不难发现，新媒介审美活动是一种受到新媒介技术深刻影响的文化实践，而且随着社会生活全面走向后媒介时代，这种影响会日益深刻，甚至成为大众审美的一个本体维度。不过需要指明的是，无论受到媒介技术的何种影响，新媒介审美活动往往先是一种人类的主体行为，媒介技术的审美影响，应当置于人类主体行为这一总的框架中来审视。由于人类的主体活动总是处在复杂的社会关系网络之中，不仅向内关联于人类的思想、意志、意识和无意识等心理要素，而且向外与他人以及政治、经济和文化等因素密切交织，这就意味着对新媒介审美活动的理解还应透过各社会因素所构成的多维立体框架来进行。

第四章　新媒介语境下的艺术本质重构

长久以来，艺术一直与美携手同行。美是艺术的终极理想和表现形式，艺术则是美最为集中和纯粹的生存领地。但到了20世纪前后，随着艺术将丑、荒诞等反和谐的艺术类型纳入自身，艺术与美之间就出现了裂痕，彼此渐行渐远。进入21世纪以后，新媒介的出现和普及使当代生活遭际越来越多的“远距他者”。这些远距他者因文化、种族和地域的殊异，往往既陌生又怪异，不仅难以成为静观的对象，而且也不再是移情的备选。在这样一种全球化的新媒介语境下，艺术与美之间的裂隙进一步加大。这种分裂使得艺术、美和审美等概念成为需要被重新反思的对象。就此，有不少学者提出艺术与美之间并没有必然的联系，它们在历史上的联姻只是误打误撞，并非天作之合。中国的一些学者认为“美和艺术之间的关系是偶然的，而不是必然的，因此也不是本质的”①；“艺术和美毕竟是两个不同的范畴，具有不同的特点，二者是不能划等号的”②。

不可否认，这一对艺术与美进行拆分的思潮③与现代艺术的发

---

① 王祖哲：《美与艺术之间有必然联系吗?》，《文史哲》2003年第6期。

② 季水河等：《论艺术与美的不等式——兼评杜卡斯〈艺术哲学新论〉和里德〈艺术的真谛〉》，《湖南师范大学社会科学学报》2011年第3期。

③ 西方美学界也有一股拆分艺术与审美之间本质联系的思潮。英国的H. 里德在其出版于1954年的《艺术的真谛》一书中就反复强调：“艺术与美之间并无必然的联系”，“艺术并不一定等于美”。此外，如英国的W. E. 肯尼克、T. J. 迪夫利，德国的沃尔夫冈·韦尔施，美国的莫里斯·韦兹、C. J. 杜卡斯、乔治·迪基、阿瑟·C. 丹托和诺埃尔·卡罗尔，等等，都主张艺术与美、审美之间并不存在必然的联系。

展、艺术学学科意识的觉醒以及反本质主义哲学的流行等因素紧密相关，也与美学界力图将东西方现代主义艺术纳入艺术概念的善良愿望有着更大的关系。但是，在现代主义艺术备受争议、反本质主义思潮本身也受到怀疑的情况下，这一消解思潮也需要得到更为全面和细致的反思。对艺术概念的一味消解是否也是另一种偏执？对美与审美的驱逐，是否导源于对它们的误解从而造成的误杀？艺术理论在包容现代艺术时，是否也需重拾理论的规范引导功能？能否通过对艺术、美与审美等概念的重新界定，消除两者之间的隔阂，使其在扬弃中实现更高层次的融合与统一？从西方现代艺术和反本质主义思潮正遭受日趋增多的怀疑和批评来看，对艺术消解论的全面反思也就成为一个不得不加以面对的理论问题了。

一　谁在拆解艺术的审美本质

这股消解思潮的出现也有其特定的社会文化动因。不仅与艺术在20世纪以后的进一步发展紧密相关，也与艺术学学科意识的觉醒与独立联系紧密，同时，更与广泛渗透到各领域的反本质主义思潮有着深刻联系。

现代艺术在20世纪以后的进一步发展是造成艺术理论试图将美从艺术中分离出去的直接动因。对此，已经有不少学者做过揭示。实际上早在19世纪中后期对现实主义和自然主义艺术的批判中，由于将“真实”作为艺术创作的最高宗旨，人性中的丑、恶等因素在作品中被直接展示出来，就此，艺术已经偏离了美的航向。到了20世纪以后，在技术理性、科层政治和世界大战等因素挤压下所出现的现代艺术，将这一倾向表现得更为明显和彻底。在达达主义、立体主义、野兽派等绘画当中，自然和谐的形象被破碎凌乱的形式代替；在荒诞派戏剧、意识流小说中，有机的结构、优美的物象被混乱的思维、怪异的道具代替；在现成品艺术、偶发艺术和废品艺术中，不仅艺术对现实的超越性被取消，而且艺术创作的神圣性也遭到嘲弄；在空间艺术、环境艺术和装置艺术中，艺术欣赏也转变为一种取消了静观距离的身体介入事件；而当代社会大肆流行的恐怖电影、网络游戏等，更是对暴力、血腥和畸趣的直接展现。显而易见，现代艺术已经完全偏离了古典的和谐美范畴，表现出对滑稽、丑、荒诞和恐怖等艺术风格的偏嗜。现代艺术的这种反叛精神和创新意识，具有鲜明的破坏性，其矛头不仅对准了社会现实，而且指向了艺术形式自身，甚至可以说，现代艺术正是通过自戕的方式来表达对既有价值观念和社会秩序的反叛情绪。这就使得现代艺术必然会在各个层面走向古典和谐美学的反面。对此，有学者曾谈道，“如果我们想到艾略特的《荒原》，卡夫卡的《变形记》、《城堡》，贝克特的《等待戈多》，美国达达主义者杜桑拿到展览馆展出的《泉》（一个便壶）……我们对于现代艺术与美诀别和以表达思想或艺术观为目标的倾向，就会更加深信不疑”[①]。现代艺术也有这种践行的自觉。如达达主义者就曾用不太文雅的言辞声称，“去他妈的美丽”[②]；美国艺术家罗伯特·莫里斯曾以签署声明的方式宣告撤销他某一雕塑作品中的所有审美属性[③]。艺术领域在 20 世纪之后所出现的这种变化，必然会促使艺术理论家和美学家对艺术的内涵进行重新反思和调整。

艺术学学科意识的觉醒与独立，是促成艺术将美从自身分离出去的另一现实背景。在艺术被视为以“美”为核心价值的 18 世纪、19 世纪，艺术也被主要地从美所归属的哲学角度加以研究，艺术研究因此成为一门形而上学，带有逻辑思辨性。这在黑格尔、席勒、谢林等的艺术研究中表现得最为明显。在这一时期，艺术还没有独立的学科意识，甘愿同化于美学研究。但是，到了 20 世纪前后，情

---

① 李心峰：《超越艺术与美的对立》，《文艺评论》1992 年第 2 期。

② ［法］马克·西门尼斯：《当代美学》，王洪一译，文化艺术出版社 2005 年版，第 41 页。

③ 参见朱狄《当代西方艺术哲学》，人民出版社 1994 年版，第 57 页。

况发生了变化。在科学实证主义、自然主义和实用主义等思潮的影响下，艺术研究越来越脱离哲学研究的形而上学老路，寻求学科的独立性。这尤其表现在艺术研究开始大量借鉴来自心理学、生物学、社会学、经济学、人类学和物理学等学科领域的知识来开拓艺术研究的形而下空间，将艺术研究从抽象玄谈引向经验实证。在此基础上，艺术史家格罗塞提出需要在艺术哲学之外，新建一门艺术科学，以便在艺术史实中发现"支配艺术生命和发展的法则"①。另一位艺术理论家玛克斯·德索也认为，"美学并没有包罗一切我们总称为艺术的那些人类创造活动的内容与目标"②，并提出"一般艺术学"这一概念，用来研究那些处于思辨荒海之外的艺术经验、史实和现象。自此，艺术学的学科意识更为明确，在东西方有了更为深入的建构。我国在20世纪80年代后期也将艺术学在理论上建构起来，又经过二十几年的发展，"艺术学理论"甚至在学科体系中成为一级学科，与其他各门类艺术相并列。艺术学学科意识的发生、发展与强化实际上就是一种扩大艺术内涵，使其从"美"这一所指的统治下解放出来并还原其在社会生活中的丰富性、流动性的努力。在很多理论家看来，随着对艺术其他功能（如反思、批判、仪式、伦理和宗教等）的进一步确认，艺术与美的分裂也将进一步扩大。

反本质主义思潮的兴起是消解论出现的理论背景和动因。20世纪20年代兴起的以维特根斯坦为代表的语言分析哲学，以及五六十年代以后兴起的解构主义哲学、后现代主义哲学等，是反本质主义思潮的主要代表。语言分析哲学从语言批判的角度切入，认为传统研究中那些意义不明、争论不休的命题实际上都导源于对概念的误用，即用唯一所指禁锢了词语在日常运用中的丰富内涵和流动意指。在维特根斯坦看来，传统研究中为艺术、道德等概念寻求本质规定

① ［德］格罗塞：《艺术的起源》，蔡慕晖译，商务印书馆1984年版，第5页。

② 转引自朱立元主编《西方美学通史（第六卷）·二十世纪美学》（上），上海文艺出版社1999年版，第115—116页。

和终极所指的做法就是对词语的误用，因此他主张应该“把词语从形而上学的用法重新带回到日常用法”[①]。这种开放词语内涵的做法，实际上就松动了艺术与美之间的本质关系。以德里达、福柯、罗蒂、拉康、利奥塔和哈桑等为代表的解构主义、后现代主义在反本质主义的道路上进行得更为彻底。尽管他们的思路和切入点各有不同，但都倾向于认为事物是以多元性、异质性的方式存在于世，根本就没有所谓的本质。就此，利奥塔对宏大叙事进行了否定、福柯剖析出真理之后的权力阴影、德里达批判了逻各斯中心主义，而罗蒂则直接否定了现象与本质之间的对立。语言分析哲学和后现代主义的这种反本质主义理念必然会对艺术的自我观照形成冲击，促使其重新考量与美以及审美等属性的关系。

二　三种常见的拆解方式

在东西方美学界，由于思想资源和理论目的不同，美学家在力促艺术与美相分离、驱逐审美价值的过程中也表现出很大的差异，并因此形成了不同的消解策略，大体上可以分为三种。

第一种是从哲学本体层面所进行的消解，即借助于反本质主义哲学，以釜底抽薪的方式取消“艺术”的可定义性，这就一劳永逸地消解了美与审美在界定艺术中的核心位置。持这种思路的美学家有莫里斯·韦兹、博丹·齐米多克等，他们深受反本质主义哲学的影响，并将反本质主义哲学的理念和思路运用于对艺术概念的考察。莫里斯·韦兹着重发挥了维特根斯坦的“家族相似理论”，认为艺术是一个开放概念，其意义虽然有连贯、重叠的特质，但并不能归结为单一所指，因此他要求“在谈论‘何谓艺术’之前，必须先明了‘艺术’是何种类型的概念”，并认为“艺术，如其概念在逻辑上所

---

① ［英］维特根斯坦：《哲学研究》，陈嘉映译，上海人民出版社 2001 年版，第 73 页。

显现的，没有一系列必要和充分的特质，任何一种艺术理论，不仅在事实上，而且在逻辑上都是不可能的”[①]，如此，也就没有给艺术下定义的必要了。博丹·齐米多克直接将反本质主义哲学思想运用于对艺术的考察，并明确表示“艺术审美性质的概念是错误的，因为它像所有其他本质论一样，这种理论是建立在艺术具有一种能发现的本质这一虚假的前提之上的”[②]。很显然，在博丹·齐米多克看来，艺术并没有什么本质，是不可定义的，那种将审美性质设定为艺术本质的做法也必然是一个虚假命题，无从谈起了。

第二种消解方式虽然承认艺术是可以定义的，但回避了传统美学所强调的优美、和谐以及审美静观和愉悦等品质，从艺术理论、艺术体制和话语权力等外围因素对艺术展开界定。这一理论取向以美国的阿瑟·C. 丹托、乔治·迪基等为代表。丹托认为，一件事物之所以被认定为艺术品，与它是否具有审美属性无关，而是依赖于艺术界借助理论对它所做的阐释，“阐释就是我所说的变形的中介，就连非常普通的对象也能靠这个变形过程上升到艺术层面”[③]。在丹托这里，他用来自艺术界的理论阐释，较为彻底地否定了审美属性在界定艺术中的作用。这种理论显然可以很容易地帮那些貌似信手涂鸦、混乱无序、丑陋怪异的先锋艺术获取艺术身份。后来的迪基沿着丹托的道路，进一步将丹托的“艺术界”发展为“艺术制度”。迪基声称，一个物品能否成为艺术品甚至不需要丹托提出来的“阐释”，只需要一个艺术界中的成员把它选出来赋予艺术地位就可以了，如此，他在几经修订后提出：“类别意义上的艺术品是（1）一件人工制品；（2）通过代表某一社会体制（艺术界）而行动的某个人或某些人，它的一系列方面已经授予其被欣赏的候

---

① ［美］沃坦恩格伯：《艺术哲学经典选读》英文影印版，北京大学出版社 2002 年版，第 192 页。

② 参见朱狄《当代西方艺术哲学》，武汉大学出版社 2007 年版，第 67 页。

③ ［美］阿瑟·C. 丹托：《艺术的终结》，欧阳英译，江苏人民出版社 2005 年版，第 87 页。

选品资格。”① 这个成员既可以是艺术评论家，也可以是创造这个作品的人。而他们之所以拥有这种命名权，就是因为他们处于“艺术体制”之中，可以代表艺术界发言。丹托与迪基对艺术品的定义都是描述而非评价的方式，并将重心放在了艺术活动的体制外围层面。很显然，这种界定艺术的方式有利于回避众多理论家在艺术品内在属性上的争论不休和模糊矛盾，也能够简单有效地将众多先锋艺术作品（如杜尚的“小便器”、沃尔霍的“盒子”以及其他众多的“现成品”）包容进艺术领域。

与前面两种相比，第三种消解方式要缓和得多。这种方式不仅同意对艺术下定义，而且主张从艺术内部去寻求艺术的存在根据，只不过，在这种方式中审美属性被降格为众属性中的普通一员，消解了它的核心地位。贝伊斯·高特在艺术界定上提出“簇概念”，认为艺术界应该以历史、开放的态度面对艺术特性，可以将多种属性集中于艺术概念之下，形成“簇概念”。高特就此开列了审美特性、挑战智力、表达复杂含义、展现个人观点、表现想象力等十余种属性。尽管高特依然将审美属性包含在内，表现出对历史与常识的尊重，但是他特别强调了这些属性中的任何一种只能作为特性而非标准存在，也就是说“没有任何属性是使某物归属于某概念的个别必要条件”②。这实际上切断了审美属性重回艺术价值核心地带的归途，将其摆在和其他属性并列的位置。美国学者诺埃尔·卡罗尔也认为艺术可以定义，但却不能将审美置于艺术欣赏的核心位置，他提出一个自认为充分的定义：“一部艺术作品就是一个用来促进可以感到的审美知觉，或进行各种类型的解释，或者对观众有用的其他恰如其分的反应的对象。”③ 在这里，卡罗尔也是从艺术品内部

① ［美］卡罗尔编：《今日艺术理论》，殷曼楟等译，南京大学出版社 2010 年版，第 116 页。

② ［美］卡罗尔编：《今日艺术理论》，殷曼楟等译，南京大学出版社 2010 年版，第 32 页。

③ ［美］诺埃尔·卡罗尔：《超越美学》，李媛媛译，商务印书馆 2006 年版，第 30 页。

来界定艺术，但其消解意图还是很明确的，其试图用丹托的“解释”来稀释曾经占据主导地位的审美属性，认为在艺术欣赏中，审美反映并非艺术欣赏的唯一内容和主要内容。他所著的《超越美学》一书，就主要致力于消解审美快感在艺术欣赏中的主导地位。

从总体上看，这股消解思潮充分表现出一种学术上的敏锐、开放，甚至激进民主的特性。他们不仅考虑到艺术、美以及审美等概念在历史发展中的动态性和多样性，而且充分展示出将新生艺术现象尽量包容进来的宽容心态。在他们之后，无论是否继续为艺术定义、是否重新协调艺术与美及审美的关系，都不能无视这一消解思潮对许多传统命题的深刻认识。但是，这一思潮在出现之初就遭到过质疑，时至今日，当反本质主义思潮以及现代艺术也受到批判审视时，对消解思潮的反思也就很有必要了。

三　强行拆解的理论困境

消解思潮尽管有其合理性，但是未能对哲学前提进行必要的反思；未能在面向艺术最新发展的同时，兼顾到艺术的历史传统；未能在对现代艺术家照单全收的同时，照顾到大众的日常艺术活动；未能在开放艺术边界的同时，发挥出理论应有的甄别能力，这就使得这股来势汹汹的消解理论表现出罔顾实际的理论游戏特征，失去了应有的理论效力，而这些问题都需要进一步加以明辨。

首先，消解思潮所依赖的哲学基础本身就存在诸多问题，如不加分析地套用就会因大前提的不当而导致结论的失真。作为语言分析哲学代表的维特根斯坦，他的“家族相似理论”就经常被用来作为消解论推论的前提，但是，在当前，这个理论本身就受到诸多质疑，变得极不可靠。美国学者曼德尔鲍姆曾指出，不同游戏之间尽管差异巨大，但那仅是表层如此，如果深入考察游戏的内部，也会发现共同特征，正如家族成员尽管面目各异，但遗传基因却有极其相似的共同属性。[1] 也就是说，如果摆脱维特根斯坦对事物的那种“不要想，而要看”[2] 的态度，也许是可以去继续挖掘事物的深层本质的。就消解思潮所依赖的解构主义和后现代主义哲学而言，实际上也需要以理性的态度加以批判反思。从本质上讲，解构主义和后现代主义哲学对本质的摒弃导源于他们对语言符号的不信任。他们认为人类无法穿透语言的帷幕，也无法挣脱语言的逻辑，从而迷失在语言符号的能指链条之中，无法抵达真理、真实的彼岸。但是，在语言系统面前，人类是否果真如此被动，是否只能是消极的被规定者，对此是大可以存疑的。实际上，无论哲学家赋予语言符号以何种优先性，它都不能脱离人类主体的能动性而存在。语言只是人类进入世界的媒介，绝非世界本身。对此，杜夫海纳指出：“只有在说出一个意指、瞄准一个外在于指号并由指号首先命名的实在时，才是有意义的。”[3] 埃伦・迪萨纳亚克也认为，“语言被演化出来去指涉的事物（环境的供给）在某种重要的意义上必须存在”[4]。也就是说，语言只有在指向世界与存在时才有意义，而这也是语言的使命。在语言的这种使命中，对事物的命名和定义也就重新具有了可能性，尽管是一种受到约束的可能性。

其次，由于未能将艺术理解为一种人类实践活动，而是将其作为一种静态的、现成的人工制成物品来观察，这就很容易使他们的结论产生偏颇。莫里斯・韦兹等在借用“家族相似理论”来论证艺术不可定义时，就将艺术视为静态的人工制品。以这种方式来考察艺术，的确很难在形式多样、样态迥异的雕塑、电影、绘画、诗歌、

---

① 参见徐岱《反本质主义与美学的现代形态》，《文艺研究》2000 年第 3 期。

② ［英］维特根斯坦：《哲学研究》，陈嘉映译，上海人民出版社 2001 年版，第 48 页。

③ ［法］杜夫海纳：《美学与哲学》，孙非译，中国社会科学出版社 1985 年版，第 149 页。

④ ［美］埃伦・迪萨纳亚克：《审美的人》，户晓辉译，商务印书馆 2004 年版，第 294 页。

音乐、装置艺术等艺术品之间找到统一的本质，自然会得出艺术难以定义的结论。丹托、迪基等的这种倾向更加明显，他们直接围绕艺术品来谈，并认为谈论艺术品就是在谈论艺术。但是，这种研究倾向忽略了一个最重要的问题。尽管艺术最终要通过物质载体得以呈现、成型，如大理石、画布、颜料、声响等，但艺术的核心却是一种精神结构，因此对艺术本质的追寻绝不能停留于现象界的纯客体阶段，而是应该将其联系到人类的实践活动和精神心理来探讨。正因如此，现象学美学才强调艺术是一种意向性客体，“只有在观众的合作下才以自身的存在存在着”①。阐释学美学代表人伽达默尔（也作加达默尔）在谈论游戏时才没有像维特根斯坦那样仅侧重于从外部观察游戏对象，而是深入游戏内部，将游戏理解为只有通过“游戏者”的参与才能表现出来、存在的往复运动，而在伽达默尔看来，“艺术作品就是游戏”②，因此对艺术的理解就不能不结合人类的主体精神、心理和活动来谈。除此之外，伽达默尔还通过对游戏的分析暗示出，在艺术活动中主体始终会葆有一种特殊的精神状态，无论在游戏、艺术活动中多么紧张，主体总是会意识到他正在做的“只是一种游戏”，主体在本体层面上将始终是愉悦、轻松的，伽达默尔将这种貌似紧张实则轻松的游戏、艺术感觉称为“现象学上的缺乏紧张感”③。这实际上意味着，无论游戏、艺术在外在形态上如何千差万别，其在具体活动中所形成的主客体关系和状态却有稳定性和同一性，可以成为区别于其他事物和人类活动的本质规定。这也进一步说明，对于像艺术、游戏这样的人类制造品，只有通过与人类所建立起来的精神、心理、功用联系，才能得到更为准确的

---

① ［法］杜夫海纳：《审美经验现象学》，韩树站译，文化艺术出版社 1992 年版，第 40 页。

② ［德］加达默尔：《真理与方法——哲学诠释学的基本特征》上卷，洪汉鼎译，上海译文出版社 1999 年版，第 158 页。

③ ［德］加达默尔：《真理与方法——哲学诠释学的基本特征》上卷，洪汉鼎译，上海译文出版社 1999 年版，第 135 页。

理解。

再次，消解论往往还存在着逻辑上的困境和对常识的背离，这就使其理论的合理性大打折扣，不得不面临更多的质询和批评。这尤其表现在以丹托、迪基为代表的从外围对艺术进行界定的理论研究。无论是丹托对艺术阐释的信任，还是迪基对艺术权威的倚赖，在逻辑上只能推演出艺术理论与艺术命名先于艺术而存在的结论，即没有理论和命名，就没有艺术，也没有艺术欣赏。这不仅违背实践在先、理论在后的人类活动规则，也与日常大众无须借助理论就可以进行艺术欣赏的实际状况不符。不仅如此，这种外围策略也很容易陷入明显的解释循环暗井。如果艺术概念及艺术品都有待艺术界的指认和规定，那么在艺术概念本身还没有得到定义的情况下，何以知道哪些人物和机构属于艺术界、归于艺术体制呢？这显然也是一个无法解决的逻辑困境。此外，那些主张从艺术内部加以界定的学者如卡罗尔、高特等，也存在这一方面的困境。卡罗尔曾说，他之所以否定美与审美经验在界定艺术中的核心地位，就是因为担心“艺术的审美定义使审美经验具有把其他非审美的互动形式排除出去的特权”①。然而，这种担心显然来自认识上的一种错误，将认识论上的本质规定混同于实践论上的现实样态。之所以如此说，是因为肯定一种属性的核心地位只是在认识论上确定某一事物或活动的独特身份，而绝不就是在实际上消除这种事物或活动中的其他属性或反应，正如确认人类的本质在于理性但没有人会因此要求人类杜绝一切与理性无关的活动一样。对此，卡罗尔等显然紧张过度。如果从这种紧张中解放出来，也许依然可以试着去寻求关于艺术的本质属性。

又次，消解论还容易使艺术概念因为失去内在的规定性而变成一个没有意义的概念，同时也会失去对艺术实践的批判规范功能，

---

① ［美］诺埃尔·卡罗尔：《超越美学》，李媛媛译，商务印书馆2006年版，第11页。

造成艺术创作的颓败和无序。在迪基、丹托等的界定中，艺术仅仅是在描述的意义上强调了它的人工性和艺术界命名的重要性。在卡罗尔、高特、安德森等那里，尽管为艺术这一概念追加了诸如认知、解释、复杂意义和道德启示等十余种内涵，但由于这些内涵并没有内在的统一性，由此艺术概念本身就已经处于各自为政的零散状态。很显然，在这种乏少规定或者规定零散的状态下，艺术也就成了一个没有辨别能力的概念，而其消极后果也很鲜明。齐安·亚菲塔曾说："没有范式，那也就没有艺术……到一个领域无能于剔除任何东西的时候，它就任是什么东西都接受，于是混乱就无可避免。"[①] 有学者说得更为明确，认为现代艺术的混乱局面正与艺术概念缺乏规定，美学家、艺术批评家缺乏批判精神有关："人们对于艺术世界的众口一词表示失望，对于批判精神的失职，觉得批评家对于受媒体过分吹捧的艺术家的继续拔高令人遗憾。"[②] 然而，更重要的问题在于，一旦艺术失去内在规定，任由艺术界来阐释命名，而艺术界又受到商业力量的侵蚀时，那么艺术命名也就很容易沦落为艺术骗局的代名词，艺术实践的堕落也将不可避免了。西方现代艺术中那些令人感到莫名其妙甚至作呕的所谓艺术，诸如装在盒子里的大便、送上展览厅的便壶、胡乱堆放的生活垃圾等，都为此作了注脚。

最后，关于艺术审美价值的消解思潮实际上还暗藏着以西方为中心的种族倾向和脱离大众的权贵主义倾向。在有些学者看来，那些主张对艺术的审美属性进行消解的理论家如丹托、迪基等，是立足于西方艺术和西方美学理论的发展所提出来的艺术观点，这一观点不仅忽视了非西方世界的艺术状况，甚至仅仅概括了西方艺术中的有限方面，"这种惯例定义使其暗示出来自于西方艺术某一有限方

---

① ［以］齐安·亚菲塔：《艺术对非艺术》，王祖哲译，商务印书馆 2009 年版，第 366 页。

② ［法］马克·西门尼斯：《当代美学》，王洪一译，文化艺术出版社 2005 年版，第 124 页。

面——亦即杜尚化传统——所带来的进展”，“这是一种种族主义者未说出的观念”。[①] 这种认识实际上就揭示了消解理论在地域上的有限性，不应该将其作为一种普遍真理来推行。不仅如此，这种消解思潮在阶级属性上也有明显的资产阶级和权贵阶层烙印。那些被发明出来的近乎丑和恶心的现代艺术往往只是权贵阶层的玩物，且价格不菲，与大众之间无论在趣味上还是财力上都存在很大的距离。意大利美学家艾柯对此曾说，20 世纪以后的这些现代艺术“尽力要‘令资产阶级惊愕’，但一般大众（不只是中产阶级而已）不但惊愕，还大呼伤风败俗”[②]。很显然，关于艺术的审美消解理论在此时所发挥的功用往往就是为这些权贵阶层的玩物贴上“艺术”标签，以便巩固权贵阶层在趣味上的合法性和权威性。这种理论思潮的阶层属性在此也就表现得很鲜明了。

消解论所面临的困境和所表露出的倾向，也许正给美学工作者带来一个有益的启示，那就是没有必要那么仓促地将审美属性从艺术的核心地带驱逐出去。在那些不同的甚至相反的艺术情感和美学形式之下，也许潜藏着更为深层的审美统一性，而可能正是这一有待勘查的内在审美属性保证了不管艺术形式在表面看来如何变化多端，也不论艺术情感在表面上如何矛盾，都可以被归于艺术之下，纳于审美之中。

四　重构艺术的审美本质

在我们看来，艺术在历史进程中与美的结合，实际上正是艺术去蔽澄清，摆脱政治、宗教和认知等外在压制因素，走向独立和纯粹的过程，具有积极的历史意义和文化价值，不可轻易否弃。而在当代所出现的这股将艺术与美相分离开的冲动，除了上文提到的背

---

① ［斯洛文尼亚］阿莱斯·艾尔雅维茨主编：《全球化的美学与艺术》，刘悦笛等译，四川出版集团、四川人民出版社 2010 年版，第 53 页。

② ［意］艾柯：《丑的历史》，彭淮栋译，中央编译出版社 2012 年版，第 365 页。

景原因外，还导源于对“美”与“审美”等概念的诸多误解。如果能重新拨开围绕在美与审美等概念之上的迷雾，也许可以修复艺术与审美之间的裂痕，重新建立起两者之间的本质联系。

消解思潮对“美”以及“审美”的误解主要表现在三个方面：其一，将美狭隘化、表面化地理解为优美，如此，一旦人们的欣赏对象走向崇高、丑甚至荒诞，美也就必然会被视为一个过气的概念；其二，未能将美联系到主体的特殊心意状态来考察，而是将其主要地视为对象的客观属性或者潜质，如此，也就很容易不恰当地使作为价值范畴的美失去与主体的联系；其三，审美被误解为生物性的刺激—反应过程，忽视了主体心意功能在其中的中介作用，其结果则很容易得出这样一个不恰当的结论，即一旦欣赏对象从优美转变为丑或者荒诞等形态，主体感受则一定与愉悦无关，不再是美感。这一结论显然与现实情况不符，正如恐怖电影导演罗梅罗所说，即便是恐怖片也是“因为有趣、令人兴奋而受到欣赏”[①]。在我们看来，这些显见的问题并不能通过将审美从艺术范畴中剥离出去加以解决，上文对此已经做出了论证。也许一种面向美学传统、结合艺术实践、拓展美与审美内涵，为艺术欣赏中的多样化艺术感受寻求更为内在的审美统一性的做法更为有效。

在传统的美学命题中，德国古典美学家康德的相关理论很具有启示意义，也有进一步挖掘的必要。对于美学命题，康德一般不谈论美，只谈论审美，“美学对于康德来说是和判断力而不是被判断的东西相关”[②]。康德认为，并不存在“美”这样一种客观属性，美只能联系主体的情感来理解。但康德深刻的地方在于，他并不认为审美愉悦来自主体对客体表象的直接情感反应，而是来自对某种内在心意状态的体察与肯定，强调审美判断先于审美快感。这就使他的

---

① ［意］艾柯：《丑的历史》，彭淮栋译，中央编译出版社2012年版，第422页。

② ［加］奇塔姆：《康德、艺术与艺术史——学科的阶段》，沈亚丹等译，江苏美术出版社2010年版，第78页。

美学理论具有了与现代艺术甚至后现代艺术进行对话的可能。在康德对审美判断所做的第二个规定中，康德将鉴赏区分为“感官鉴赏”和“反省鉴赏”。尽管两者都是“对一个对象仅仅就其表象对于快感及不快感的关系所下的判断”①，但彼此之间的区别也很明显。前者由于只对个人有效，属于私人的主观感觉，所以并非审美判断，而后者却具有普遍的可传达性，并因此成为审美判断。在康德看来，形成审美判断核心的普遍性并非关于对象的客观知识，而是一种特殊的心意状态，即“想象力（作为先验诸直观的机能）通过一个给定的表象，无意识地和悟性（作为概念机能）协合一致”②，也就是一种自由和谐的内在心意状态。在康德看来，这一心意状态具有普遍的可传达性，尽管体验于自身，但有着一种要求他人也同意其判断的内在要求，“通过鉴赏判断使每个人都承认它，好像它是一个和客体的认识相结合的宾词”③。康德认为，正是在对这种和谐自由的心意状态的感知肯定以及对这种心意心态的普遍可传达性的估量和判断中，审美愉悦真正地产生了。对此，朱光潜也曾明确地说：“就是对这种普遍可传达性的估计或判定才是审美判断中快感的来源。”④ 由此来看，审美感受中的愉悦和快感并非来自对对象属性的直接反映，而是经过了主体内在心意状态的中介和转换。不仅如此，康德还进一步认为，只要主体能获得一种自由和谐的心意状态，外在对象的客观形式既可以是美（优美）的，也可以是崇高的，正如他自己所言：“反过来，表示着主体方面按照自由概念联系到对象的形式乃至无形式的对象时的合目的性；结果是：审美的判断，作为鉴赏的判断，不仅联系到优美，而且作为从高级精神的情感里发生的，也联系到壮美”⑤，其实这里的壮美就是康德所青睐的另一个美

① ［德］康德：《判断力批判》，宗白华译，商务印书馆 1964 年版，第 51 页。
② ［德］康德：《判断力批判》，宗白华译，商务印书馆 1964 年版，第 28 页。
③ ［德］康德：《判断力批判》，宗白华译，商务印书馆 1964 年版，第 29 页。
④ 朱光潜：《西方美学史》下卷，商务印书馆 2017 年版，第 394 页。
⑤ ［德］康德：《判断力批判》，宗白华译，商务印书馆 1964 年版，第 30 页。

学范畴——崇高。

康德的上述美学思想对驱散当前关于“美”“审美”等概念的误解有很大的启示意义。首先，审美愉悦和审美快感并非一种直接对应于外在形式的浅层情感，而是来自对内在心意功能之自由和谐状态的体察与肯定。这实际上就意味着，无论外在对象在形式上如何变化，也无论该形式给主体带来何种直接的情感刺激，如丑感、痛感、恐惧感，只要这种情感能与其他心意功能如认识、想象和意志等功能和谐运作，主体将始终会获得一种深层次的愉悦之情。后者才是审美情感的本质，是美感之为美感的根本原因。因此，不应因艺术在形式上走向崇高、丑和荒诞，以及艺术欣赏中存在着痛感、恐惧感等，就轻易否定审美和美感的存在。理查兹在谈到悲剧时就认为，“在充分的悲剧经验中不存在压制作用”，“而悲剧的实质则正是在于它强迫我们在没有压制和升华的条件下生活片刻”。① 其言外之意是，在悲情之后还有更为深层的愉悦情感存在。对此，尼采也强调，“甚至丑与不和谐也是意志在其永远洋溢的快乐中借以自娱的一种审美游戏”②。

其次，“美”可以被理解为人类自由心意状态的指涉对象，而非外在事物的客观属性。如此，就可以将“美”概念从“优美”这一范畴的局限中解放出来。作为自由心意状态的指涉对象，美既可以指向优美，也可以指向崇高。如果按照康德的逻辑继续引申，那么完全可以将艺术中的丑、恐惧、荒诞等形式对象包容进美概念。也就是说，如果将美理解为一种自由、和谐的心意状态的外向投射，美将依然是一个值得信赖的概念。

再次，康德的观点还意味着，一件事物或者艺术品是否具有审美价值，其评价标准不在于对象在形式上是否优美、在内容上是否

---

①　程孟辉主编：《现代西方美学》，人民美术出版社 2008 年版，第 595 页。

②　［德］尼采：《悲剧的诞生》，周国平译，生活·读书·新知三联书店 1986 年版，第 105 页。

道德、在认识上是否深刻，而在于是否能够使主体形成一种和谐、自由的心意状态。

当然，康德的美学观点也需要接受现代观念的进一步修正。这主要包括两个方面的调整。其一，在审美过程中，康德曾将形成和谐、自由之心意状态的心理因素限定为两个，即想象力与知解力，但在我们看来，应该将情感、意志、欲望、身体经验等各种心意功能都包括进来。这是因为，审美在本质上是整个身心的投入，是生活的扩大和生命的扩张，不能仅限于精神反思的层面。尽管在审美中暂时与身边的事物隔绝，但在实际上“却与更大的现实融为一体”①。其二，将审美愉悦的对象限定于纯形式的做法过于狭窄，应该将一切生活、情感和身体内容包容进来。他在晚年提出来的“美是道德的象征”这一命题已经对自己的偏颇做了修正，之后的黑格尔更是在“美是理念的感性显现”中强调了形式与内容、感性与理性相统一的重要性。即便是20世纪的现代派艺术家康定斯基在强调形式的时候也不忘强调，“我们应在作品之前，让形式和心灵交通，由形式而内涵”②。当然，对于内容、内涵的理解在今天也应该突破古典时代的清教色彩和禁欲倾向，而是应该包容进更多的身体内容和感性因素。如此一来，审美就其对象而言不再停留于纯形式、唯理论层面，而是包容进道德、认知、身体和欲望等各种内容；就主体体验而言，则是对诸心意功能之和谐、自由状态的体察与肯定；就其效果而言，则是一种深层审美愉悦的获得，而这种愉悦将最终指向人类生命有机体的丰盈、伸展、交流和团结。由此，也许可以将美从主体和关系的角度理解为人类自由心意状态的指涉对象。当然，人类的社会实践是审美及其对象不断扩展和深化的终极根源。

---

① ［俄］康定斯基：《艺术中的精神》，余敏玲译，重庆大学出版社2011年版，序言第26页。

② ［俄］康定斯基：《艺术与艺术家论》，吴玛悧译，重庆大学出版社2011年版，第10页。

在经过补充、修正之后，“审美”以及“美”概念与艺术之间的裂痕也有了重新弥合的可能。不仅优美清雅的山水画是美的，惊心动魄的恐怖片也可以是美的；不仅让人情感激荡的抒情诗是美的，那些让人沉思的观念艺术也可以是美的；不仅那些经过人工百般雕琢的文学、电影是美的，那些信手拈来、放入艺术馆的现成物也可以是美的；不仅摆在画框里的静物画是美的，在街头尽情摇摆身体的街舞、迪斯科也可以是美的……当然，其前提是这些对象可以给人带来心意诸功能的和谐、自由，这种和谐和自由既可以情感为核心，也可以主要诉诸反思，但都将是一种指向生命伸展的深层愉悦，在终极的意义上，“艺术是生命的伟大的兴奋剂”①。

① ［德］尼采：《悲剧的诞生》，周国平译，生活·读书·新知三联书店 1986 年版，第 325 页。

第五章　新媒介时代的艺术价值转换

在 20 世纪 30 年代，德国美学家本雅明曾提出，随着机械复制技术向艺术领域的渗透，艺术价值发生了不可逆转的变化，即从“膜拜价值”转向了“展览价值”。这一转向的核心在于，传统艺术品所具有的独一无二性在机械复制技术的作用下已经萎缩，其可供膜拜的权威性、神秘性也趋于消散，如此，艺术作品就丧失了与历史和现实的联系，成为可供自由观览的扁平形象。它带给观者的不再是冥思玄想，而是感官震撼。对于这种转变，本雅明尽管不无惋惜，但还是给予了肯定态度，认为人类只有经历了经验上的断裂和贫乏，才能“从头开始，重新开始：以少而为，以少而建构；不瞻前顾后。在伟大的创造者中，从来就不乏无情地清除一切的人”①。这种立足技术立场对艺术发展所下的判断得到了很多学者的认同。

从本雅明提出这一判断到 21 世纪的今天，又跨过了将近 80 年的时间。艺术生产的技术语境已经发生了翻天覆地的变化。这尤其表现为以数字技术为核心构架的新媒介的崛起。在新媒介的作用下，人类社会在结构形态、经济模式、生活方式和文化心理等诸多层面都发生了显著的变化，其涉及范围不仅包括西方发达国家，也包括为数更为众多的发展中国家。作为人类文明结构中的组成部分，艺

① ［德］本雅明：《经验与贫乏》，王炳钧等译，百花文艺出版社 1999 年版，第 254 页。

术形态及其价值也必然会为适应社会整体结构的调整而继续发生变化。曾被本雅明视为艺术新阶段的展览价值也必然会被再次超越，向更新的价值模式迈进。自 20 世纪六七十年代以来，尤其是 90 年代以后，无论是艺术实践领域的最新发展，还是艺术理论家的前沿观察，都在有意无意地指向一种新的艺术价值理想，即“参与价值”。这种艺术价值旨在强化受众在艺术活动中的能动性和参与性，通过在符号、物质和技术等层面预留的“后门”，为受众提供一种与艺术家、其他参与者相对话的现实渠道，并最终指向一种更具活力的集体狂欢精神、更加饱满的身心感受和更为彻底的自由解放感。这种新的艺术价值不仅对应着新的艺术存在形态，而且关联着艺术创作者在身份上的转换，同时指向一种更为人文化、民主化的艺术参与方式和艺术审美经验。

一　问题的提出及其理论背景

自 20 世纪五六十年代以来，西方发达国家以及发展中国家较为发达的大都市，在社会结构、经济模式、道德伦理等层面都发生了显著的变化。在社会结构上，社会空间日益扩大，越来越独立于国家之外，个体的自由自律性进一步加强；在经济模式上，则从带有集权色彩的福特主义生产方式向注重协作、关注需求的“后福特主义”转换；在道德伦理上，则从责任主导的时代转向了以主体幸福为核心的“无痛伦理”时代①；在生活与行为模式上，则越来越趋于中介化和象征化；在技术发展上，双向互动的虚拟与数字技术逐渐取代单向性的机械复制成为文化传播的技术载体；而在大众文化心理上，人们在强调个体自由的同时，也开始自觉地寻求群体身份，以获得人生在世的家园感和归属感……不同派别的社会学家从

① 参见［法］吉尔·利波维茨基《责任的落寞》，倪复生等译，中国人民大学出版社 2007 年版，第 34 页。

不同的角度给这个变化中的社会以不同的名称，如“晚期资本主义”“后工业社会”“消费社会”“信息社会”“休闲社会”“福利社会”等。但不论采用什么样的称呼，当前的社会结构确实已经发生了较为明显的变化。

这些来自不同层面的变化在文化上集中表现为对更多的自由、更广泛的协作、更即时的互动、更大限度的宽容、更多的主体幸福、更饱满的身体享乐和更多元的自我构成等文化精神的吁求。这些文化精神显然已经渐趋脱离现代文化所强调的责任、奉献、克制、超越和纯粹等理念。作为最敏感于社会生活嬗变的人类艺术，必然会对新文化精神的呼唤做出应答，并在艺术内容、美学形式和技术形态上做出调整和新变，而这种调整的方向就是凸显艺术的“参与价值”。艺术在价值上的变化已经在艺术理论界产生了诸多回应。尽管他们在价值态度上并不一定首肯，但却客观地指出了艺术所发生的这种变化。

早在接受美学、现象学美学和阐释美学那里，以尧斯、杜夫海纳、伽达默尔等为代表的理论家就强调了接受者对艺术作品的阅读接受是艺术得以最终完成并转换为审美对象的重要因素。对此，杜夫海纳曾说：“艺术家创作出来的东西还不完全是审美对象……对象只有在观众的合作下才以自身的存在存在着。艺术家本人为了完成自己的作品，也要化为观众。”[①] 对艺术活动中受众的强调实际上已将艺术的参与价值推出了地表。其中，伽达默尔还从人类学的视野出发将艺术与“节日”类比，意在强调艺术也具有像节日一样的“聚合”功能，“要把一切统一起来，打破阻碍着聚合的个别的言谈，驱散个别的体验”[②]。他所谈的聚拢功能实际上就是艺术的参与功能。

---

① ［法］杜夫海纳：《审美经验现象学》，韩树站译，文化艺术出版社 1992 年版，第 40 页。

② ［德］伽达默尔：《美的现实性》，张志扬等译，生活·读书·新知三联书店 1991 年版，第 67 页。

环境美学家特丽夏·约翰松在谈到当代环境艺术时也强调，“人们不再只看某些东西，而是参与到艺术创作的进程中来”[①]。与上述学者相比，后现代理论家对艺术参与功能有更为敏锐的把握。丹尼尔·贝尔认为，在当代社会，艺术已经从“独立的作品转移到艺术家的个性上，从永久的物体转移到短暂的过程上”[②]。在这种转移中，艺术作品成为开放的活动，它积极邀请受众参与，将其带进创造过程本身。这种被贝尔称为“距离的消蚀”的艺术转向，实际上就包含了对艺术参与价值的发现，“强化感情的直接性，把观众拉入行动”[③]。伊哈布·哈桑对于艺术功能的这种转向也有鲜明的认识，他认为艺术在当代的转变在本质上就是走向一种行动和参与的艺术，“不论是语言性文本或是非语言性文本都要求参与行动”[④]。“参与价值”成为哈桑确认当代文化艺术的一个重要特性。美国后现代批评家波莱蒂也曾说：“观众的参与对作品来说是不可或缺的，把‘观众’（这个词不再有效）从被动的目击者变成合作的创造者（无论他们是否愿意），也同样是至关重要的。”[⑤] 此外，诸如罗兰·巴特对“可写文本”的强调，巴赫金对“狂欢精神”的标举，德里达对“阅读即误读”的倡导，哈贝马斯对“交往理性”的器重，等等，都肯定了“参与”正成为当代艺术的重要价值，甚至本质规定。对此有中国学者曾敏锐地意识到，“后现代艺术……通过在各门艺术中强调‘表演’‘过程’‘躯体’‘戏剧性’以及‘互动’等概念，把欣赏者推进

① ［加］卡菲·凯丽：《艺术与生存——帕特丽夏·约翰松的环境工程》，陈国雄译，湖南科学技术出版社2008年版，第42页。

② ［美］丹尼尔·贝尔：《资本主义文化矛盾》，赵一凡等译，生活·读书·新知三联书店1989年版，第173页。

③ ［美］丹尼尔·贝尔：《资本主义文化矛盾》，赵一凡等译，生活·读书·新知三联书店1989年版，第155页。

④ 王岳川：《当代西方最新文论教程》，复旦大学出版社2011年版，第304—305页。

⑤ ［美］波莱蒂：《后现代主义艺术》，《世界美术》1992年第4期。

了艺术的活动过程之中”[①]。这实际上也对当代艺术的参与价值进行了确认。

对于艺术在价值上的这种客观倾向也有一些理论家在态度上并不认同。如丹尼尔·贝尔，他一方面客观地指出了艺术在价值上的这种转型，但又认为这种转型是美学意识的分崩离析，是感官欲望的外在表现，并因此丧失了“同艺术进行‘对话’的能力”[②]。哈桑对艺术参与价值的倡导实际上也有所保留，这体现在他对当代文化的一种并不积极的整体认识上。他曾悲叹说：“这就是我们的后现代境遇。我不知如何让我们的精神沙漠，多增添一点生命的绿意。”[③]鲍德里亚对当下艺术的判断也许最为悲观，他认为艺术与生活之间的内爆产生了超现实与超美学，后两者的诞生意味着大众已经丧失了现实的行动能力，堕落为柔弱的审美动物……这些近乎悲观的论断包含着理论家对于社会与文化的深沉忧患意识，这显然值得尊敬，但如果把忧患意识最终演变为一种灰暗的历史宿命论，就不免有悖于人类历史总是发展进步的这一客观事实。

如果对历史文化报以更为乐观积极的信念，那么也许会发现，当下艺术对参与价值的追寻既有积极的内涵和所指，也有深厚的社会学、人类学和现代文化心理做支撑。尤其是20世纪90年代以来在社会生活中迅速崛起的多媒体技术、数字技术和互联网技术等，更为艺术参与价值的实现提供了切实的技术支撑。只有在一种更为积极的立场来看待艺术的参与价值，其中所蕴含的深厚内涵才能得到充分展现。

二　艺术“参与价值”的厘定

所谓艺术的“参与价值”是指艺术作品已打破了在形态、结构

---

① 周宪：《文化表征与文化研究》，上海人民出版社2015年版，第115页。

② ［美］丹尼尔·贝尔：《资本主义文化矛盾》，赵一凡等译，生活·读书·新知三联书店1989年版，第166页。

③ 转引自朱立元主编《当代西方文艺理论》，华东师范大学出版社1999年版，第383页。

和符号显现等层面的封闭性，它以“半成品”的方式期待并呼唤受众的加入，也只有在受众的肉身参与和实际操作中，艺术作品才得以显形或完成。从这个意义上讲，艺术作品是由作家和读者共同完成的，具有开放性和未完成性，体现出艺术家对作品控制功能的减弱和读者在艺术作品形成中参与功能的增强。

这里有两个问题需要明辨。第一，艺术作品的开放性主要不是指解释学和接受美学意义上在符号学层面的可阐释性和创造性解读，而是指艺术作品在物质存在形态、现实行为过程和形象显现等层面给接受者的身心介入预留了现实的或者技术操作层面的空间、结构和程序。如在一个名为“源于生活的绘画”的互动装置艺术中，观众一旦进入该艺术装置的影像记录镜头范围，就会被投射为由字母组成的透明影像，并呈现为DNA的样式，而且随着观众在这一空间中的移动，这一影像也会随着变化，极具动感。[①] 第二，后现代理论家所宣称的“作者之死”可以被重新理解为作家创作理念的转换，即从注重个人情感意志的抒发转向对交流对话欲望的释放，是艺术家的主动选择。后现代理论家曾从不同的层面预言过“作者之死”。比如，在罗兰·巴特那里，作者死于深层的语言结构和以复数形式存在的读者面前；在福柯那里，作者则死于权力话语的复杂运作；在德里达那里，作者死于符号能指链的自我游戏；在丹托那里，艺术家则死于艺术惯例和艺术制度。尽管角度各有不同，但在这些理论家这里，“作者之死”纯属被动。如果我们仍然借用“作者之死”一词来指涉艺术在当下的新变化，那么我们更愿意将“作者之死”理解为艺术家的主动选择，是艺术家创作理念更新后的必然结果。艺术作品不仅在符号层面通过“空白点”的预留，为受众的重新阐释提供空间，而且在物质技术层面留下“后门”，为受众的身心介入提供现实手段和方式。面对这样的艺术作品，受众的角色发生了根

---

① 参见马晓翔《新媒体艺术透视》，南京大学出版社2008年版，第130页。

本性的变化，受众不仅促成了艺术作品的形成，而且可以即时改变作品的显现效果，甚至受众本身就成为艺术作品的一部分。如此一来，艺术此前所一直被强调的“展览价值”和形式美就被一种更为突出的参与、交流和对话价值取代。

这种邀请受众参与的艺术主要集中于多媒体互动艺术、交互式电脑游戏、网络写作、装置艺术等，以及在互动理念指导下的传统艺术创作，如小说、电影剧本、流行音乐歌词、电视情节设计等。多媒体互动艺术以及网络虚拟艺术在存在结构上具有多层性，一般包括表层的形象显现、深层的程序代码以及外界感应设备等。受众通过触摸、操纵或者身体移位等形式与外界设备相接触，激发内部程序运作，从而使声音、图像等艺术形式从潜在状态转变为实存状态，或者从一种界面变为另一种界面。在日本艺术家桥本由纪的作品 *Conspiratio* 中，观众可以拿起一个特制的吸管，去吸食平铺在显示器上的饮料或食物的数码图像，而这些食物或饮料会随观众的吸食而变小、变少，甚至到完全消失。而在加拿大多媒体艺术家瑟克拉·斯基福斯特创作的《身体地图：触摸艺术品》这一作品中，受邀观众可以去触摸投影在台面上的本人身体影像，而当手指接近时，影像开始战栗，同时发出声音，体验相当奇妙。[①] 被称为“第九艺术”的网络游戏体现出更为明显的参与价值。其存在结构可区分为表层的叙述情节界面和深层的后台代码，游戏玩家每一次参与其中，都会产生一个全新的叙述，带来不同的游戏界面和情节历程。在网络游戏中，游戏的参与性不仅表现为玩家与机器、玩家与游戏设计者，还表现为玩家与玩家之间的互动。在大型多人在线角色扮演游戏中，网络游戏超越了普通装置艺术对过程与结果的设定，而是一个完全开放的系统，由玩家通过经验和彼此之间的博弈决定游戏的过程和结果。可以说，这种类型的网络游戏是一个作者引退、受众

---

① 参见王娜《互动装置艺术的语言形式研究》，《大众文艺》2012 年第 3 期。

主导的开放性结构，代表了艺术作品的最新转向。

在网络超文本写作中，文本的形成往往在作者与读者的相互交流和博弈中产生，因此，可以将之视为合作文本。目前流行于互联网的“小说接龙”更体现出当下艺术的开放性和参与性。在这种写作方式中，读者就是作者，每一个对故事发展有特别想法的读者，都可以在作品的接口处继续写下去。互动网络电影也是艺术参与价值的重要艺术门类。观众不仅可以通过网络参与到剧本的修改和完善中，还可以向剧组推荐演员和提供道具。此类电影采取边拍摄、边播放、边修改的策略，以使观众的意见能随时丰富补充到电影之中。在播放方式上，这类电影提供了开放式影像顺序，可以任由观众组合，按照兴趣采取正放、倒放、跳放等多种形式。台湾的《175度色盲》和大陆的《天使的翅膀》就是中国较早的两部互动网络电影，曾在文化界引起广泛关注。[①] 实际上，很多其他的传统艺术类型也表现出寻求大众参与的创作取向，这甚至成为一种带有民主特性的价值主张。无论是在流行音乐领域，还是在电视剧领域，邀请受众参与创作、拍摄的做法越来越普遍。

艺术作品在当下越来越成为多人合作、共同参与的过程和事件。在追求参与价值的过程中，当下的艺术甚至弱化了常规艺术对信息内容的传递，将受众的参与形式本身作为作品构思的重要内容，不断地去发明艺术家、观众和创造者共同参与的互动形式。随着技术的进步、道德的软化以及情感力的持续开发，艺术参与价值的实现方式也将日趋丰富。

三　作为技术服务者的艺术家

在传统的文化体系和艺术活动中，艺术家不仅是艺术作品的创造者、拥有者，而且是作品的意义之源，同时，还是文化资本的拥

① 参见陈林《网络电影：一个全新的视野》，《电影艺术》2001年第2期。

有者，在社会分工体系中拥有崇高的威望。在内在心意状态上，艺术家也有异于常人，他们往往情感发达、心思敏锐、遵循形象思维，以灵感状态投入创作。但是，在当下的艺术价值转向中，艺术家不再以独一无二的天才自诩，而是转换身份成为与受众协商的技术服务专家。在艺术创造心理上，也融入了更多的技术理性因素。

以实现参与功能为目的的当代艺术在构成上不仅包括表层的符号，还包括深层的技术构架、程序设计和设备安装等。因此，一件在现实时空情境中邀请受众参与的艺术作品就不能仅仅依靠传统意义上的灵感，还要求他们对技术装置、程序设计和过程控制等技术因素有较为透彻的了解和掌握。艺术与技术在艺术家身上的联姻正成为当前艺术界令人瞩目的现象。其中，一种情况是艺术家本身就具有多项综合技能。日本的新媒体艺术家真锅大度（Daito Manabe）就很典型，他之所以能在新媒体艺术领域独树一帜，就是因为他不仅做过职业的嘻哈 DJ，而且还是一名熟悉电脑系统设计的工程师；日本另外一个新媒体艺术家池田亮司也是一位集艺术创意、技术设计和程序研发诸种能力于一身的全能人士；香港的著名装置艺术家林伟而，同时也是一位著名的建筑师；[①] 2012 年举办过多场行为艺术展的韩啸，同时也是一位著名的外科整形医生。在这种情况下，艺术与技术在沟通上往往更为顺畅。另一种情况就是分工合作。艺术家主要负责艺术创意和形象塑造，而创意与形象的技术构架、程序设计则交由专门的技术工作者完成。这种艺术与技术的合作实际上从 20 世纪初的摄影、电影和电视剧等艺术作品的制作中就已经开始了，只不过这些艺术类型在早期还没有将参与价值作为自觉的观念，也就不可能在技术构架上为参与价值留下空间。当然，这种情况在 20 世纪 60 年代之后发生了变化。尤其是 90 年代之后，随着数码技术、多媒体技术以及网络技术的发达，这种转向才变得如此明朗。

---

① 参见王薇《空间之旅：林伟而——装置十年》，《当代艺术》2012 年第 9 期。

艺术价值的这种历史转向也表明了，艺术与技术、审美理性与工具理性之间远没有此前很多理论家所谈论的那样水火不容。在艺术创造的技术化过程中，艺术家与活动对象的审美关联趋于弱化，对技术理性的依赖程度空前提高。能否对技术装置、程序代码进行创造性的构想和开发，或者与技术专家进行良好的沟通与合作，已经成为当代新锐艺术家所必需的素质和能力。从这个意义上讲，艺术家在参与价值的创造中所获得的愉悦和快感，并不是来自对感性形式的直接感知，而是来自对抽象技术创意的精神体验。对此，有学者曾说："许多懂得当代高科技的艺术家对于设计一个互动体系的关注远远超过对一个网页特效的关注。由于打破了传统艺术的束缚，艺术家对某种可能性产生的兴趣大于对研究一种特殊的感性效果的兴趣。"① 如果说艺术以提供审美愉悦为核心，那么在参与价值的实现中，艺术家已经成为服务者，而受众反倒成为艺术活动的主体，成为审美快感的真正享受者。

随着艺术参与功能的凸显，艺术家的社会角色也发生了变化。不管是否出于自觉或自愿，在社会文化系统中，艺术家已经从超凡脱俗、供人景仰的真理代言人，转变为商业、技术世界中的服务者、对话者。丹尼尔·贝尔曾强调，当代社会生活以服务为核心，首要目标是处理人际关系，并以合作和互动而非等级和压制为核心原则。② 在这样的社会情境中，艺术家将无法再在垂直方向上对受众施压，而是需要在水平方向上与大众形成对话关系，甚至形成商业性质的服务关系。这种转变与东西方社会在现代化过程中对各领域的进一步"祛魅"直接相关，同时也与自由、平等意识在艺术领域的进一步自觉有着紧密的关系。时至今日，在很多人看来，艺术家已经开始自觉地认同这种角色，"不再把自己看作是大智大慧的先知，

① 马晓翔：《新媒体艺术透视》，南京大学出版社 2008 年版，第 192 页。

② 参见［美］丹尼尔·贝尔《资本主义文化矛盾》，赵一凡等译，生活·读书·新知三联书店 1989 年版，第 199 页。

而是集体中的一分子，艺术创作也不再是艺术家天马行空的惊人骇世之举，而是由团体参与的一种特殊的社会活动”①。也正是在这种重新构造的艺术关系中，作为参与者的受众将会获得不同以往的审美体验。

四　从“心神涣散”走向“深度卷入”

艺术参与价值的实现最终在受众的参与中完成。但是，由参与价值所实现的审美感受与在展览价值中所得到的已经有很大不同。如果说，在展览价值中受众以“心神涣散”② 的态度投入其中，收获的是以“自我”为中心的浅层感官“震撼”，那么艺术的参与价值却指向一种全身心的“深度卷入”。这种卷入以艺术作品为中介，以受众自身的现实操作为契机，在与艺术家和其他受众的互动和对话中，最终指向一种更具活力的集体狂欢精神和更为彻底的自由解放感。

从本质上讲，这种追求与他人共在的艺术参与精神是对现代文化过于强调个性原则的文化补偿，是对人性根基的再次溯源。自启蒙运动以来，个体性就被构造为现代文化的核心原则。许多理论家都深信，个体完全可以借助于抽象原则与精神理念，使自己与现实的人群间隔开来。③ 但是，这种认识从 20 世纪 50 年代以后遭到了越来越多的质疑。如果如福柯所言，对人性的认识也是一种话语构造，那么这种“个体”观念也必然有历史与现实的限度。从社会的实际情况来看，对个体性的片面张扬已经导致了社会心理的失衡和一系列社会问题的产生。人与人之间的冷漠、疏离，现代人普遍的孤独感，人类生存的工具化、手段化等都与之相关。在这一背景下，突

---

① 徐淦：《什么是装置艺术》，《美术观察》2000 年第 11 期。

② ［德］本雅明：《经验与贫乏》，王炳钧等译，百花文艺出版社 1999 年版，第 290 页。

③ 参见［英］戴维·莫利《认同的空间》，司艳译，南京大学出版社 2001 年版，第 52—53 页。

破个体性的束缚，与他人共在、重返集体怀抱，就成了当代社会的普遍文化心理。作为对这一文化心理的理论回应，20世纪中叶以后的许多哲学家在谈论“人”时，都开始凸显人类生存的共在结构，强调了与他人交往的重要性。无论是胡塞尔等提出的“生活世界”，还是拉康提出的“主体间性”，抑或哈贝马斯提出的“交往理性”等概念，都表现出这种理论取向。这也进一步说明，要求参与、复归群体已经是当代文化心理的一部分。不同的仅是大众以何种形式、因何事物、以怎样的规模走到一起。而现代艺术就是在顺应这种文化心理的同时，突出了它的参与功能。

艺术参与价值的核心是指受众以亲身到场、即时互动的方式使艺术最终得以现实化并完成，受众也将在这种参与中获得一种更饱满、更深入和更具集体狂欢性的审美感受。在当代社会，受众对艺术的参与有两种形态。第一种方式是身体直接到场并参与到艺术的形成之中。这在许多空间艺术、装置艺术、新媒介艺术和歌舞晚会中表现得尤其突出。在哈普宁的空间艺术中，艺术符号都变成了实在的事物，不仅桌椅板凳是真实的，就连流过的水都可以浇湿观众的头发。[①] 周旋于这样的艺术空间，受众的身体感受性、与空间的一体性将被充分地调动起来。而在经由现代技术构造起来的装置艺术、多媒体艺术中，不仅受众的现实行为如行走、跳跃和言谈，甚至其体态、重量、热量、气味和声音等独一无二的身体要素也通过特定的技术感应装置参与到艺术作品的显现和完成之中。在此类艺术中，艺术作品业已从静止的观览对象转化为动态的身体事件。受众与艺术品之间不再存在空间上的隔阂，而是合而为一，凝聚在身体活动之中。此时，艺术形象成为身体在空间中的绽放，形式化的身体及其行为又通过受众的感官进一步促成身体的行动。这种嵌入式的审美所带来的必将是一种身心合一、物我合一的审美感受。主体与对

---

① 参见［美］丹尼尔·贝尔《资本主义文化矛盾》，赵一凡等译，生活·读书·新知三联书店1989年版，第178页。

象环境之间在物理、生物、技术和意识等各个层面所形成的立体交流，使得这种审美感受更为饱满充实。

受众促成参与艺术实现其价值的第二种方式是在身体隐匿的状态下与对象形成远程即时交流，并最终促成艺术作品的完成。在当代社会，最能代表这种参与方式的艺术形式是以网络、光纤、电子和数码等为技术载体的网络写作、网络游戏、手机短信、网络博客、网络社区和社交软件等。在此类艺术活动中，受众或者参与者借助现代技术所赋予的即时互动能力直接参与到艺术品的创作过程中，与网络写作主体或者其他参与者形成直接的在线交流和对话。尽管在这种参与方式中，参与者的身体处于缺席状态，但是这种即时交流的能力却使参与者不仅能有效地在艺术活动中伸张自己的话语权，而且也能有效地穿越个体性的樊篱，在与他人就同一主题所进行的交流与对话中获得一种向整体性、共生性和本源性回归的迷醉感受。这种借助于技术构架所产生的感受也许比巴赫金的“狂欢感受”和伽达默尔的“节日体验”更自由、更深厚，这是因为，这种“在线交往”所具有的“匿身性”使参与者能够摆脱他人注视的压力，从而以更为率真自然的态度参与交往，也因此产生更为鲜活、深刻的审美体验。

与本雅明曾经慨叹的“展览价值”相比，艺术的“参与价值”具有更为深刻的对话精神、平等意识、身体内涵和仪式属性。本雅明曾谈到，“展览价值”不同于“膜拜价值”的地方在于，后者让个体没入对象、失去自我，而前者却让对象没入自我，“心神涣散的大众让艺术作品沉入自身中”[①]。但是，展览价值在解放参与者的同时，也容易使参与者陷入以自我为中心的“镜像”包围圈。但是在艺术的“参与价值”中，个体通过在自我与他人、肉体与精神、身体与环境之间建立真实的互动，能突破个体主义极端发展下的精神苦闷，

---

① ［德］本雅明：《经验与贫乏》，王炳钧等译，百花文艺出版社 1999 年版，第 288 页。

重新回到亲密的主体关系，激发全面的身心快乐，复归完整的人性经验。这种回归既是人类深层集体精神的要求，也是对现代极端个人主义文化习气的反拨。

艺术价值在历史上的嬗变并不是更替关系，而是一种叠加关系和辩证关系。正如展览价值的出现并没有将膜拜价值驱逐出历史舞台，参与价值的出现也并不就是对展览价值的彻底清除。不仅如此，新价值的普及反倒有可能使旧有的价值具有更大的魅力。德国哲学家沃尔夫冈·韦尔施认为，电子虚拟技术的四处蔓延会导致人们重新渴求另一种在场，即事物存在的此时此刻和独一无二性。① 这显然就是本雅明曾为之惋惜的“膜拜价值”。可见，参与价值的出现会进一步丰富艺术的审美形态，也为大众提供了更加多样化的审美选择。尽管艺术参与价值的实现在得益于技术构架的同时也会受到技术理性的制约，尽管受众的大规模介入会使艺术内涵面临稀释和降低的潜在危机，但是，艺术的参与价值却代表了一种追求平等对话、包容和谐的文化精神，启示着文化发展的新方向。

---

① 参见［德］沃尔夫冈·韦尔施《重构美学》，陆扬等译，上海译文出版社 2002 年版，第 256 页。

第六章　新媒介语境中的抵抗式阅读及其困境

“抵抗式”文艺阅读是20世纪70年代之后，文化批评所提出来的一系列阅读策略。这些阅读策略旨在通过大众的阅读活动，达到对文化霸权的批判，实现社会的改良。这些抵抗式阅读策略，在当今的新媒介语境下具有特殊的借鉴意义。以数字技术作为技术构架的新媒介，虽然给大众提供了前所未有的审美感受，但也使大众的审美面临前所未有的危机。数字技术在具体的存在样态上，则是一家家巨型的高科技技术企业。大众借以审美和娱乐的平台、软件和对象都服务于资本和利润的增殖。在资本和技术逻辑的双重夹持下，大众的审美活动很容易遭受异化，成为资本增值的一部分，貌似自由、自在的审美成为一种遭受剥削的“数字劳动”，大众也成为“数字劳工”。然而，新媒介审美已经成为当代审美活动的一种必然形式，如何缓解大众在新媒介审美中所遭受的异化，提升大众的审美自觉，就成为当下学界必须面对的一个迫切问题。对于这一问题，由文化批评所提出来的一系列阅读理论和策略，具有重要的启示意义。

文化批评作为一种学术思潮，具体由新历史主义批评、后殖民主义批评、女性主义批评、青年亚文化批评和生态批评等具体流派构成。这些具体的流派不仅对读者在历史上的阅读状况有精深的分析和全面的考察，而且还提出了许多独特的阅读理论，如“抗拒阅读”“对位阅读”“逸闻主义”“绿色阅读”等。文化批评所着力建构的读者阅读理论既不同于读者反应批评在心理层面上对意义生成问题的深思，也不同于后现代主义在思辨层面上对读者与文本孰先孰后的考量，而是立足于人文立场，着意发挥读者阅读的文化批判效应和社会改良功能，与马克思主义文论的社会批判精神有内在的相通之处。在文化霸权、数字异化无处不在的当下，这种关注底层、代言边缘、着眼解放的读者阅读理论就有了特殊的研究价值。

一 “读者阅读”缘何重要

对读者阅读的重视是西方现代文论自20世纪50年代以来的一个普遍倾向。现象学文论着重突出读者阅读在文艺作品向审美客体转化中的作用；接受美学从作品意义生成的角度强调读者阅读的重要性；解构主义则立足于反逻各斯的立场，强调读者阅读的语言狂欢性质。与上述理论不同，文化批评对读者阅读的重视不再局限于心理意识层面，也摆脱了哲学思辨和感性狂欢的纠缠，而立足于社会学立场，从摆脱文化压制、批判文化霸权、促进人类解放的角度，强调了读者阅读的重要价值。

文化批评之所以将文化更新、社会解放的希望寄托于读者阅读活动，是与文化批评对文艺性质的深刻认知以及对大众文化时代文艺产品的深重忧虑紧密相关的。对于文艺的性质，文化批评既不认为文艺是与社会生活相绝缘的纯形式、纯审美，也不主张将文艺视为反映社会生活的符号系统，而是认为文艺本身就是一种社会实践力量，与政治、经济、技术、阶层、环境和性别等各种因素缠绕在一起，彼此渗透、相互作用。对此，新历史主义批评强调文艺也是一种社会能量，是“力量的场所，是意见纷争与利益变更的地方，是正统力量与反对势力相冲撞的场合”①。女性主义批评则强调写作

① 张京媛主编：《新历史主义与文学批评》，北京大学出版社1993年版，第148页。

活动并非一个只关乎个体兴趣的问题，而是处于各种社会力量的角逐之中，是社会权利在写作领域的再分配。尤其是在马克思主义—女性主义文学团体看来，女性作家在写作中的边缘位置与她们在社会上的弱势地位之间具有内在的一致性。[①] 生态批评则认为文艺作品带有深刻的“环境性”，文艺与社会环境之间不仅在符号层面有象征与被象征的关系，也在物质层面有能量之间的相互交流影响。上述论述实际上表明文艺作为一种社会实践与其他各种社会力量处于难以相互分解的状态，而社会领域中的运行机制也必然内在于文艺活动之中。

正是基于对文艺的这种认识，文化批评才确信那些在社会实践格局中处于边缘和底层的阶层群体，不仅面临着被剥夺写作权利的危机，而且在文本的形象系统中也会受到种种扭曲和象征性歼灭。在文化批评看来，经由霸权主义文化机制所生产出来的边缘群体形象（如女性、东方世界、自然、青年亚群体等），无论是被妖魔化为女巫、疯女人，还是被神圣化为天使；无论是被贬低为愚昧荒蛮的大陆，还是被幻想为铺满金银的理想国；无论是被视为供人驱遣的自然工具，还是被赞叹为人类的生存家园，实际上都已经偏离了该群体的本真形象，沦落为霸权主义欲望的载体。在萨义德看来，在帝国文艺中，东方形象只不过是“欧洲对东方的集体白日梦”[②]，而在生态批评看来，即便像狄更斯、雪莱这样的伟大文学家，在面对自然时也往往只是把自然对象当成抒发情怀和传达思想的工具。文化批评还进一步指出，这些体现着霸权主义文化逻辑的作品不仅在符号系统中摧毁了边缘群体的本真面目，而且会在社会实践领域给边缘群体带来严重的损害。在文化批评看来，这些作为霸权欲望对

---

① 参见［英］伊格尔顿编《女权主义文学理论》，胡敏等译，湖南文艺出版社1989年版，第342页。

② ［美］萨义德：《东方学》，王宇根译，生活·读书·新知三联书店1999年版，第65页。

象存在的边缘群体形象，又会反过来加深大众对女性、东方世界和底层等边缘群体的刻板印象，如此，就进一步加深了社会生活中的不公与对立，而边缘群体也会因此被进一步限制在受害者的位置。在谈到这一问题时，女权主义学者苏珊·格巴认为，父权制得以延续的手段之一就是对自身做出合理的阐释和论证，而文学艺术就充当了这样一种工具。[①] 后殖民主义学者萨义德也认为“描述本身的特点就是使附属者永远成为附属者，低等阶级永远是低等阶级”[②]，因此帝国文艺“以某种方式参与了欧洲在海外的扩张”[③]。而生态批评也深为忧虑地指出，如果不能及时改变公众对待自然的人类中心主义态度，那么生态危机的持续恶化将无法避免。文化批评对文艺产品的这种深重忧虑，在法兰克福学派对文化工业的强烈批判中也可以得到呼应。

然而更为重要的是，在文化批评看来，这种体现不公、加剧对立的文学艺术还将长期存在。它植根于社会的无意识，并在权力阶层和文化工业的支持下成为大众时刻面对、无处逃避的文化现实。萨义德在谈到帝国主义的社会影响时就曾说：“现代帝国主义的全球性和无所不包的特性，几乎任何东西都无法逃脱。”[④] 在文化批评看来，在现有秩序和写作权力无法即刻更迭的情况下，大众只有更多地诉之于特定的阅读，通过阅读揭示出文艺叙述中的支配关系，识破其中的意识形态阴谋，如此才能阻断各种霸权秩序的再生产，最终达到革新文化、改造社会的目的。由此可见，在霸权文化无处不在、对立关系纵横交织的文化工业和数字传媒时代，阅读已经被文

---

① 参见［英］伊格尔顿编《女权主义文学理论》，胡敏等译，湖南文艺出版社1989年版，第116页。

② ［美］萨义德：《文化与帝国主义》，李琨译，生活·读书·新知三联书店2003年版，第110页。

③ ［美］萨义德：《文化与帝国主义》，李琨译，生活·读书·新知三联书店2003年版，第16页。

④ ［美］萨义德：《文化与帝国主义》，李琨译，生活·读书·新知三联书店2003年版，第92页。

化批评视为抵抗意识形态收编、更新人类感知系统、促进文化革新所倚赖的重要手段。正是基于这种认识，文化批评才提出了“对位阅读”“抗拒阅读”“绿色阅读”“逸闻主义”等一系列包含着抵抗精神的阅读理论，表现出知识分子深沉的忧患意识和人文诉求。

二　立足边缘、旨在批判的阅读策略

尽管文化批评思潮之下的各具体流派所提出的阅读策略不尽相同，但是这些阅读理论在内在的运作思路上却有着很大的相似性。它们都强调了确立自觉的阅读立场的重要性，强调了挖掘边缘话语并加以阐释以及广闻博见、丰富社会历史知识的必要性。所有这些策略都指向对文化霸权和二元对立思维的批判和解构，具有积极的社会价值和文化意义。

在文化批评看来，对文艺作品的阅读应该有自觉的立场和态度，也就是自觉地站在女性、第三世界、边缘群体以及生态立场上去阅读文艺作品，而这种自觉的态度将决定文艺作品的哪些内容、以何种方式得到呈现。女权主义批评学者赫尔布鲁恩曾说，以前女性总是被要求作为男性去阅读文艺作品，而现在女性则需要作为女人去阅读。在女权主义批评看来，女性特有的社会生活经验为这种阅读提供了基础和保障，这种阅读一旦实现，就可能变成一种非常有力的批评，对男权中心主义具有强大的解构力量。后殖民主义批评也强调读者需树立阅读立场的自觉性，在阅读文艺作品时要联系到帝国主义的扩张这一背景来进行，即“把现有文本当作欧洲扩张的复调伴奏来读”①。生态批评所提出的“绿色阅读”概念，也是让人自觉地站到生态中心而非人类中心的阅读立场上来。除此之外的新历史主义批评等流派在阅读立场的设定上也相当自觉。这种自觉的阅

① ［美］萨义德：《文化与帝国主义》，李琨译，生活·读书·新知三联书店 2003 年版，第 81 页。

读态度被文化批评设定为阅读得以有效展开的必要条件。

文化批评强调读者阅读的核心就在于立足边缘立场去挖掘、揭示那些被主流话语压制、屏蔽甚至故意略去的边缘话语，并加以重新阐释，使文本的潜在意义得以呈现，最终实现对主流话语的解构和颠覆。女权主义批评所提出来的“对抗阅读”（也称“空白阅读”），究其实质就在于去挖掘在男性话语压迫下被扭曲或者中断了的女性话语，“从一个赞同型读者变成一个反抗型读者，通过这种拒绝赞同的行为，开始把根植于我们心中的男性意识祛除掉”①，对男性中心主义叙述模式形成冲击和颠覆。新历史主义批评也注目于那些被正史遮蔽了的野史趣闻、边缘话语和异乎寻常的偶然事件等，力图通过恢复历史的多元性和诗学化本质，对主流历史形成颠覆。格林布拉特将这种文本解读法称为“逸闻主义”。与前两者稍有不同的是，后殖民主义批评在所提出来的“对位阅读”中还主张要顺应霸权一方（即宗主国的意识）去读，但是，这一批评在落脚点上，还是强调大众应自觉认同被殖民者的立场，从被主导叙述压制的从属视角来读，以便把这些著作中“沉默无声的、在意识形态中被作为边缘的东西……挖掘出来，加以伸张、强调，使它发出声音”②。对于文化批评来说，对边缘话语的挖掘具有非凡的意义，其矛头直接指向被文化霸权禁锢了的僵化思想、封闭历史和集权现实，这不仅可以进一步激活个体的自由意识、拓展对文本的体验，而且可以借此阻断等级权力关系的再生产，改良社会格局，促进社会解放。

文化批评也意识到，要实现这样的阅读并不是一件易事。这除了需要读者摆脱单纯的娱乐心态之外，更需要读者不断丰富历史文

---

① 张京媛主编：《当代女性主义文学批评》，北京大学出版社1992年版，第53—54页。

② ［美］萨义德：《文化与帝国主义》，李琨译，生活·读书·新知三联书店2003年版，第89—90页。

化知识以及对现实社会的认知把握能力。在萨义德看来，只有将“一个叙述的结构和它从中汲取支持的思想观念和历史联系起来”[①]，才能准确、全面地把握一部作品的内涵。这实际上就向现代读者提出了更高的要求。只有具备了更为渊博的社会历史知识，才有可能为立足于边缘立场的阐释提供更为确凿有效的资料和论据。对于新历史主义来说，如果不能在正史之外对散落各处的野史逸闻、民间传说等有丰富的积累，那么也就无法实现对文本的多元解读，也很难突破历史一元论的控制。对于生态批评而言，则更希望读者能够具备关于生态科学的丰富知识，如能兼具地理、气象和自然科学等知识，那么也就更有资格成为绿色阅读的读者。很显然，在文化批评这里，阅读更近乎一种智力和知识层面的挑战，带有很强的专业性质。

三　以理性释义主导的阅读方式

在文化批评之前，阅读一直被理解为个体在私人意义上寻求审美快感的一项活动。即便在德里达、罗兰·巴特等后现代主义批评那里，阅读也往往被阐释为带有感性愉悦色彩的个体释义行为。但是，在文化批评的理论建构中，阅读的性质具有了明显的变化。它不再主要是一种情感的满足，而是转变为一种理性的欢欣，它也不再是一种私密的体验，而是转变为一种社会的责任。这种转变体现出阅读理论在当代社会情境下的一种新发展。

如果说传统阅读所追求的是一种情感效果，也就是读者以移情的方式自觉地认同主人公，按照作者对情节的编排去游历体验不同的生活，那么在文化批评这里却需要读者摆脱移情的冲动，与作品中的人物、事件和场景建立起一种以反思为特性的理性距离。对此，

① ［美］萨义德：《文化与帝国主义》，李琨译，生活·读书·新知三联书店 2003 年版，第 91 页。

萨义德曾谈到，在阅读文艺作品时，要尽可能地“把事物联系起来看待，尽可能多地准确地掌握材料，去发现她的小说包含了什么，缺乏什么”①。这里的“掌握材料”和对“缺乏什么”的发现，都是对移情活动的中断、对理性功能的开启。女权主义批评所追求的“空白阅读”实际上就是要求文艺阅读“从前台的显性文本转移到后台的社会历史关联上去”②，而这种转移在本质上就是打破由文学叙述所建构起来的梦境，将现实引入虚构，通过理性对比的方式去揭示作品叙述视角的有限性。这也是一个理性反思的过程。生态批评家卡尔松在谈到对自然和艺术进行观赏时，强调应达到一种严肃的而非肤浅的欣赏，而达到这一目的的途径就是在阅读中“将科学知识置于一个最为密切、实际上也最为本质的位置”③。科学知识的加盟实际上也使文艺阅读过程具有了更多的理性色彩。对于文艺阅读来说，这种理性反思的介入使得阅读过程少了几分感性的浮躁，多了许多思想的沉稳，有利于拓展和加深对作品以及与之关联的社会历史的理解。

文化批评所倡导的这种阅读，实际上还是一种超越私人欲望、走向公共关怀的阅读理论。这不仅因为这种阅读主要诉之于理性反思，更因为这种阅读始终是一种立足于边缘立场对霸权文化展开批判与解构的阅读方式，其批判对象不仅指向帝国主义文化逻辑、父权制文化体系、受制于强权的一元历史观，还指向了压制自然的人类中心主义思维方式。在这种阅读理论的构造中，读者的阅读活动尽管还主要是处于私人领域之内，但在读者对理性的公共运用中已经使这种阅读超越了私人享乐的性质，而具有了社会批判的内涵，表现出公共关怀的

---

① ［美］萨义德：《文化与帝国主义》，李琨译，生活·读书·新知三联书店 2003 年版，第 133 页。

② 杨守森主编：《新编西方文论教程》，中国人民大学出版社 2012 年版，第 408 页。

③ ［加］卡尔松：《自然与景观》，陈李波译，湖南科学技术出版社 2006 年版，第 51 页。

性质。值得注意的是，文化批评并没有刻意将能够展开这种理性阅读的读者限定为女性、被殖民者或者其他边缘群体，而是将其向所有群体开放。这是因为，由于文化批评各流派都受到过后现代主义的洗礼，他们在批判各领域的中心主义和文化霸权的同时，也极力避免使自己所代表的立场重蹈中心主义的覆辙。正因如此，后殖民主义批评才强调本土主义并非唯一的选择，也许在当前“社会解放”比“民族独立”更为重要；女权主义批评也谨慎地声称，作为女性的阅读并不必然就是一位妇女阅读时产生的东西；而生态批评在为自然伸张权利时，也谦逊地认为“没有一个人可以作为环境、作为自然、作为一个非人类动物来说话”①。很显然，这样一种既向全部人群开放，又能时刻对自我进行反省的阅读必然会释放出更为积极的社会批判效果。

四　批判阅读能否兼容审美

文化批评所建构的阅读理论不仅有理论上的突破，也体现出知识分子批判霸权、代言底层的学术良知。但是，这种以抗拒霸权为目的、以理性释义为特征的读者阅读理论也面临着理论与实践上的双重难题。就前者而言，则是如何结合批判与审美的问题；就后者而言，则是如何将批判阅读从理论转换为读者实际阅读行为的问题。这两个问题实际上也是对文化批评阅读理论有效性的一个考验。

很显然，如果按照文化批评所构造的阅读策略来阅读，那么读者的阅读活动就会不可避免地成为一种疏离文本、避免移情的理性释义活动。这就与长久以来以寻求审美快感为目的的阅读行为出现了错位。实际上，如果阅读不能提供一种审美意义上的快感，阅读也就称不上阅读，而是转变成了文艺批评。文化批评显然也意识到了其阅读理论可能面对的这样一种质询，并因此声称，“任何阅读都

---

① ［美］布伊尔：《环境批评的未来：环境危机与文学想象》，刘蓓译，北京大学出版社 2010 年版，第 9 页。

不应试图过分一般化，以致使某一具体的文字、作者或情节失去其特性”[①]，此外还特别强调，“我们的任务是既不失去真实的历史感，也不失去对小说的充分享受或欣赏，而将二者结合在一起看待”[②]。可见，文化批评在构造阅读理论时，并没有忘记文艺的审美功能，并力图将理性释义与审美快感结合起来。虽然文化批评并没有为两者的结合提供现成具体的答案，但是这并不意味着文化批评所建构的批判阅读中不存在阅读的快感。在我们看来，在批判阅读中，读者逃离主流意识形态的控制，从其边缘处结合历史现实制造新意义的过程就是快感产生的过程，这种快感在本质上是一种肯定自我、逃离收编的抵抗性快感。美国批评家费什在谈到阅读时认为，阅读的意义并非文本的原意，而是读者在阅读过程中所产生、经历的种种猜测、逃离、怀疑、迷惑、畅想等情绪体验的总和。在伯明翰学派的约翰·菲斯克（也即约翰·费斯克）看来，当这种理性释义以对抗的方式对文艺产品进行解读时，读者转换成了意义的生产者，他在逃避意识形态收编的路途中，为自己制造出连绵不断的“狂欢式的、规避性的、解放性”[③] 的快感体验。在这一过程中，原有文本的情节和形象成为读者制造快感的材料，而这种快感体验既没有脱离文本，又越出文本的限制之外。就此而言，菲斯克对阅读快感的阐发恰可以成为文化批评阅读理论的一个补充，也是对批判阅读兼容审美快感的一种解释。

对于抗拒阅读能否以及如何成为现实读者的自觉阅读态度，文化批评并没有给予过多的说明。但这又是一个必须得到说明的问题。如果没有这种自觉的可能性，那么这种阅读理论只能是空中楼阁，

---

① ［美］萨义德：《文化与帝国主义》，李琨译，生活·读书·新知三联书店 2003 年版，第 90 页。

② ［美］萨义德：《文化与帝国主义》，李琨译，生活·读书·新知三联书店 2003 年版，第 134 页。

③ ［美］约翰·菲斯克：《解读大众文化》，杨全强译，南京大学出版社 2001 年版，第 6 页。

失去应有的现实意义。从目前的实际情况来看，也许的确如女权主义学者所做的调查所示，普通大众在阅读文艺作品时还多以审美消遣为阅读目的，“绝大多数妇女声称，逃避（现实）或消遣放松是她们的目的”[①]，但这并不意味着批判阅读在大众阅读中就是不可能的。很显然，这种批判阅读能否顺利进行的主要因素在于大众自身的特性和觉悟。而对于当代大众，很多学者并不认同勒庞将其视为“乌合之众”的看法，也不认为当代大众失去了一切批判能力。在伯明翰学派的菲斯克看来，大众的底层身份决定了他们天然地具有反抗性，他们总是会以“主动的行动者，而非屈从式主体的方式，在各种社会范畴间穿梭往来”[②]。这种反抗性也必然会使他们对商业社会中的文艺产品进行对抗式阅读，并在对抗中寻求快感。乐观地看，随着社会政治进一步走向民主自由、高等教育的进一步普及提高以及民智民慧的进一步开启发达，大众的批判精神必然会随之增强，并转化为阅读中的对抗意识。实际上即便是在当前，在互联网上由普通大众主导的以批判声讨为基本内容的网络文艺观感已经证明了批判阅读的现实可能性以及光明前景。

文化批评所建构的批判阅读理论具有重要的理论意义。它在本质上与马克思主义的社会批判精神一脉相承，甚至直接就是马克思主义政治批判精神在文化研究领域中的渗透与转化。尽管这种以理性释义为特征的对抗阅读还需在学理上进一步强化，但其中所蕴含的实践价值却已经呼之欲出了。尤其是在大众文化日益繁盛的时代，随着文艺产品的商业化，各种商业机器正倾其全力，动用各种手段，力图将大众塑造为没有反思能力的娱乐动物，以实现商业利益的增值。即便是放眼国内，自 20 世纪 90 年代以来，尤其是随着数字技

---

① ［英］伊格尔顿编：《女权主义文学理论》，胡敏等译，湖南文艺出版社 1989 年版，第 231 页。

② ［美］约翰·费斯克：《理解大众文化》，王晓珏等译，中央编译出版社 2001 年版，第 30 页。

术在审美领域的全面渗透，泛娱乐化产品和泛娱乐化阅读也正在我国大行其道。大众往往以不加反思的态度投入与文艺娱乐产品的互动和消费之中，其结果是催生出一大批以偶像崇拜为核心的粉丝化读者。在诸多大型的电视娱乐选秀节目中，现场观众甚至被构造为节目流程的一环，成为商业增值的道具，其表情动作在商品意志的要求下成为虚假的表演。显然，这种阅读与欣赏所释放出来的只能是感性与欲望的狂欢，而非精神与心灵的升华。在这样一种社会文化背景下，如何增强阅读的理性内涵和批判精神就成了一个崭新的时代课题，而这恰恰正是文化批评阅读理论所着手建构的。

第七章　新媒介时代文艺批评的自我批判

自21世纪以来，文艺批评领地也逐渐走向传媒化。在新媒介这一总体语境下，文学艺术的批评标准、话语方式，甚至生产方式、传播模式等，也都发生了显著的变化。由千禧年唤起的时间危机意识以及新媒介话语在文艺领地的长驱直入，使得文艺批评界一方面借助新媒介积极介入文艺批评第一现场，另一方面，也对自身展开理论质询，其活跃度、宽广度和深刻性令人印象深刻。加入自省行列的，既有活跃于文艺前线的批评家，也有坐镇于学术大本营的文艺理论家，此外，还有潮头弄险的艺术家和文化记者等。自21世纪初以来的二十几年间，批评界围绕文艺批评的新境遇、困境危机、价值标准、学科属性、批评形态、话语模式、思想方法、现实功能和未来转型等许多问题，展开反思与争鸣。相关的会议、论文和著作也层出不穷，涌现出大量富有价值的学术成果。文艺批评的自我省思不仅有利于重新确认文艺批评在新媒介时代的属性、功能、形态和模式，而且有助于强化文艺批评介入文艺现场和把握文化生活的能力。

一　为什么要自我批判

文艺批评如何反思自身，以及反思到何种程度，都会受到社会文化语境的影响和制约。20世纪80年代，文艺批评以摆脱政治规约、重建批评的美学维度和人性内涵为旨归，与之对应的社会语境则是，社会政治的日渐开放、文学场的逐渐独立以及启蒙思潮和人本主义的再次复兴等。90 年代的文艺批评致力于为批评寻求独立的学科属性和本体价值，而这显然又与文艺商品、传媒批评和西方理论等对文艺批评的挤压紧密相关。进入 21 世纪以后，文艺批评界的自我反思更趋活跃，尤其以促成文艺批评在 21 世纪的转型为要务，这其后所对应的社会文化语境则更为复杂、多元。

首先，批判介入意识的回暖复苏，是文艺批评在 21 世纪强化反思研究的思想动因。在 20 世纪 90 年代，思想界相对沉静得多。很多知识分子不再坚持领袖群伦、为社会代言的角色，而是明哲保身，相继遁入较为封闭的高校以及科研院所，在相对具体、专业的路径上致力于知识积累。李泽厚将这种倾向概括为思想家的淡出和学问家的凸显。陈思和善意地将其阐释为知识分子岗位意识的觉醒。但是，无论这种转向在学理上具有怎样的合法性，当学术研究在整体上如此转换时，就不能将其简单地归为学者个人学术趣味的选择，而是应该理解为一种时代风向，这其中不乏回避现实问题、淡化社会责任的情绪。到了 90 年代末，尤其是进入 21 世纪以后，情况有了变化。思想界重新燃起对现实的兴趣，并力图重建思想学术与政治的关系，增强学术研究的社会批判性。究其原因，首先，社会生活出现了不少严重践踏公平、正义底线的恶性事件，这使知识分子无法再安于蛰伏状态。其次，互联网在 21 世纪发展迅速、普及很广，极大地释放出潜藏于民间的社会政治热情，大众的参政、议政意识日趋活跃，成为推动社会进一步走向民主的底层力量。在这股力量的促进下，知识分子和学术界重新介入社会生活也就成为必然。在 2003 年的一次政治美学会议上，有学者就表示，在当下更应该提倡通过个人的研究、创作来实现政治关怀。① 稍后几年由程光炜、张旭东、查建英等引领的“重返八十年代”热潮，也有修复学术研究

---

①　参见徐敏《政治美学：一个新的学术课题》，《南京师范大学文学院学报》2004 年第 1 期。

与社会关怀之间裂痕的意图，对此，有学者说得很明确，“‘重返八十年代’与‘重建政治维度’二者是有着显而易见的互为因果关系的”[①]。批评家的思想意识是制约文艺批评形态的深层结构，思想意识的更新也就意味着批评范式的转移。因此，随着批判介入意识的再次复苏，文艺批评必然会对批评模式的各个层面进行重新考量。

其次，文学艺术的生产方式在商业、技术等力量的介入下发生了转变，在数量与种类上迅速增加，对文艺批评形成挤压、覆盖之势，这就使越来越力不从心的文艺批评不得不对自己的职能、效能和范围等一系列问题进行反思。2000 年，“文化产业”这一概念首次在中央文件中被提出来并得到肯定，这不仅为文艺生产的市场化提供了制度保障，也极大地解放了文艺生产力。就影视制作来说，据统计，中国电影产量已从 2003 年的不足百部上升到 2010 年的 526 部，电视剧从 1998 年的 9000 余集攀升到 2010 年的 15000 多集，居世界首位。[②] 即便是曲高和寡的纸媒长篇小说，也从 20 世纪 90 年代中后期的二三百部，上升到 2010 年前后的 15000 部左右，呈几何数增长态势。[③] 如果再加上写作即出版的网络小说，其规模甚至达到难以估算的盛况。文学艺术在当下的繁荣更表现为类型的丰富，反映出商业操作模式对细分市场的要求。仅就小说而言，出现了职场小说、官场小说、反腐小说、网游小说、悬疑小说、盗墓小说、穿越小说、玄幻小说、轻小说和青春小说等新类型。对于文艺批评来说，这些迅速繁殖、种类繁多的文艺作品，不仅在数量上对批评家形成挤压之势，而且在艺术形态与审美品格上对批评家原有的理论模式形成挑战。此外，文艺生产的商业化模式，大大降低了文艺批评对文艺生产的干预能力，宣告了文艺批评与文艺生产之间传统关系的破裂。在传统的文艺界，文艺批评是文艺活动中的重要一环，担当

---

① 赵牧：《“重返八十年代”与“重建政治维度”》，《文艺争鸣》2009 年第 1 期。

② 参见尹鸿《剧领中国：当前电视剧的创作与生产》，《今传媒》2011 年第 3 期。

③ 参见白烨《文学批评的新境遇与新挑战》，《文艺研究》2009 年第 8 期。

着文艺创作与文艺阅读的中介，可以直接影响一部作品的社会认可度。但自新时期尤其是21世纪以后，文艺生产被纳入文化工业的生产模式，它在文艺生产商、大众传媒、经销商和消费者之间建立起新的循环路径，可以不依赖文艺批评而完成文学艺术的再生产，并获得高额利润。对于在文艺市场上如鱼得水、摘金夺银的"80后"写作，吴俊曾说："如日东升的'80后'文坛和文学，不仅在挑战而且也在讽刺当今的批评家们。文学批评不只是有点滞后，简直已有迟暮和腐朽之态了。"① 如此一来，一向以真理代言人自居的文艺批评在由商业力量组织的文艺新世界中，不可避免地被边缘化，甚至被拒之门外。2006年，畅销书作家韩寒对评论家白烨的抵制②、玄幻小说作家对学院批评学者陶东风的围攻③，都表明了这一点。在汹涌而至的商业化文艺大潮面前，文艺批评显然需要加强反思，尤其是需要重新反思，文艺批评在文艺场中的位置与身份应发挥怎样的文艺功能、通过何种手段才能实现其功能等一系列根本性的问题。

再次，在历经理论冲浪和方法操演热情之后，文艺批评界重新沉静下来，这必然会促使批评界重新思考批评的使命、本性和方式等问题，以便让现实经验和本土问题得到更为本真的呈现。自20世纪80年代以来，有大批的西方学术名著被翻译到国内，到21世纪前后，对文艺批评影响较大的译丛就有商务印书馆主持翻译的"汉译世界学术名著丛书"、生活·读书·新知三联书店主持的"现代西

---

① 吴俊：《"80后"的挑战，或批评的迟暮》，《南方文坛》2004年第5期。

② 2006年2月，文学评论家白烨在博客上贴出一篇《80后的现状与未来》一文，认为"80后"作者和他们的作品虽然进入了市场，但尚未进入文坛。对此，"80后"作家韩寒率先回应，在博客上发表《文坛是个屁，谁都别装逼》来回应，由此引发大规模论战，众多市场畅销作家对白烨展开围攻，最后以白烨关闭博客告终。

③ 2006年6月18日，陶东风在博客上贴出《中国文学已经进入装神弄鬼时代》，对玄幻等市场畅销小说展开批判。对此，许多玄幻小说作者奋起反击，萧鼎等纷纷撰写文章对陶东风展开话语围剿。尽管陶东风表示不会关闭博客，但最后也以沉默应对网络上的话语批判（参见唐鸿等《玄幻文学是在"装神弄鬼"?》，《中国商报》2006年7月11日）。

方学术文库”和“学术前沿”、李泽厚主持的“美学译文丛书”、中国社会科学出版社主持的“知识分子图书馆”译丛、南京大学出版社推出的“当代学术棱镜”译丛等。这些译著不仅拓宽了我国学术界的眼界、活跃了思想，而且促进了我国学术研究的现代转型，价值不可估量。但是，由于我国曾长期闭关锁国，造成了思想的贫乏和精神的荒芜，再加上将现代化等同于西方化的观念由来已久，这就很容易使我国学术界在与西学对话时，自甘于弱势地位，对西方理论过度崇拜，最终陷于追新逐异的理论冲浪之中，诸如存在主义、结构主义、新批评、符号学美学、解释学美学、现象学美学、接受主义美学、解构主义美学、文化理论、后殖民主义、女权主义理论等，前赴后继、层出不穷。每当一种新思想被译介过来，总会立即引燃学界的热情，不仅经常落入过度阐释的陷阱，而且往往被不加分析、迫不及待地用于对本土经验的分析，并形成关于某一理论的“方法热”。在这种心态下，理论方法自身的新颖性成为学界兴奋的焦点，以至于理论的生成语境和现实关怀则往往被忽略了。可以说，一直到21世纪初，理论界一直唯新是求，自觉或不自觉地加入这场争先恐后的理论冲浪之中。对于文艺批评来说，这种理论冲浪也不无好处，有学者就认为可以为中国文艺界提供一种有异于传统的理解生活的方式，解放文艺生产的活力，削弱独断论话语。[①] 但是，这种唯方法论的消极后果也很明显，不仅很难促成知识的积累，也很难对现实问题做出有效分析和判断。对此，有些学者或立足于本土话语的缺失，将其称为“失语症”，或者着眼于研究的无效性，将其视为流于形式的“方法操演”。

这种侧重操演理论武器，而忽视现实作用的倾向到21世纪以后有了改观。这首先是因为随着翻译事业的进步，国内对西方美学、文艺学的最新发展几乎做到同步了解和回应，国际学术对话已经成

① 参见李扬《对新时期文学批评的回顾与反思》，《广东社会科学》2010年第2期。

为常态。在对西方理论和学说有了全面了解和对等交流之后，文艺理论界也就开始从盲目追风的不成熟状态走向更为成熟稳重的理论积淀期，一方面力图对各种理论做出反思、综合，另一方面则更加关注本土问题本身。其次，反本质主义知识观在学术界的扩散也使中国学者对西方理论持以更加客观、理性和审慎的态度。自启蒙时代以来，知识分子一直秉持本质主义知识观，认为人类凭借理性可以得到关于自然与历史的终极真理。但是，自 20 世纪以来，尤其是 60 年代之后，本质主义知识观遭到多方面的消解。弗洛伊德用非理性的本能颠覆了理性的假面；布迪厄用场域理论来阐释认识与理性，遂使知识染有了资本色彩，成为阶层利益的表达；福柯则将知识与权力捆绑在一起，认为“权力制造知识”，“权力和知识是直接相互连带的”①；萨义德也从后殖民主义角度出发，强调了知识生产中的民族因素和压迫结构。而解构主义、语言分析哲学等更从反逻各斯和反本质主义的立场，对绝对知识进行了消解与颠覆。总之，在后现代语境中，所有的知识都被视为相对的，而所谓的绝对真理和终极知识都被视为欲望、权力与资本的化妆术。在所有的知识与真理仅具有相对价值时，西方理论自然走下了神坛，中国学者的边缘化焦虑也被大大缓解，能够以更为从容的心态重新估量东西方知识的价值谱系。在这种知识观的影响下，我国文艺理论界在 21 世纪不仅开始重新强调接续传统，致力于对本土学术进行阐发，而且对西方理论的借用也更加审慎克制，不仅注意该理论的生成语境，也会对其适用范围进行严格限定。有学者在谈到国内学术界对法兰克福学派大众文化批判理论的运用时就曾强调，不能不加分析地将之运用于中国大众文化的研究，否则就会犯下误置批判对象、遮蔽现实问题的错误。② 有学者更为直接地指出：“理论批评不是诠释一些现

---

① ［法］米歇尔·福柯：《规训与惩罚》，刘北成等译，生活·读书·新知三联书店 2003 年版，第 29 页。

② 参见陶东风《文化批判的批判》，《天津社会科学》1997 年第 3 期。

成的经典概念，或是单纯地引进、介绍当今西方的时髦理论……而是建构理论与批评自身的解难题活动，文学理论与批评才有独立存在的意义和价值。”① 这种态度在21世纪的文学批评理论界已经成为一种共识。从对理论武器的把玩到对现实文艺问题的关注，实际上不仅仅是学术趣味的变化，而且也是文艺批评在范式上的整体转移，关系到文艺批评在方法、态度、目标上的一系列调整，这必将促使文艺批评加强对自身的反思。

又次，文艺批评界的持续分化甚至分裂，也是文艺批评不得不加强自我反思的重要原因。在21世纪之前，尤其是在20世纪90年代，文艺批评界的分化已经有目共睹，出现了意识形态批评、学院批评和传媒批评三足鼎立的批评格局。这三种模式不仅在价值立场、理论和话语形态上各有不同，而且在活动领域、传播平台和诉求对象上也各自独立。到了21世纪之后，文艺批评界的分化更加鲜明。在国家加大对高等院校和科研院所的资助力度之后，学院批评得以依托于体制提供的优厚条件在意识形态要求和学术独立之间寻找平衡点，表现出一定的保守性。传媒批评在文化资本的进一步扩张中日趋活跃，在被纳入文化产业的生产链条之后，其文艺营销的属性越发明显，与标榜文化资本的学院批评进一步拉大了距离。更值得重视的是，在互联网的影响下，网络文艺批评应运而生，成为一支独立的批评力量。这种批评享有网络所给予的自由、便捷，在批评范式上既与注重规范的学院批评相疏离，也不屑于媒体批评的商业回报，同时也与意识形态保持必要的距离，并因此表现出直抒胸臆的品格，带有大众性和狂欢性。可以说，文艺批评界的分化从来没有像21世纪的这样大。这种分化在外在形态上表现为批评群落的增生、批评领地的裂变，在内在价值准则上则表现为持续地分化，彼此之间的通约性越来越小，对立情绪日渐浓厚。自21世纪以来，意

① 陈晓明：《我对文学批评的理解》，《当代作家评论》2008年第6期。

识形态批评和学院批评对传媒批评的声讨一浪高过一浪，甚至认为传媒批评已经危害到民族文化心理和社会审美心理。① 而传媒批评的反击也毫不留情，将学院批评视为“吃经典利息者”，并加以冷嘲热讽，认为他们熟读经典文学作品、详阅经典文艺理论作品，开口闭口向经典看齐。他们不看当下作品，不知道有谁在写，都写了什么，又贡献了什么，只是热衷于编选小说集，热衷于撰写友情评论。② 作为草根批评的新兴网络批评更表现出排他倾向，对于那些不慎越过边界的学院批评、意识形态批评持抵制态度。上文曾提到的两位学院派批评家白烨和陶东风在网络上引发的讨论，正是文艺批评界持续分化与对立的突出表现。对于一度高度统一的中国文艺批评界来说，这种持续的分化必然会引起不断地反思。尤其是文艺批评有无统一的价值标准，如果有，是否需要为这一标准打上中国特色和本土传统的烙印；在拥趸相对真理的时代，这种分化是否是历史的必然，如果是，其合理性何在，又能否走出当前这种相互敌对、彼此割据的状态，能否为各种范式找到相互兼容、和谐共处的路径。对于文艺批评的健康发展来说，对这些问题的反思很有必要。

最后，大众文艺生活的普泛化、日常化和传媒化，也成为文艺批评加强自我反思的社会动因。文艺批评所直接面对的是文艺作品，但是它对文艺作品加以阐释和评判的最终目的还是要通过文艺来提升大众审美文化生活的质量，这成为文艺批评在社会文化系统中的责任。在 20 世纪 80 年代，大众的文艺生活还较为简单，各种级别的文学期刊以及大众电影等是其主要内容，而文艺批评对当时的文学期刊有很强的引导力。但是，到了 90 年代之后，随着大众文化、消费文化、公共空间文化的崛起，尤其是到了 21 世纪，随着网络文化的勃兴，大众的审美文化生活发生了巨大的变化。这一方面表现为，大众审美文化内容空前丰富，早已越出传统文学的宫墙，大众对

① 参见肖云儒《质疑“传媒文艺评论”》，《文学报》2000 年 12 月 7 日。

② 参见吴佐《吃“经典利息”的批评家》，《南方都市报》2004 年 10 月 17 日。

传媒文化、影视文化、网络文化、广场文化等表现出更大的热情，甚至可以说，文学在大众的文化生活中已经被边缘化了，其影响大众文化精神的能力正全面地被电视剧、传媒、电影、流行音乐、网络游戏等接手；另一方面则表现为享乐主义和感官主义的审美趣味在社会上大行其道，这说明，在由伦理社会逐渐过渡到法理社会之后，人们对感性欲望和世俗生活有了日益明确的肯定。这种世俗的、感性的趣味对传统的文艺批评标准势必造成很大的冲击。更为重要的是，对于当代大众来说，文艺活动已经不再是孤立于生活之流的审美片段，而是大众生活本身。在互联网、移动终端设备贴身随行的情势下，大众文艺活动已经与日常的吃喝住行、举手投足等行为水乳交融，联系在一起。甚至可以说，当代审美文化正逐渐被实践领域接管，前者所遵循的情感表现理性与后者所遵循的目的理性正日益深刻地交织在一起。这种交织显然对文艺批评提出了一系列新问题。对于大众文艺活动内容的迁移，文艺批评是固守文学，还是将批评对象扩展到其他文艺类型甚至大众日常生活本身；对于大众世俗趣味的绽放，文艺批评是否需要对评价尺度做出调校，又如何调整；而当批评家面对审美化的日常生活并需要做出阐释时，又需要以什么样的价值姿态和话语方式才能与现代精神相契合；批评功能的实现，是否也需要对批评的传播渠道进一步加以拓展，使之与现代传媒相结合，而这种结合又将面临什么样的风险；等等。其中，最为突出的则是，在面对转变为私人生活方式的文艺活动时，批评应该以怎样的姿态来开展才不至于冒犯大众的私人生活领域和文化自主权。

二　自我批判的四个焦点

在大众文化、消费文化和传媒文化迅速崛起的时代，文艺批评所面临的批评环境变得空前复杂。在政治、商业、传媒、民族和网络等力量纠结在一起，强势登陆文艺批评场域后，习惯于线性思维、斗争模式的文艺批评，陷入价值失据、进退维谷的困境。在各种权力、资本的抑制或者诱惑面前，仍未找到出路的文艺批评很容易被淡化价值准则，罹患种种病症。21 世纪文艺批评的自我反思，正是以对这些病症的揭示为起点，展现出鲜明的批判意识。从现有成果来看，这种自我批判主要表现在四个方面。

首先，对玩弄方法、轻视文本、漠视审美感受的理论依赖症进行了揭示和批判。在很多学者看来，20 世纪 90 年代以及当下的文艺批评大多远离文艺现场，从概念而不是阅读出发，将文艺批评演变为理论的注脚，由此"批评成了观念的跑马场，套话连篇，术语满天，自我缠绕，空心喧哗"①。谢有顺也指出，当前的文艺批评"也不再肯定一种新的美学价值，而变成了某种理论或思潮的俘虏"②。吴义勤将这种现象概括为"不及物批评"，并认为这种批评"只能停留在现象和表象的层面上，根本无法企及文学、精神和心灵的高度"③。罗宏将这种批评视为"六经注我"的批评，其写作的目的只不过是"支撑某种学理命题或学理框架的自身的建构"④。实际上，对忽视审美感受、卖弄理论方法这一病症的批评主要集中于对文化批评的批判上。有不少学者认为，文化批评不是将文艺作品作为一个感性的审美对象去阐释，而是作为一个文化命题的标本去分析，这样的批评"从根本上背离了作为文学批评的性质"⑤。在李扬看来，这种"理论至上"的批评风气，最终将导致"文学创作界与理论批评界的隔膜"这样一种严重后果，而文艺批评本身也不可避免地堕落为"一种'口号化'、'概念化'、'蜻蜓点水'、'臆想式'的批评"。⑥ 在

---

① 沈奇：《批评：自足的写作——有感当前文艺批评》，《美术观察》2003 年第 8 期。

② 谢有顺：《如何批评怎样说话？——当代文学批评的现状与出路》，《文艺研究》2009 年第 8 期。

③ 吴义勤：《批评何为？——当前文学批评的两种症候》，《文艺研究》2005 年第 9 期。

④ 罗宏：《当代文艺批评写作的虚拟化迷失》，《文艺研究》2003 年第 3 期。

⑤ 周春宇：《文化批评的意义与局限》，《江南大学学报》（人文社会科学版）2002 年第 6 期。

⑥ 李扬：《对新时期文学批评的回顾与反思》，《广东社会科学》2010 年第 2 期。

郭国昌看来，这种玩弄方法、热衷理论、远离文本的批评态度将会导致文艺批评在整体上丧失对文学艺术的感受力，从而失去文艺批评的合法根基。

其次，很多学者认为文艺批评的操守和独立性也出了严重问题，并对屈从于权力、金钱和浮名的工具主义文艺批评进行了揭示与批判。在很多学者看来，文艺批评在21世纪之所以产生严重的信任危机，一个重要原因就是丧失了批评操守，失去了坚守真理、面向内心的学术勇气。如此一来，在权力面前，素来标榜超功利的学院批评家就弱化为“意识形态的美学修辞家”①；在商业利益面前，则如黄发有所指出的，21世纪文艺批评已经被金钱左右，“批评成了一种牟利工具，成了与人进行利益交换的砝码”，并最终沦落为毫无骨鲠之气的“影子批评”②。更有学者认为，始于20世纪90年代中后期，盛于21世纪的媒介批评和酷评是文艺批评向商业利益投降的典型代表，“即使在诉诸批判的时候，也带有暧昧的商业动机，以迎合市场追求刺激的激烈偏好”③。还有学者指出，文艺批评已经成为文化工业市场的一部分，“完全是按企业标准化生产程序组织生产和销售的评论生产模式”④，“传媒批评是最商业化的，也是最不负责任、最腐败的批评”⑤。除此之外，为维护小圈子利益的“人情批评”，为迅速出名晋级、攫取象征资本的“泡沫批评”等，也都被视为文艺批评丧失操守的一种表现。在学者们看来，文艺批评一旦丧失操守，屈从于权力游戏和私人利益，就不可避免地堕落为“吹捧批评”“逆反批评”“炒作批评”“指定评论”等，最终会形象受损、信誉扫地，在

---

①　曾念长：《中国文学场》，上海三联书店2011年版，第170页。

②　黄发有：《影子批评——新世纪文学批评的独立性危机》，《文艺争鸣》2005年第5期。

③　张冬梅：《传媒文学批评的话语形态及话语意义》，《社会科学战线》2009年第9期。

④　江子：《文艺批评不是工业产品》，《光明日报》2011年1月3日第4版。

⑤　孙绍振：《文学评论及其话语的腐败》，《福建师范大学学报》（哲学社会科学版）2004年第4期。

整体上走向溃败。

再次，思想保守、态度倨傲和视野封闭，是学术界所批评的另一种文艺批评病症。在有些学者看来，尽管文艺批评热衷于对西方理论的引进、运用和操演，但在思想上却创新乏力，也无法实现对现实的关怀。这尤其表现为不仅未能将自由、公平、平等和民主等启蒙理念贯彻到批评中去，而且对“依然坚持启蒙立场和批判姿态的知识分子则大加挞伐”，“对日益严重的贪污腐败、分配不公、两极分化等不合理现象却置若罔闻”。[①] 批评家白烨谈到这一问题时也认为，当前有不少批评家在“思想与情绪上还停留在 80 年代”，这就使得文艺批评“在看取现状和表述问题时，都有一定的滞后性”[②]。王贵禄在谈到这一问题时认为，当前的文艺批评尽管在批评话语体系上更专业化、更高产，但却异化为理论术语游戏，忽略了真正的“中国经验”，这就使得这些批评“既不是为了底层群体或社会边缘人的利益而进行的诉说，也不是出于社会的良知而对平等、正义和仁爱的呼吁，它们更像是有闲阶级的无聊消遣和自我解闷”[③]。在对思想保守进行批判的同时，学术界还对文艺批评，尤其是学院批评，在态度上的倨傲进行了批评，认为学院批评往往通过故意贬低大众趣味来寻求优越感，有学者将这种现象概括为“大众文化意识形态”，并认为这种态度必然使批评家在面对大众文艺时，或者用沉默来表示不屑，或者用批判来表示否定。[④] 但不论是哪一种，实际上都表现出鲜明的自我封闭倾向。在有些学者看来，文艺批评的这种自我封闭倾向带有很严重的后果：一方面使得学院批评家在体制内“困守经典”，在争夺文化权力中走向僵化，拒绝接纳新一轮的先锋

---

① 李扬：《对新时期文学批评的回顾与反思》，《广东社会科学》2010 年第 2 期。

② 白烨：《文学批评的新境遇与新挑战》，《文艺研究》2009 年第 8 期。

③ 王贵禄：《谁的文学批评：90 年代以来批评话语的转型与蜕变》，《文艺理论与批评》2010 年第 1 期。

④ 参见孙桂荣《文学批评中的大众文化意识形态》，《山东师范大学学报》（人文社会科学版）2008 年第 3 期。

文艺和大众文艺，并将后者的繁荣称为“艺术的终结”，从而制造恐慌氛围；[①] 另一方面，这种自我封闭还很容易造成批评群体内部的分裂甚至对立，不仅那些对新文艺更加关注的批评新人往往受到打压和排斥，迟迟不能入场，[②] 就连那些主张拓展文艺学研究边界的知名学者也会受到抵制。显然，这些倾向都有碍于文艺批评的健康发展，也因此成为重点揭示和批判的对象。

最后，对文艺批评在思维方式上的绝对否定主义和价值判断上的唯理想论倾向也给予了充分的关注和警惕。在很多学者看来，文艺批评无论是与创作者还是与欣赏者之间的关系都应该是一种对话关系，如此才能促进文艺共同体的健康发育。但从批评现状来看，有些学者发现，当前的文艺批评在思维方式上却落入了绝对否定主义思维模式之中，其表现就是一味地否定和痛斥，成为“骂派批评”。尽管这种批评不同于柔弱无骨的“红包批评”，但其后果也相当消极，不仅容易滑向人身攻击、宣泄私愤的歧途，而且会激化双方矛盾，击碎建立真诚对话关系的可能，其中甚至潜藏着“与个性主义背道而驰的文化专制主义”[③]。在姚楠看来，文艺批评在思维方式上的绝对否定主义更集中地体现在“酷评”这一批评种类上。对酷评中否定一切、非难一切的做法，姚楠称为“绝对否定的单一判定”并认为这种批判存在谩骂式的丑化论敌、偏离学术的非理倾向等问题。[④] 更有学者指出，在这种绝对否定主义思维的背后其实是批评者对绝对真理的崇奉，并将自己视为绝对真理的代言人，其结果必然会是对一切与自己趣味不同、态度相异的文艺作品展开讨伐。

---

① 参见曾念长《中国文学场：商业统治时代的文化游戏》，上海三联书店 2011 年版，第 166 页。

② 参见孙桂荣《给新世纪文学批评写一份真正的悼词》，《南方文坛》2011 年第 3 期。

③ 黄发有：《影子批评——新世纪文学批评的独立性危机》，《文艺争鸣》2005 年第 5 期。

④ 参见姚楠《酷评：一类反调的文学批评时尚——世纪之交文学批评论》，《文艺评论》2004 年第 4 期。

在董萃看来，这种做法是用“人类的某个绝对完美的状态来否定当下的现实生活”，“是站在人类的某个绝对完美的状态上，不是站在劳苦大众的立场上”，这种批评必然是“一种虚无存在观文艺批评”①。从思维方式上对当下文艺批评做出的这种揭示与批评，表明文艺批评界的自我反思已经达到很深的程度。

三　对病症根源的深掘

在对文艺批评的病症进行揭示与批评的同时，文艺批评界也对这些病症的根源做出了较为细致的探悉与挖掘。在他们看来，导致当下文艺批评在整体上不尽如人意的原因是多方面的，不仅有外部大环境、学院制度的原因，也与文艺批评家的人格、思路和价值理想等存在密切关系。

首先是权力、商业和传媒逻辑对文艺批评领域的渗透和同化。有不少学者认为，当前的文艺批评还存在上纲上线的现象②，在开展批评时，也总是无意识地考虑非文学因素，这都会削弱批评的独立性③。不过，更多学者认为，商业和传媒逻辑才是干扰批评正常开展的主要因素。自21世纪以来，文艺批评已经成为文化产业价值链中的一环，服从于资本增值和利益最大化，很容易因此偏离心灵轨道，走上“故意制造争论，适当的攻击，造成热点或悬念”④的歧路。还有学者揭示出，在消费文化语境中，商业逻辑不仅全面影响了传媒批评，而且对学院批评也产生很大的消极影响。后者经常联合刊物制造热点，策划选题，巧立名目，塑造品牌，促成文艺潮流的生成，诸如“美女作家”“身体写作”等概念的形成与流行，就是由学院批

---

① 董萃：《“酷评”现象的透视》，《文艺报》2006年4月22日第3版。

② 参见居其宏《当代文艺批评的阿Q性格——“批评与文艺：2007·北京文艺论坛”之归思》，《艺术百家》2008年第1期。

③ 参见曾念长《中国文学场：商业统治时代的文化游戏》，上海三联书店2011年版，第165页。

④ 江子：《文艺批评不是工业产品》，《光明日报》2011年1月3日。

评一手策划的。[①] 上述流程在很多学者看来，就是商业操作模式，对文艺批评损害巨大，会导致后者失去真诚的声音和生命的温度。

其次，有学者认为，大学和科研院所在体制上存在科层化现象，这也是造成文艺批评困境的重要原因。自 20 世纪 90 年代起，文艺批评的主体逐渐完成了从体制内机构向学院、大学的转移。在很多学者看来，文艺批评的大学化、学院化，一方面为文艺批评取得独立地位提供了历史机遇，另一方面，这些机构的日渐科层化也给文艺批评带来诸多消极影响。朱大可等曾撰文指出，大学、学院体制中的学位制度、职称制度、科研制度，使得文艺评论“更多的时候是学术‘权威’阶层内部的利益分割”[②]。吴俊也直言不讳，认为“各种量化考核指标和项目要求成为教授们头上的紧箍咒”，如此为职称和获奖而写的文艺评论不可避免地走向浮躁化、表面化，并衍生出许多“注水批评”“肢解批评”“虎皮批评”“卖萌批评”等批评怪胎。[③] 施战军辩证地指出，文艺批评的学院化本身并没有错，但是，当学院评价机制以工科的评价标准来进行，并将“以积累涵养为内在质素的人文学科视为‘文化产业’，把文学与经济法律等社会学科同样看待，要求数量和时效”[④] 时，人文学科在整体上将面临伪学术的批量大生产。

再次，独立人格的萎缩、责任意识的匮乏和职业精神的丧失，是当前学者所揭示出来的另外一个原因。居其宏、李扬等很多学者认为，单纯地将批评的衰落归结为“时代谋杀批评”实际上是错误的，因为，自由、良好的批评环境不是可以坐等来的，依然需要批

---

① 参见孙桂荣《给新世纪文学批评写一份真正的悼词?》，《南方文坛》2011 年第 3 期。

② 朱大可、张闳：《学院官僚主义使学术腐败丑闻不断》，《全国新书目》2004 年第 2 期。

③ 参见吴俊《文学批评面临的现时挑战》，《当代作家评论》2008 年第 6 期。

④ 施战军：《新世纪中国文学批评的危机与生机》，《中国图书评论》2008 年第 10 期。

评家付出不懈的努力。正是在这个意义上，很多批评家认为批评家自由意识的丧失、独立精神的匮乏是造成当前批评不尽如人意的主要原因。在居其宏看来，尽管批评家也有肩负起批评责任的意愿，但是一旦遇到权力的施压、利益的诱惑，便立刻俯首称臣，拒绝付出代价，“哪怕这个代价仅仅关乎朋友关系甚至仅仅关乎个人的经济收入”，这其中所弥漫着的是“中国文人的功利主义的价值观”①。还有学者指出，尽管我国的文艺批评队伍从数量上看，堪称庞大，位居世界第一，但是，很多人之所以从事批评并不是出于热爱，只是将其作为一个谋生的工具而已，“往往是出于职业需要、现实需要之类的其他目的”②，因此一旦有利益诱惑，所谓的职业操守和批评准则也就成为随时可以兑换的筹码。

又次，在有些学者看来，理论的过剩与思想的薄弱也是造成当前批评困境的重要原因。自 20 世纪 80 年代以来，西方理论被一股脑儿地译介到国内，在内容上囊括了前现代、现代以及后现代的各种学说。但是，这些五光十色的理论在拓展国人视野的同时，也造成了国人理论胃口的消化不良，显得过剩。有学者指出，当前的许多批评学者对于各种理论，还只是忙于生吞活剥、机械积累，而未能立足于“自身历史的合法性”和中国的现实经验对这些理论进行整合，以便形成对“社会矛盾、文化冲突、人性追求、历史进步这样一些更深层次的问题”③ 的思想。张旭东曾强调，“知识的立场后面必然有一个价值立场和政治立场”，如果回避对这些问题的深入思考，“那我们所做的学术说到底就是一种没有依附的东西，只能是一种专业技术性的东西，是没有根基的”④。王晓华则更为系统和细致地指出当前文艺批评在思想境界上的种种困境，并认为这一方面是

---

① 李扬:《对新时期文学批评的回顾与反思》，《广东社会科学》2010 年第 2 期。

② 杨守森:《艺术境界论》，上海人民出版社 2008 年版，第 293 页。

③ 杨守森:《艺术境界论》，上海人民出版社 2008 年版，第 290 页。

④ 张旭东:《全球化时代的文化认同——西方普遍主义话语的历史批判》，北京大学出版社 2006 年版，第 363 页。

因为当代批评家还没能超越现代主义立场，还未能将生命关怀、个体关怀、平等生存、生态关怀等理念纳入思想意识；另一方面是因为批评家对“自由”等概念做了偏狭的理解，仅强调了其中与生存享乐相联系的经验主义自由观念，而忽略了强调个体立法权的理性主义自由信念。[①] 对于文艺批评来说，正因为缺少思想磐石的维系，当前的很多评论要么流于表面，成为“蜻蜓点水批评”；要么观点游移、前后矛盾，成为“摇摆批评”；要么突破价值底线，成为“欲望批评”。在很多学者看来，缺少对人性、社会、人生与艺术的深刻体察和思考，抑或缺少坚守思想和信念的勇气，已经成为制约中国文艺批评进一步健康发展的瓶颈。

最后，很多研究一致认为，造成批评困境的另一主要原因则是批评家缺少对文艺的热爱、缺乏对文学艺术的审美直觉能力。在谢有顺看来，真正的批评“是用一种生命体会另一种生命，用一个灵魂倾听另一个灵魂”[②]，这就意味着，批评必须以真诚、热情和尊重的态度对待文艺作品，以鲜活的感性去体验作品。这尽管不是文艺批评的全部，却是批评的基础。在李敬泽看来，这种最基本的能力在文艺批评中却经常是最欠缺的，“很多文学批评家已不信文学。批评家不相信‘真理’掌握在作家手里，不认为作家能够发现某种秘密……批评活动不过是证明作家们多费一道手续地说出了批评家已知之事，而这常常在总体上构成了一份证据，证明批评家有理由和大家一道蔑视此时的文学，进而隐蔽地蔑视文学本身”[③]。尽管李敬泽在这里谈论的是文学批评，实际上对于文学之外的其他文艺类型（如电影、电视剧、流行歌曲等），文艺界往往持有更为严重的鄙视态度。在许多研究者看来，如果批评对文艺作品缺乏真诚与热爱，那么它将不仅没有足够的耐心去倾听、体悟作品，沦为臆测性的理

① 参见王晓华《当代中国文艺批评的三重欠缺》，《文艺理论研究》2001 年第 1 期。
② 谢有顺：《文学批评的现状及其可能性》，《文艺争鸣》2009 年第 2 期。
③ 李敬泽：《伊甸园与垃圾》，《文艺争鸣》2008 年第 1 期。

论表演，而且会异化为文艺场中的反动力量，随时会联合外在因素（如权力与商业等）对文艺进行捕杀，也就谈不上批评对文学的忠诚守护、对人的复杂性的认知了。不仅如此，不少学者认为，如果没有对美的感悟直觉能力，使审美感受成为稀有之物，即便有对文艺的热爱态度，那么也会造成批评的空心化，为理论表演的入侵留下了可乘之机。

四　自我批判的宽度、深度与限度

从总体上看，在21世纪，文艺批评界对文艺批评现状所存在的病症与问题进行了较为全面、系统的揭示，这既是一种刮骨疗毒的勇气，也是一场拨乱反正的志气。通过这种自我批判、自我校正，不仅为文艺批评寻找到新的方向，也为知识分子自身明确了应有的责任。这种真诚而又富有启发的自我解剖，不仅表现出视野的宽度，也展现出触及根底的深度，对文艺批评的未来发展具有重要的扶助、指引作用。这种自我批判不仅揭示了文艺批评在话语方式、思想态度上存在的问题，而且也从更为深层的思维方式和批评人格方面探寻了批评的弊病，其范围几乎囊括了关于文艺批评的所有方面。对于造成这些弊端的原因，理论界所进行的探寻和总结也深刻、犀利，直接触及问题的要害。他们不仅在一般意义上，指出了商业、传媒逻辑对文艺批评的侵蚀，而且也直面问题的核心，指出了大学以及科研院所的科层化对批评独立的损害，同时也对批评家人格的独立性展开自我解剖，表现出难得的学术勇气和求实精神。

尤为可贵的是，在自我解剖和批判的同时，文艺批评还表现出强烈的建构意识。他们一面真诚地揭示问题，探寻症结，一面又热切地为文艺批评寻找出路，在批判与解构的同时，表现出鲜明的建构意识。针对当下文艺批评界所存在的玩弄方法、轻视文本、理论至上这一病症，一些学者提出了“体验批评”这一概念，以便恢复文艺批评对审美意蕴的体验和感悟能力，重新为文艺批评接通感性脉络。对于思想保守、态度倨傲这一病症，很多学者则倡导建构一种以“对话”为核心理念的批评。这种对话既是指批评家与作品之间的同感共契，不以理论压人，不扣帽子，不打棍子，而应该首先热爱、相信文艺，以开放的身心拥抱文艺，也是指批评家与普通读者之间的平等以待，既不以启蒙者自居，也不将话语权据为己有，而是以普通读者的身份，将自己的体悟与感受与大众交流。在有些学者那里，“对话”绝不是一种摆在外面的姿态，而是抵达内心的尊重和平等意识。对于思维方式上的绝对主义和单向思维，批评界在批判其“文化专制主义”“虚无存在观”的基础上，主张推进一种多元话语格局，在保持价值底线的基础上，促成一种兼容并包的批评态度。上述种种建构显然是中国文艺批评在 21 世纪都需要重视并加强的内容。

文艺批评在 21 世纪的自我反思，还体现出一种积极的社会介入意识。如果说在 21 世纪之前，批评家往往将批评的准则和范式聚焦于审美独立性，那么 21 世纪之后的批评家不再满足于单纯的文学性和审美属性，而是强调发挥文艺批评的社会介入功能。沿着这一方向，有学者提出促进文艺批评的“伦理转向”；有的则认为应当实现文艺批评的“社会学转向”；有的提出“大众转向”，或者建构“鉴赏批评”“询构批评”；等等。尽管这些主张各不相同，但都有共同的精神底色，也就是要求文艺批评能借助文艺作品，对社会问题发声、发言，而这里的社会问题，不仅包括政治、经济，还包括法律和文化等内容。从这个意义上讲，21 世纪的文艺批评有着将自我构建为“文学公共领域”的要求。在哈贝马斯那里，文学公共领域这一概念就是一个借由对文学艺术的批评而对公共事务加以讨论的空间。换句话说，21 世纪之后，文艺批评家在立足“岗位”的基础上，有着走向公共关怀的内在要求，这显然对丰富、拓展知识分子的内涵大有助益。

不过，文艺批评在 21 世纪的自我反省和批判中也存在不少的问题。这首先表现为，自我批判的文章大量重复，所指出的问题也大同小异、同义反复，既浪费了学术资源，也无益于知识的有效积累。尤其是对不良现象的反思，相似文章多达千余篇，固然可以形成浩荡的声势，但剥去修辞的掩饰，所批评的不良现象依然主要集中于理论的过剩、人格的依附、功利主义的批评、传媒逻辑的影响以及责任意识的匮乏等。在这种无限的同义反复之中，自我批评本身最后也沦为一种空洞的姿态和无意义的表演。目前的文艺批评领域，缺少的不再是自我反思和自我批判，而是富有实效和实绩的文艺批评实践，尤其是与大众文艺、审美生活息息相关的大众文化、网络文学、社交媒介文化、数字美学等领域，还有待更多专业批评家的入场。

这种自我反省中存在的问题其次表现为，在后现代主义影响下，文艺批评在被赋予多元、对话、独立等特性的同时，也有被引向相对主义和虚无主义的倾向。有些学者主张在文艺理论和文艺批评领域驱逐一切先验逻辑、理性观念和思维方法，从而为"自我精神"留出空间，使批评领地成为自我精神的投影。同时，也将"真理""真实"视为人类精神史上虚假意识的产物，认为这些概念"共同体现理性思维的逻辑暴力和思想集权，也隐喻着一种强烈乌托邦色彩的心灵冲动，常常为独断论开辟道路，或者张扬一种知识论为前提的话语权力而实现对于主体的自由和智慧的压抑"①。其中，反对独断论并伸张主体的自由和智慧，这是值得特别肯定的地方，但是如果这种反对和伸张走向对真实、真理的彻底怀疑，也就走上了另一个极端。这首先是因为，真实、现实等事物并非完全是话语的构造，它们远远溢出话语之外，是话语赖以产生的基础。西方哲学在近几年也认识到解构主义和后现代主义的这种虚无倾向，正通过思辨唯物主义和新现实主义等哲学思潮重新恢复和肯定自然、现实、物质、

① 颜翔林：《怀疑论与文学批评》，《文学评论》2003年第1期。

身体在社会文化构造中的基础作用。其次是因为，就文艺批评来说，尽管批评的话语可以多元，每个人也应该有其独特的思想旨趣，但是，在所有的多元、个性和独特之后，还有一道不应被怀疑和撤销的价值底线。这是社会得以持存、社会交往得以可能的基础，也是文艺批评可以进行下去的前提。这个基础和前提，并不是“只在纯粹意识的意向性活动中显露，在主体的阐释和领悟之中”[①] 产生的，而是在人们的社会实践和社会交往中所形成的共同价值和准则，即它们绝非内省得来的个体固有本质，而是后天的集体实践成果。没有这个带有社会性和历史性的价值底线，仅是去提问文艺和文艺批评如何可能，那只能是文艺研究，而不是文艺批评，这两者之间有着本质的不同。再次是因为，对后现代主义文化的无原则认同，很容易压制中国当前社会所亟须建立的价值观和精神信念。由于当下中国社会混合着不同历史阶段的文化因素，尤其是前现代文化往往以隐秘而顽固的心理图式制约着中国社会的现代化、民主化进程。在这种现实境况下，以怀疑为本位的文艺批评尽管有消解特权的功能，但也同时消解了中国社会所急需的正义、平等、自由和民主等共同价值。如此一来，貌似激进的解构、怀疑精神，反倒表现出更多的保守色彩。

对文艺批评的性质，既要以开放的视野打开多元向度，避免单一标准所带来的话语霸权，又要为多元向度设定最低限度的价值准则，避免走向极端的相对主义和虚无主义。底线思维与多元意识的结合，既有利于保持文艺批评的活力，也有助于借助文艺批评向全社会辐射一种价值黏合剂，提升公众的凝聚力和向心力。在消费主义、媒介文化和“去中心”文化大行其道的当下，文艺批评需要强化社会介入特性，走进大众的文化生活，抵御价值观、历史观和人生观等诸多领域存在的虚无主义。在这样一种文艺批评实践面前，文艺批评理论工作者应当发挥价值导航的作用，并有导航的底气和勇气。

---

① 颜翔林：《怀疑论与文学批评》，《文学评论》2003 年第 1 期。

第八章　新媒介时代文艺批评性质的重构

文艺批评的性质一直是批评界所着力思考的理论问题。自 20 世纪 80 年代以来，随着文学场内外环境的改变，这种思考就已经成为文艺批评自我反思的重要内容。在八九十年代，文艺批评尽管对自身性质有不同思考，但从总体上看，都倾向于强调批评的科学性、规范性。即便那些主张文艺批评是一种审美判断的学者，也最终将批评归结为认识论上的求真活动，即“以艺术欣赏为基础的科学活动”①，“准确地估量艺术作品客观存在的价值，准确地、全面地反映艺术的规律”②。在这种批评视野下，文艺批评家始终居于主体地位，自信代表着真理与理性，而文艺作品与艺术家则成为有待审查、裁决的被动客体。这其中不仅显露出理性的傲慢，也表现出批评家在人格上的自我中心主义。进入 21 世纪以后，随着文艺批评环境、批评对象和自身结构的进一步变动，尤其是在新媒介介入文艺场域促成文艺活动的平民化和民主化之后，这种带有话语霸权色彩的文艺批评观逐渐走向衰落，代之而起的则是一种强调阐释、主张对话的文艺批评观。21 世纪的文艺批评也因此具有了更多的现代意识和平等诉求。

---

① 程继田：《关于文艺批评性质的考察》，《山西大学学报》（哲学社会科学版）1983 年第 2 期。

② 刘再复：《论文艺批评的美学标准》，《中国社会科学》1980 年第 6 期。

一　从“审判者”转向“对话者”

20世纪末，实际上就已经有学者提到过批评的对话性，试图将批评从傲慢、全能的审判者还原为日常生活中带有个人特征的有限视角，“文艺批评不过是一种艺术生活的参与方式，是一种因观念、视角、人生历练的不同而提供的一种新的思路、新的参照系”，文艺批评尽管有高下、文野之分，但“并不具有一个不可置辩的真理性结论”，因而，“只是一种参与、沟通和交流”[①]。在21世纪更为民主宽松的文化语境中，越来越多的文艺批评家将对话性视为批评的根本属性。孟繁华说过，“文学批评不是简单的价值判断和权力式的裁决，批评是一种智者之间的对话，是高尚的心灵生活在别处的倾心交谈，是互相心仪并发现之后的意外邂逅”[②]。谢有顺也强调，真正的批评不是冷漠的技术分析，而是带有主体体温的语言活动，因此，批评家也应该是“一个深邃地理解了作家和作品的对话者”[③]。姚晓雷则认为文艺批评的关键就是，要用心去和批评对象进行对话，“一个好的文学批评家，必然是用自己的心灵和对象进行深层对话的人，他用自己的生命经验和升华出来的理性意识去和对象交流、沟通、驳诘，但他从来不会轻率对待对方，不会随心所欲地怠慢对方”[④]。张玉能则主张在对文艺批评的审视中，应该充分强化“主体间性”这一概念在其中的作用，因为这一概念可以使人认识到文本与批评之间是一个“相互作用、相互沟通、相互对话、相互阐发的过程”[⑤]。可见，在

---

① 黎辉：《论当前文艺批评的缺位与失语》，《中州学刊》1998年第3期。

② 孟繁华：《为了批评的正义和尊严——评谢有顺的文学批评》，《当代作家评论》2003年第4期。

③ 谢有顺：《如何批评怎样说话？——当代文学批评的现状与出路》，《文艺研究》2009年第8期。

④ 姚晓雷：《用心去和批评对象对话——我的批评观》，《南方文坛》2007年第1期。

⑤ 张玉能：《主体间性与文学批评》，《华中师范大学学报》（人文社会科学版）2005年第6期。

当前，对话性已经被视为文艺批评的根本属性。还有学者从技术操作的角度谈到了构建“对话式批评”的策略，认为首先要有对“对话”的渴望；其次要敞开心扉，在特定的文化背景、身份和积淀中展开对话；再次要力求批评言说的深入浅出；最后还要充分地利用大众传媒，实现对话的大众效应。[①] 姚晓雷则认为，展开对话的前提则是对自己的人生经验、生存态度和价值立场及其局限先有较为清醒的认识，因为“阅读自己是阅读对方的基础”[②]。

在很多学者看来，文艺批评的对话特性必然要求一种区别于理性独断的言说方式，而现象学意义上的阐释也就成了首选。由于现象学和存在主义哲学意义上的阐释不再意指对客观对象的无限接近和对绝对真理的完全占有，而是指主体携带自身生命的全部丰富性与对象相互渗透、彼此交融、共同提升的过程，特别能体现出文艺批评的对话性，也因此被21世纪的文艺批评格外看重。颜翔林在构建他的怀疑论文艺批评时，对传统文艺批评中理性思维的思想集权和逻辑暴力提出批判，认为文艺批评的真理与真实“只在纯粹意识的意向性活动中显露，在主体的阐释和领悟之中”[③]。李林荣则认为，“文学评论与其担当品第、鉴定之责，不如担当阐释、对话之责……丢开理性和知性的傲慢、收起居高临下以势压人的嘴脸，拿出直面文本和人性的更多诚意，来做与作品、作家和读者平心相对、坦然交流的朋友”[④]。陈国恩则进一步揭示了阐释所带来的主体价值，认为，在阐释中享受思想碰撞、情感交流，拓展人生意义，扩展美好前景，“在这样的过程中，我们自身不断地提升起来，成为一个更有道德感的，对世界认识更为深刻、对文学理解更为精彩，因而也更能理解人、尊重人的人，我们便在思考文学、发现文学的奥秘和价

---

① 参见吕益都《文学批评的“对话关系”》,《文艺报》2008年10月25日。

② 姚晓雷:《用心去和批评对象对话——我的批评观》,《南方文坛》2007年第1期。

③ 颜翔林:《怀疑论与文学批评》,《文学评论》2003年第1期。

④ 李林荣:《文学评论的惶惑和担当》,《粤海风》2009年第6期。

值的过程中完善了自己”[①]。上述批评家在用“阐释”来界定批评时，正是着眼于阐释所包含的现象学含义，突出了阐释的主体性、对话性和自我提升的内涵与价值。

除此之外，很多学者还探究、分析了文艺批评走向对话、转向阐释的必然性和必要性。在他们看来，现代社会已经进入价值多元的时代，生活本身也成为文艺审美的营地，这必然要求批评家转换身份与态度。就此，陈国恩强调，在价值多元的现代社会，民众完全有权利按自己的兴趣选择、阐释文艺作品，也完全可以对作品进行庸俗化理解，这是他们的权利，别人不好干涉，这就意味着批评家不可避免地“从原来的担当读者向导的角色向作为一个与读者平起平坐的对话者的角色转变”[②]。对于这一问题，笔者认为，当下的文艺活动已经成为人们的生存实践活动，带有更多的实践理性色彩，“在道德多元化的今天，批评家的价值观念只能是众多价值观中的一种”，因此，“大可不必摆出救世主的姿态对他人耳提面命，而是应该以理解和同情的态度介入到当代泛化了的文艺生活中来”。[③] 从总体上看，文艺批评对对话性质的强调既是对当下文艺活动现状的积极呼应，也是对理性霸权、宏大叙事的理论反叛，表现出鲜明而深刻的现代意识与人文情怀。

对于文艺批评的性质，在21世纪也有其他一些认识。有学者依然认为，文艺批评在本质上是一项“揭示真相和发现真理的工作”，因此，它在表现形态上更应该是“对残缺与问题的不满和质疑、拒绝和否定”，是“尖锐的话语冲突”和“激烈的思想交锋”。[④] 这种认识实际上也代表了不少人的观点，如梁鸿鹰就曾说：“对文本和文学现象做出鲜明的价值判断，对其文本意义进行最终的价值裁定，是

---

① 陈国恩：《文学批评的状态和批评家的角色》，《文艺研究》2009年第8期。

② 陈国恩：《文学批评的状态和批评家的角色》，《文艺研究》2009年第8期。

③ 李红春：《从“文本”走向“生活”：消费时代的马克思主义文艺批评建设刍议》，《山东师范大学学报》（人文社会科学版）2007年第4期。

④ 李建军：《批评家的精神气质与责任伦理》，《文艺研究》2005年第9期。

文学批评的重要任务，是带有本质性的理性活动。”[①] 很显然，这种强调否定、批判的文艺批评很能表现出知识分子的忧患意识和社会责任感，但是，在强调对话的语境中，这种批评观也受到不少学者的抵制。黄发有就认为，刻意强调否定，会很容易让批评沦为“逆反批评”，这种批评不仅无益于“建立真诚的对话关系”，而且也容易造成自我意识的虚假膨胀，“甚至走向与个性主义背道而驰的文化专制主义”。[②] 蒋晓丽也对这种只是否定而没有肯定的文艺批评观提出了批评，认为这是一种“虚无存在观文艺批评”[③]。从总体上而言，到了21世纪，尽管对文艺批评的性质仍然有不同的认识，但是强调对话、力主阐释的文艺批评观点由于更能体现时代与社会的内在跃动与变化，因此得到了更多的认同。

二　从诉诸“理性”走向推崇“体验”

自20世纪90年代以来，在西方各种现代和后现代理论的影响下，文艺批评有着鲜明的理论化和模式化倾向。这种模式化倾向，总是试图用一种现成的理论对批评对象进行剪裁，以适应理论的胃口，这不仅容易造成研究对象的零散化，而且使得文学文本不再是审美的对象，而成了知识的“跑马场”。如此阐释出来的文艺批评，除了印证理论的再次正确外，别无所用。文艺作品在审美上的独一无二性，也就被淹没在东拼西凑的理论水泥之中。出于对这种模式化、教条化批评的不满，批评界呼吁一种基于审美体验的批评，以求最大限度地走进文本，触摸诗意，接洽文心。

早在20世纪末，张奎志就主张重建文艺批评观，并提出了“体验式批评”这一概念。他认为，此前的批评往往从某一种理论出发，

---

① 梁鸿鹰：《强化文学批评的现实力量》，《人民日报》2009年7月14日。

② 黄发有：《影子批评——新世纪文学批评的独立性危机》，《文艺争鸣》2005年第5期。

③ 蒋晓丽：《一种高蹈而空疏的文艺批评》，《文艺报》2006年1月21日第3版。

将作品视为理论的注脚，他将这种批评称为“模式批评”。他所提出来的“体验式批评”就是让批评家从对作品的具体感受和体验出发，去挖掘作者的意图，“把创作者创作此一文本时的意图观念挖掘出来，传达给读者”①。对于这种体验所得来的丰厚意蕴，他主张应该以叙述和描述的方式将其表达出来，“把对文本的体验和感受用叙述、描述的方式表达出来，这正像文学家把自己对现实的感受、体验用文本的方式叙述出来一样，批评者也把自己对文本的感受体验用批评的方式描述出来，传达给读者”②。到 21 世纪之后，他又在一系列文章中进一步强调了体验式批评对作者创作意图的还原，对作品意图的描述，“体验批评就是一种还原的批评、描述的批评和内在的批评”③。

赖力行也主张恢复“体验”在文艺批评中的核心作用。不过，与张奎志将体验引向作者原意和作品意图不同，他认为，应该通过体验超越作品的原意，“通过主体内在的心理体验抵达作品丰富意蕴”④。与此同时，他还将“体验”建构到中国文艺批评的传统之中，认为，“体验”是古代国人把握宇宙之道的特殊心理能力，后来成为中国文学批评的基本方式。他认为，这种特殊心理能力，“内在地制约着现代文学批评家的实践，并使汉语文化环境中的文学批评，具有超越时代而贯通古今的一致性”⑤。杨剑龙也认为，文艺批评应当从对具体文本的体验而非抽象的理论出发，所以在他看来，“在阅读

---

① 张奎志：《体验式批评：一种亟待重建的文学批评观》，《文史哲》1999 年第 2 期。

② 张奎志：《体验式批评：一种亟待重建的文学批评观》，《文史哲》1999 年第 2 期。

③ 张奎志：《走向体验的文学批评》，《求是学刊》2000 年第 5 期。

④ 赖力行：《体验：中国文学批评古今贯通的民族特点》，《中国文学研究》2006 年第 3 期。

⑤ 赖力行：《体验：中国文学批评古今贯通的民族特点》，《中国文学研究》2006 年第 3 期。

中激起阅读者的情感共鸣，形成对于一部作品的基本感受”[①]，就成为所有文艺批评的起点。郭国昌尽管没有直接提出“体验”概念，但他所主张的“感性之维”[②] 在内涵上与“体验”相似，所针对的对象也是学院批评对理性、知识和规范的强调。

对“体验”的推崇，将体验作为臻达文本原意的手段，实际上就是要求批评家在对作品进行思想辨析和意义阐释之前，首先要悬搁思想偏见、摒弃怀疑态度，敞开身心，以饱满的生命和平视的态度进入由文本构造起来的生命世界，将其形式和内容作为审美整体来体验。中国传统诗论所强调的“体悟”也是这个意思。王国维在论及诗人作诗方法时曾说：“诗人对宇宙人生，须入乎其内，又须出乎其外，入乎其内，故能写之；出乎其外，故能观之。入乎其内，故有生气；出乎其外，故有高致。”其中的“入乎其内，故能写之”“入乎其内，故有生气”也可以引申为批评家的批评程序，只有满怀深情与敬意深入文本，才能得到文本在审美和意蕴上的精髓，如能辅以既达且雅的文字，文艺批评也就出色地完成了使命。当代学者标举“体验”既是对传统文论的深情回顾，也是矫正当前批评过于理论化、程式化弊病的必然之举。

不过，这些学者在邀请“体验”重返文艺批评场域时，也存在一些短板。首先，将体验作为贴近文艺作品的方式、探寻文艺世界的密钥是妥当的，但是，将体验的目的设定为“作者的意图”和“文本的原意”就显得过于狭隘了。尽管文艺批评不能缺乏思想交锋和意义阐释，但这只是批评家沉潜于批评文本的部分之一，文艺批评的内容远大于此。如果说文本原意属于兰瑟姆所说的构架，即可以用散文语言转述的部分，那么构架之外的“肌质”才是文艺作品的核心，它包括作品的具体形象、事物、修辞、节奏和秩序等要素。

---

① 杨剑龙：《当代文坛文学批评中的几种偏向》，《天津社会科学》2005年第3期。

② 郭国昌：《感受性原则的失落与重建——当代中国文学批评60年的回顾与反思》，《文艺争鸣》2010年第3期。

在兰瑟姆看来，“肌质”才是文艺作品的文学性所在。文艺批评所要向普通读者传递的，就不能仅仅是作品原意，更要向读者揭示作品除原意之外更为丰厚的美学意蕴。其次，由于文艺作品的美学意蕴和悠长韵味往往带有情理交融的性质，是散文语言所无法转述的内容。这种只可意会、难以言传的美学意蕴，则需要批评家用更为形象化、艺术化的语言方式才能传递出来，这就需要文艺批评家不仅要有对美的感性体悟能力，还要有对美的艺术表现能力，这是理性逻辑语言或者简单的描述方式所无法完成的任务。中国传统的体验论诗学，诸如司空图的《二十四诗品》、严羽的《沧浪诗话》等，在语言表述上都具有强烈的诗化特征，生动的意象和巧妙的修辞，连类不穷。尤其是司空图的《二十四诗品》，直接通过诗歌意境的创造，让人体悟二十四种诗歌风格。中国传统文艺评论家采用这种操作方式，大概正是因为意识到文艺作品的丰厚韵味很难被逻辑语言和简单描述捕获。这意味着，对体验式批评的建构将是一个多维度、多层次和多环节的系统工作。“体验”不仅是进入作品的不二法门，也是走出作品、传达思想的最佳途径。

三　对多元话语格局的肯定

自 20 世纪 90 年代以来，文艺批评领地就产生了分化。到了 21 世纪，随着新媒介介入批评领域之后，这种分化更为明显。文艺批评领地的分化，实际上意味着文艺的批评标准、话语方式甚至生产方式、传播模式等方面都有了新的嬗变，这势必会引起学者们的关注和反思。很多学者不仅对文艺批评版图的内部结构进行了详细辨别，探悉了各领域之间的关系，同时，也对文艺批评版图的未来走势给予了瞻望。

在 21 世纪，学者们主要根据文艺批评的价值立场、话语模式以及所依托的传播平台对文艺版图的状况进行了分析。廖国伟将现存的文艺批评体系大致分为三个领域，即官方的意识形态批评、学院的学术批评和民间的大众批评。在他看来，前者以马克思主义文论作为主导，推崇现实主义和浪漫主义写作风格，主要通过官方媒体、国家文学机构等途径来发挥影响；中者尽管在内部较为混杂，但主要以西方现代文艺观念作为批评准则，其群体主要集中于学院，并以各类大学学报和社科期刊作为主要传播阵地；后者的民间批评群体则是非专业的批评群体，尽管在观念和文化层次上参差不齐，但有较为独立的批评准则，以大众传媒、文学网站、博客、文化杂志等为主要话语阵地。[①] 在这种描绘的基础上，还有学者进行了更为细致的校订。在学院批评中又区分了审美批评和学理批评，前者自身往往就是艺术家或曾经从事过艺术生产，更愿意从作品的语言、风格、主题、叙事结构等审美层面对作品进行阐释判断；后者则主要是供职于高校的科研工作者，往往凭借深厚的理论修养对作品进行学理分析，以客观理性见长。在民间的大众批评中又可区分出带有商业性质的传媒批评和来自网络世界的民间批评，而后者尤其受到重视。由于受到网络自由的鼓励，这类批评不讲规则，四处游击，反讽戏拟，吐露民意，带有鲜明的反叛、颠覆色彩，因此需要小心呵护涵养。[②] 在上述文艺批评板块之外，还有学者提出"文化批评"。这类批评是"借助文艺现象展开的对社会的政治经济、社会文化现象的更广义的批评。其发表的载体既包括专业学术期刊，更多却是出现在一些综合性社会期刊、报纸，如《天涯》、《南方周末》、《三联周刊》等等……现在还有向网络社区、个人博客拓展的趋势"[③]。从上述学者的剖析中可以见出，当前的文艺批评版图的确呈现出多元化趋向，与文艺创作实践的发展有着紧密的同步性，也反映出在价值诉求上更加多元、开放。

---

① 参见廖国伟《当代中国文学批评的建构与批评机制》，《广西师范大学学报》（哲学社会科学版）2009 年第 5 期。

② 参见朱国华《大众媒介时代的文学批评》，《四川大学学报》（哲学社会科学版）2007 年第 3 期。

③ 尹鸿：《文艺批评四大趋向与批评的"导游"功能》，《文艺争鸣》2008 年第 1 期。

实际上除了这些能够普遍达成共识的批评类型之外，还有学者着眼于文艺生活的实际需要，提出了目前还很薄弱但却亟须发展的文艺批评类型。尹鸿就此提出了“鉴赏批评”，其功能就是用专业素质帮助公众去发现、鉴别文艺作品并向公众推介有价值的文艺作品，在尹鸿看来，随着文艺生产的批量化、工业化，文艺产品出现了供大于求的状态，再加上进入艺术创作门槛的降低，数量众多的文艺作品蜂拥而至，在这种情况下，就需要有批评家“从这些‘泛滥’的作品中，找出那些具有稀缺性同时又能满足接受者需求的作品，并用通俗简单直接的方式”[①] 传达给艺术消费者。这种职业批评实际上相当于西方国家较为成熟的“职业批评家”，这些职业批评家在国民文艺生活中往往具有强大的影响力。在“鉴赏批评”之外，王一川则提出了建立“询构批评”的意愿，所谓询构批评实际上就是一种面向社会公众和专业人士的旨在保障和提升国民文学素养的批评方式，“一种在质询与建构中濡染文学素养的批评方式”[②]。之所以提出这样一种批评方式，也是基于文艺生产的商业化、产业化这一背景。在王一川看来，文艺的商业化不仅导致了文艺产品的粗制滥造，而且围绕艺术产品出现了关于艺术品的种种蛊惑人心的修辞，以便将大众诱骗为消费者。在这种情况下，就需要大众具有对虚假修辞的辨识力和对文艺产品的鉴赏力，而文艺批评理应为此做出切实的帮助。这几种文艺批评新类型的提出，都着眼于当下文艺活动出现的新情况，有很强的针对性，其现实意义也很重大。

在对文艺批评版图的描绘中，学者们也注意到了这些不同批评类型之间的复杂性。在中国的现实语境中，无论是学院批评还是媒体批评等，都不具有纯粹性和独立性。曾念长、朱大可等认为，学院批评也与理想类型和中立原则渐行渐远，成为粉饰外在因素的美

---

① 尹鸿：《文艺批评四大趋向与批评的“导游”功能》，《文艺争鸣》2008 年第 1 期。

② 王一川：《通向询构批评——当前文学批评的一种取向》，《当代文坛》2009 年第 1 期。

学修辞家。与学院批评、媒体批评等相比，很多学者认为，活跃于网络空间的民间批评反倒更具批评的本真特性，在叙事上没有顾左右而言他的断裂。文艺批评界对当下文艺批评版图的描绘，基本符合中国文艺批评的现实情况，也能以唯物求真的学术态度梳理其中的复杂关系。为理解当下文艺批评的版图和类型，提供了可信、可征的知识坐标。

第九章　新媒介时代的媒体批评论争

媒体批评的诞生，要早于新媒介的出现。报纸、广播和电视是其早期的策源地。但是，随着新媒介的出现，媒体批评获得了迅猛的发展。这不仅是媒体批评平台的拓宽，而且是媒体批评主体的扩容，更是媒体批评范式的更新。对于媒体批评，陈晓明主要从发表的平台这一角度将其界定为发表在报刊和互联网上的那些短小精悍的文学批评[①]；王一川则从平台、作者和受众等多维度对媒体批评做了界定，“媒体批评是指各种大众传播媒体上经常出现的文学动态、名家轶事、公众议论等新闻、轶事与批评的杂糅形态。它多出于媒体的编辑、记者或那些‘职业写手’之手，往往专门投合普通公众的文学好奇心，竭力追新求异，成为数量最广大的普通市民读者的日常文学‘收视指南’或‘阅读导向’”[②]。可见，媒体批评主要是媒体工作者借助于各类媒体所发表的文艺评论、文艺动态和相关文艺新闻，其受众主要是普通公众。不过，作为一种因技术媒介而兴起的批评类型，它必然会对原有的批评格局和价值立场造成巨大冲击，围绕媒体批评的争议也随之而起。从目前来看，由于切入角度不同，对媒体批评既有肯定者，也有批评者。这些论争围绕着媒介批评、酷评和互联网批评陆续展开，涌现出大量富有学术价值的成果，为全面理解媒体批评的性质和价值提供了有益启示。

---

① 参见陈晓明《聚焦“媒体批评”》，《光明日报》2001 年 5 月 16 日。

② 王一川：《批评的理论化》，《文艺争鸣》2001 年第 2 期。

一 媒体批评的正、负面清单

媒体批评无论从批评主体，还是批评平台，都有别于学院批评和官方批评。由于它的受众主要是普通公众，也就注定媒体批评在价值立场、话语方式和受众诉求等方面会展现出许多新的素质。一般来说，媒体批评作为面向普通公众的批评，在形式上短小精悍、通俗易懂、节奏明快，带有新闻性、平民性、随机性和普及性。从本质上说，媒体批评在形式、内容和价值上的特点，是由新闻性、商业性、文学性、媒介逻辑和大众趣味耦合而成。尽管媒体批评有自己独立的文化圈层，在媒体记者、自由撰稿人、媒体和大众之间形成一个闭环，但由于这一闭环所主要指向的文艺作品与学院批评和官方批评为同一对象，且传媒批评直接影响到这些作品的美誉度和市场价值，也就与学院批评等有了话语权之争。尽管如此，有很多学者对媒体批评的出现持欢迎态度，从不同方面肯定了媒体批评的价值。

当前学者首先肯定了传媒批评的出现增强了批评主体的大众性，打破了专家学者对批评话语权的垄断。苏宁认为，媒体批评使得批评不再是文人、知识分子的特权，也同时改变了学院批评的艰深性、专业性和权威性，使批评得以从大众中来，又能走到大众中去。[①] 欧阳文风等也认为，大众传媒介入文艺批评直接促进了批评的平民化，有利于构建多元的批评格局，建立良性的批评机制。[②] 其次，当前学者也肯定了传媒批评的时效性、通俗性和巨大的影响力。韩伟从大众传媒的特点入手，对此做了肯定，认为“媒体批评更加适应大众传媒的运作特点，其有效的传播方式增强了批评的时效性，并依靠媒体的传播力度，进一步扩大了文艺批评的受众面与影响力”[③]。再

① 参见苏宁《媒体批评与大众文化消费》，《文艺报》2010 年 12 月 20 日第 3 版。

② 参见欧阳文风、王静《传媒介入文学批评的是与非》，《湖南社会科学》2009 年第 5 期。

③ 韩伟：《媒体时代的文学批评》，《中国社会科学院研究生院学报》2011 年第 3 期。

次，还有学者认为大众传媒介入文学场不仅实现了文艺批评的大众化，而且有利于坚守文学价值和批评价值。丁宗皓通过追踪、整理《辽宁日报》从2009年12月到2010年6月近半年之久的一个大型新闻策划——“重估中国当代文学价值”，认为，大众传媒在文艺价值的重估和传递中也具有重大作用。在《辽宁日报》这场关于中国当代文学价值的策划活动中，有六十多位中国一线作家和批评家接受了采访，参加了讨论，其内容也含纳了中国当代文学创作和批评领域中的一系列重大问题，具有突出的学术价值和社会效应。①

不过，相对于对传媒批评的肯定，当代学者对它的否定仍然是主流。这大概与反思者在身份上主要与学院批评有关。学院批评在心态上对来自传媒领域的话语权争夺者，似乎有天然的敌意。他们对传媒批评的批判，实际上主要集中于对大众传媒的批判。在他们看来，大众传媒在本质上不仅受制于技术逻辑的同质化、机械化，而且也被商业逻辑的功利主义、庸俗主义玷污。在这种双重夹击下，所有跌落大众传媒领地的文化行为，也必然遭受异化，偏离本性，文艺批评也无法例外。洪治纲先是对大众传媒展开伦理批判，认为电子媒介不仅使得主体意识衰弱，而且造成时空压缩、图像泛滥和消费主义盛行。以此为基础，他又进一步指出，在大众传媒空间生长出来的传媒批评必然是“各种草率的判断、缺乏深度的言说大行其道，哗众取宠、耸人听闻的言论屡见不鲜”，“个体创造与价值评判困难、‘理性王国’受到颠覆”。② 张冬梅也从传媒批评的媒体属性和商业属性出发，指出传媒批评具有诸多消极意义，尤其表现为价值陈述匮乏，批评伦理丧失，经典被恶搞，启蒙话语隐匿，而根本原因就在于媒介公共空间往往遵循“隐蔽的市场逻辑，即使在诉诸批判的时候，也带有暧昧的商业动机，以迎合市场追求刺激的激烈

---

① 参见丁宗皓《文学批评大众化是否可能》，《当代作家评论》2011年第2期。

② 洪治纲：《信息伦理与当代文学批评的困境》，《中国社会科学报》2009年10月13日。

偏好”[①]。基于同样的逻辑，孙绍振也对传媒批评持激烈的否定态度，认为“传媒批评是最商业化的，也是最不负责任、最腐败的批评”[②]。

李建军则主要从文艺批评应有的规范性、个性化、专业性和批判性等角度，批判传媒批评缺乏严肃性和规范性，从精神上消解着文艺批评的基本原则。他认为从业人员素质的低下、预定程序的缺乏以及监督机制的缺位，最终造成媒体的巨大化约力，“把个性化约为公共性，把严肃的沉思化约为轻松的娱乐——面对媒体，即使那些在文学批评上怀有远大抱负的人，也常常壮志难酬”[③]。吴义勤对传媒批评的批判主要集中在两个方面，一个是对批评家价值准则的伤害，另一个是对时代文学真相的遮蔽。在一次记者访谈中，他指出当批评家试图进入传媒领域展开文艺批判活动时，不得不就范于传媒既有的价值判断，“于是批评家在某种程度上变成了传媒判断的附和，或者媒体判断的代言人”[④]。

他同时认为，真正优秀的作家和文学可能习惯于与媒体保持一定的距离，而大众传媒炒作的那些所谓伟大作品可能没有多高的艺术价值，最终结果就是媒体批评容易造成对时代文学真相的遮蔽。由于吴义勤认为媒体批评在解读文学真相上先天不足，所以他主张应当由批评家而非媒介文化工作者掌握文艺批评话语权，将文学经典化的权利掌控在批评家手中。[⑤] 还有学者的批评甚至超出文艺讨论的范畴，将传媒批评所可能造成的危害，指向了民族文化心理和社

---

① 张冬梅：《传媒文学批评的话语型态及话语意义》，《社会科学战线》2009年第9期。

② 孙绍振：《文学评论及其话语的腐败》，《福建师范大学学报》（哲学社会科学版）2004年第4期。

③ 李建军：《关于文学批评与媒体批评》，《中国社会科学院院报》2007年第22期。

④ 冉茂金：《面对大众传媒批评能否依然理性》，《中国艺术报》2006年12月15日第6版。

⑤ 参见冉茂金《面对大众传媒批评能否依然理性》，《中国艺术报》2006年12月15日第6版。

会审美心理。在肖云儒看来，传媒批评不仅转换批评主体、窃取批评话语权，而且转换价值标准，用评论制造新闻热点；不仅转换评论目的，使理性阐释成为文化消费的广告，而且转换心理认同，诱使文艺评论和社会欣赏失足。[①] 可以说，该文对传媒批评的批判最为严厉。

在上述两种态度之外，也有学者主张以辩证关系看待传媒批评和学院批评的关系，认为在两者之间并非水火不容的敌对关系，它们完全可以相互支持、相互协作。张春林就提出，应在学院批评和媒体批评之间建立分工协作关系，“一方面，媒体批评需要学院派批评家的学理支持和权威性，以提高媒体批评的文化档次和可信度；另一方面，学院批评也需要媒体的传播渠道，以扩大学院批评的受众面和影响力”[②]。仲言在他的《为“媒体批评”辩言》一文中，也呼吁应理性地看待媒体批评，不能将媒体批评存在的问题等同于媒体本身的问题。在他看来，传统文艺批评、学院批评本身就出现了种种危机，而媒体批评恰恰可以起到弥补的作用。比如，文艺批评本应肩负联结文艺与受众的中介责任，但学院批评却自我满足于内部的小圈子，失去与社会大众的关联，在这种情况下，“许多新闻传媒主动承担了本应由文艺批评肩负的联结文艺与受众的中介职责”。就此，仲言认为，媒体批评与学院批评应互补合作，特别是在信息爆炸时代，媒体批评完全可以发挥更大的批评效用，“无论对于匡正文坛时弊、繁荣文艺创作，还是优化受众的阅读选择、正确引导文化消费，都会产生积极的推动作用”[③]。朱国华则借用布迪厄的场域理论，认为，理性的文艺批评场域不应该是铁板一块，而是应该基于非同一基础，由专业批评和业余批评共同构成。尽管两者在价值谱系上有高低区别、中心与边缘的变奏，但是，两者都不可或缺。

---

① 参见肖云儒《质疑“传媒文艺评论”》，《文学报》2000 年 12 月 7 日。

② 张春林：《传媒语境中文艺批评的话语反思》，《文艺评论》2002 年第 6 期。

③ 仲言：《为“媒体批评”辩言》，《人民日报》2005 年 1 月 20 日。

尤其是在专业批评和业余批评都受到资本逻辑宰制的情况下，反倒是媒介批评有时体现出一种较为纯粹的民间话语形态，它理应得到文艺批评界全体的呵护，“民间话语就可以在话语霸权的缝隙中获得一个相对自由的生长发育时机，而这是需要我们小心呵护涵养的”①。此外，俞吾金更以建设的态度提出，应该扶植并加强媒体批评，引导其走向更为健康的道路，而“确立法律意识、责任意识和平等意识”②，则是他提出来的具体建议。

通过上述分析可以看到，当前学界关于传媒批评的论争集中于三个问题。第一个论争焦点是，大众传媒是否与文艺批评兼容。在肯定者看来，两者不仅兼容，而且大众传媒利用自身的大众性、普泛性，促进了文艺批评主体的多元化、民主化，也使得文艺批评在最大范围内成为普通大众的可及之物，有助于提升民众的人文素养。否定者则认为，大众传媒天生就有唯利是图的商业本性，同时也有消灭一切个性特征的技术逻辑，这就使它必然会造成文艺批评的异化，而由它孕育产出的传媒批评更加难逃厄运。可见，问题的症结就在于大众传媒与文化自主性是否就一定是背道而驰的。对于这一问题，既需要将眼光放到历史进程中考察，也需要从大众传媒的特性方面来考辨。从历史经验来看，大众传媒尽管有谋生、谋利的需求，但在中西方历史上都有推动文化发展繁荣的高光时刻。在西方，哈贝马斯曾指出，报刊在18世纪前后，逐渐商业化，但是并没有改变报刊对公共事务进行公共讨论的职能，甚至以文学讨论为中心形成了“文学公共领域”，而这样一个以公开、平等和自由为理念的文学讨论空间，成为哈贝马斯理想公共领域的先导。反观中国的近现代历史，在20世纪初的新文化运动中，以《新青年》《晨报》《每周

---

① 朱国华：《大众媒介时代的文学批评》，《四川大学学报》（哲学社会科学版）2007年第3期。

② 俞吾金：《媒体批评如何走出自己的怪圈》，《文汇报》2003年3月23日第8版。

评论》《国民公报》《湘江评论》等为代表的一大批报刊，积极发表文艺和文艺讨论作品，极大地提升了大众（尤其是青年人）的思想觉悟，为五四新文化运动奠定了思想基础。中西方历史经验表明，只要条件具备，大众传媒与文化独立、思想启蒙完全可以结合在一起，也就是说，传媒批评并不必然意味着批评的堕落和失节。从传媒的商业特性来看，传媒的商业化也并不一定意味着评论的庸俗化和功利化。健全的商业传媒，如果要想盈利，也需要像其他商业领域一样，能提供与之匹配的高质量产品。只不过，它所提供的并非一般商品，而是包含精神价值的文化商品。以质取胜，同样是后者的内在要求。在这一方面，《纽约时报》的“图书评论”栏目尤其具有代表性，甚至可以说，在世界范围内形成了“《纽约时报》图书评论现象”。经由这一栏目评论的文艺作品，可以在一夜之间登上美国畅销书排行榜的首位。其书评之所以有这样大的文化号召力，原因就在于它已经通过长时间地提供优质的文艺评论，积累起良好信誉和口碑。《纽约时报》的书评栏目也是按照商业模式运营，但它在选择推荐书目和邀请评论家等环节，遵循严格而公正的程序。在选书阶段，由各图书编辑独立推荐书目，然后经集体讨论确定每期最终推荐的图书。在寻找评论家评论该书时，会全面考虑并排除所有可能与该书有利益瓜葛的评论家，以便让最终选定的评论家能对这部作品做出纯粹而独立的美学判断。可见，传媒的商业性本身并不意味着评论的无效或者堕落。对媒体批评的批判不应该针对媒体本身，而是应该对媒体批评运作的程序予以充分警惕，抵制那种人情批评和红包批评。这就意味着，对于媒体批评，既要在整体上将其视为一种新时代语境下的批评新类型，有着积极的意义和价值，同时也应警惕传媒批评被非批评因素压制的可能性。

关于媒体批评的第二个论争焦点是，媒体批评是不是一种批评，这就关系到对文艺批评标准和性质的讨论。在肯定者看来，媒体批评也是文艺批评，其批评内容的选择更贴近现实生活，它在风格上更亲民，节奏鲜明、行文明快。在否定者看来，媒体批评算不上文艺批评，它不仅缺少学理性、知识性，而且没有严肃性和批判性。在这种针锋相对的论争中，一个核心的问题被凸显出来：文艺批评一定要严肃、理性，带有批评性和否定性吗？对于这一问题，也许应抱有更为宽容和多元的态度。近些年，文艺批评也在不断地对自身的性质、形式和功能做出调整。越来越多的学者认为批评应该从傲慢的裁决者转向心平气和的对话者。孟繁华的一段话最具有代表性，他曾说："批评不是简单的价值判断和权力式的裁决，批评是一种智者之间的对话，是高尚的心灵生活在别处的倾心交谈，是互相心仪并发现之后的意外邂逅。"① 作为心灵之间的倾心交谈，实际上意味着，文艺批评不能被等同于批判，它也包含对别才、别趣的挖掘，对怦然心动的呈现；揭示作品所蕴含的真善美，也是文艺批评的重要功能。至于文艺批评是否一定具有学理性，也是一个需要再讨论的问题。富有学理，在通常的意义上是指批评家具有这样一种能力，即将一部文艺作品置于文艺发展史、文艺理论史等知识谱系中，考辨其价值、特色和贡献。对于那些长期研究文学史和文艺理论的学院派学者来说，对作品进行学理分析显然是他们的强项，但是，这种学理分析也有它的弊病，很容易使批评陷入过度理论化的误区，丢掉文艺阐释更为核心的东西，即批评家与作品之间在情感上和心灵上的共鸣、共契。相比较而言，媒介批评因为不受理论和知识的掣肘，反倒更容易与作品建立一种心灵和情感上的对话关系，揭示批评对象的感性特质。当前很多学者所强调的体验批评，在本质上就是要求批评家能够摆脱先入为主的思想和知识框架，以饱满的身心经验去体悟对象，用富有美感的文字去表达情思。李林荣在谈到文艺批评应该以何种姿态展开批评时，就曾说："文学评论与其担当品第、鉴定之责，不如担当阐释、对话之责……拿出直

① 孟繁华：《为了批评的正义和尊严——评谢有顺的文学批评》，《当代作家评论》2003 年第 4 期。

面文本和人性的更多诚意，来做与作品、作家和读者平心相对、坦然交流的朋友。”[①] 从这个意义上讲，学理性并不是文艺批评的必要条件。

关于传媒批评的第三个论争焦点是，传媒批评是否有害于文学的经典化。肯定者如丁宗皓认为，只要大众传媒能合理设置议题和相关程序，是可以促成对文艺作品价值的评估和认定的；否定者如吴义勤则认为，媒体自身固有的价值判断会遮蔽文学评价的尺度，进而造成对文学真相的消解，有害于文艺的经典化。文艺作品的经典化，在当代具有特别重要的意义。随着文艺作品出版、发行方式的更新，大批量的媒介文艺、网络文艺和多媒体艺术等出现在文艺公共领域，其数量之巨，远非传统的纸媒出版物所能比拟。面对如此浩瀚的文艺作品，如何去芜存菁、披沙拣金，将优秀的作品筛选出来，呈献给大众，就成为批评家不可推卸的责任，而这个过程也可以被称为经典化。不过经典化并非一个自然形成的过程，背后还有一个“谁有资格”来指认经典的话语权问题。传统上，身居高等院校和科研院所的文艺批评家掌握着这一权力，他们依靠深厚的学养，从学理层面对作品进行论争、排位，而这一过程往往仅在一个封闭狭小的文艺圈中循环完成。但当下的情况已经发生了巨大的改变，文艺作品的大量繁殖，已经大大超出学院批评力所能及的范围，对于那些浩如烟海的新媒介出版物，他们往往只能望洋兴叹。就在学院批评不得不拱手的新媒介出版物面前，传媒批评以及更晚出现的网络批评也就担负起了筛选的重任，这实际上也是一种经典化过程。换句话说，传媒批评介入文艺作品的经典化进程是历史的必然，这是任何学院批评通过批判所无法阻止的。这种话语权的转移，意味着文艺作品经典化过程中的民主化趋势。越来越多的非专业、非官方力量，介入优秀文艺和文艺经典的敲定之中。这种业余

---

① 李林荣：《文学评论的惶惑和担当》，《粤海风》2009 年第 6 期。

力量不仅借助于文艺市场这一巨大领域来完成自身的功能，而且能撬开由学院批评把持的文学史领域。金庸的武侠小说一度获得媒体的支持，有巨大的受众空间，鉴于金庸武侠小说在民间的强大影响力，最终被专业化、制度化的文学史接纳。2016年，诺贝尔文学奖颁给了民谣歌手鲍勃·迪伦，这在文艺界引起巨大争议。很多人认为这是文艺的堕落，民谣这一通俗艺术无法匹配诺贝尔文学奖的高贵身份。但这次颁奖恰恰说明，民间艺术与传媒批评正在为自己争取越来越多的话语权，成为文艺经典化进程中不可或缺的底层力量。

二 挣扎在非议中的“酷评”

所谓“酷评”，实际上是指一类个性突出、语言犀利、旁逸斜出、求新求奇的文艺评论做派，与四平八稳、不温不火、老成持重的传统评论形成鲜明对比。在文艺批评界，人们一般将葛红兵的《为二十世纪中国文学写一份悼词》、王朔的《我看金庸》、余杰的《余秋雨，你为何不忏悔》、王彬彬的《过于聪明的中国作家》和朱大可等的《十作家批判书》等评论作品视为酷评的代表。这些评论作品大多与定论抗争，以嬉笑怒骂的方式，尽展解构、反讽之姿。由于这些作品在价值上反叛，在论说上决绝，在口吻上游戏一切，在收获一定好评的同时，也必然会遭到更多反对。在新媒介时代，“酷评”往往被视为媒介逻辑的体现者，对它的反思也是考察媒介批评的一部分。

对酷评进行肯定的学者，往往立足于文化和价值的多元语境，认为酷评也应该是多元话语中的一种。陈国恩甚至认为，相比于那些没有个性、过于持重的批评来说，这种锋芒毕露、剑走偏锋的批评更真实，也更有力量，具有特殊的吸引力，酷评“注重的是个性，而不是四平八稳的意见和事实，哪怕个性有缺陷，也要比没有个性好。有缺陷的个性，可以增强事件的吸引力。这种吸引力，不是因为它能给听众和读者一种指导，而是能向听众和读者展示一种独特的生存样式和人生态度，人们可以从中领悟到一些别样的意味，从而拓宽他对人生和自我的理解”[①]。黄灯对酷评的文化、社会意义做了肯定，他认为，酷评不仅可以为当前孱弱的文艺批评体格补钙，而且能在全社会中带动一种打破精神偶像、崇尚自由言说的风气，“酷评的出现充分显示了文学评论家敢于突破当下文学批评现状的勇气”，“如果从鲁迅真实的人生历程来看，从日常生活肌理和抽象概念对人物设定想象的差异来看，无论是葛红兵还是王朔对鲁迅的评价又何尝不是在另一个层面对真实鲁迅的补充呢?”[②] 无论是陈国恩还是黄灯，他们对酷评的肯定都有一个重要原因，就是对文艺批评过于孱弱、聪明的不满。

这种个性突出、锋芒毕露、带有杀伤力的批评，自然会遭到文艺批评界更多的抵制，甚至是全方位的否定。姚楠从思维、态度、动机和特性等四个方面对酷评做了批判，即绝对否定的单一判定、谩骂式的丑化论敌、追求时尚的商业动机和偏离学术的非理倾向等。不仅如此，他还进一步从净化批评空间、消除恶劣影响的立场，主张彻底清除酷评，言辞之激烈、态度之坚决与酷评倒有几分神似：“‘酷评’已败坏了文学批评的学术声誉，具有极其恶劣的消极影响。如果放任其存在，不指出其危害性，不仅难以建立严肃、科学的学术规范，而且会使后来的年轻学者继续将其作为成名的捷径。我认为，应该把‘酷评’（而不是酷评者）钉在耻辱柱上。”[③] 董萃认为，酷评在思想观念上有着一种极端的理性主义倾向，这种倾向使它对现实中的一切都极为不满，并以彻底的批判和否定来表达其不满，“以人类的某个绝对完美的状态来否定当下的现实生活，不是在肯定

---

① 陈国恩：《文学批评的状态和批评家的角色》，《文艺研究》2009 年第 8 期。

② 黄灯：《从“酷评”透视当下的文学批评现状》，《云梦学刊》2008 年第 4 期。

③ 姚楠：《酷评：一类反调的文学批评时尚——世纪之交文学批评论》，《文艺评论》2004 年第 4 期。

变革历史的真正的物质力量的同时，否定阻碍历史的发展的邪恶势力；是站在人类的某个绝对完美的状态上，不是站在劳苦大众的立场上”①。在董萃看来，这种不满最终诞生出一种“虚无存在观文艺批评”。黄发有则比较客观地指出了酷评出现的原因，认为酷评表达的是对当下批评丧失独立人格，成为寄生批评的不满。不过，他同时指出，将这种不满转化为“骂评”，为骂而骂，则又滑向另外一个极端，他称之为“逆反批评”，“‘为骂而骂’的批评必然带有‘力主、倡导和刻意为之’的成分。‘骂派批评’的情绪性也容易滑向人身攻击、宣泄私愤的歧途，以‘骂’治‘捧’的策略使偏激的双方变得更为偏激，加上中国的多数作家都缺乏包容‘直言不讳’的气度……他们的抵触情绪的介入击碎了‘建立真诚的对话关系’的最后可能”②。在指出酷评的消极后果之后，黄发有又进一步指出，这种酷评在性质上是一种自我意识的膨胀，与个性主义背道而驰，表现出文化专制倾向。作为一种扭曲的反抗，这种批评在非难、亵渎一切的同时，必然滑向犬儒主义的泥淖。

被冠以“酷评”的批评，是否果真就是批评肌体上的赘疣，只有割除才能后快？它是否果真一无是处？又是何种力量使这些酷评家甘冒刀剑，铤而走险？对于酷评，也许应该给予它更多的善意。首先，从动机上讲，尽管有时对正义的理解并不一致，但恐怕任何一个批评家都会带着正义上路。对于酷评家来说，他们所采取的价值立场和批评风格也出于一种自觉的学术追求和学术责任，对当前文艺批评既无风格又无风骨的现状极度不满。王彬彬被视为酷评的主要代表者之一，他曾交代自己之所以采取这样一种文风激烈、态度鲜明的批评，就是根源于对当前批评现状的不满。他以反讽的口吻说：“中国当代文坛上，颇不乏这类极善于识时务的俊杰。这些

---

① 董萃：《“酷评”现象的透视》，《文艺报》2006年4月22日第3版。

② 黄发有：《影子批评——新世纪文学批评的独立性危机》，《文艺争鸣》2005年第5期。

人，为人为文，都那样善于把握分寸；一举手一投足，都那样恰到好处。他们知道什么时候该前进，什么时候应后退；什么时候该发言，什么时候应沉默。……他们知道怎样以最小的代价换取最大的收获，怎样以最小的牺牲换取最大的报偿。”[①] 另一位被视为酷评家的李建军，也曾表达过这样的意见，认为中国当下的文艺批评之所以不成气候，就在于圆滑世故的人太多，“我们的文学批评之所以不成气候，究其原因，就在于，这种懂世故、会来事的‘聪明人’实在太多”，“无论搞批评还是做学问，都需要一种敢于怀疑和‘说不’的精神，都需要一种将不满形诸颜色、将义愤形诸笔墨的坦率态度”。[②] 从王彬彬的不满和李建军的义愤中可以看到，酷评的出现是批评家的一种自觉选择，有着充分的道德动机和革除时弊的善意，而对于这种甘冒石矢的勇气，应首先给予尊敬。

其次，酷评尽管文风泼辣、态度决绝，但有时片面的深刻要比全面的平庸更有学术价值。尤其是他们对许多文艺大家的批评，让那些通常被神圣光环掩盖着的瑕疵呈现出来，有利于更加全面地认识作家作品。李建军曾经对莫言的《檀香刑》做过评论，写了一篇《是大象，还是甲虫？——评〈檀香刑〉》的文章。在这篇文章中，李建军从“文体、语法及修辞”、“分寸感、真实性及杀人事象”以及写作的民间风格等几个方面对《檀香刑》进行了严厉的批判。尽管这其中不乏吹毛求疵的成分和一笔抹倒的片面，但是，他通过细致的文本细读，所归纳出来的病症，如“不伦不类的文白夹杂”、“拙劣的比喻”、“油滑”、缺乏分寸感的叙事以及“高度主观化的‘瞬间转换’叙事模式”等，[③] 还是很有见地和说服力的。再如王朔等在《十作家批判书（二）》中对鲁迅的评价，尽管王朔惯有的嬉笑怒骂风格似乎带有不敬的意味，但是，他对鲁迅《阿Q正传》的评

① 王彬彬：《过于聪明的中国作家》，《文艺争鸣》1994年第6期。
② 李建军《文学的态度》，作家出版社2011年版，第5页。
③ 参见李建军《文学的态度》，作家出版社2011年版，第286页。

价还是能给人启发。在他看来，鲁迅这篇被捧到神坛的作品带有概念化色彩，“我还是得说，这个阿Q是概念的产物，不用和别人比，和他自己的祥林嫂比就高下立见。将概念形成的人物当作认识的武器，针对社会陋习，自有其可以集中火力、指哪儿打哪儿的好处，但作为文学作品中的审美对象，其激起读者的情感反应就极为有限了”[①]。由于王朔本人就是知名作家，他基于艺术直觉对《阿Q正传》的这一判断应该有较高的合理性。如果说，这些酷评家的泼辣和直言，能帮助人们多一个视角来审视文艺场域被遮蔽的一角，那么他们就已经对文艺批评做出了贡献。对待他们，我们或许也需要多一分宽容，少一些偏激。

三 备受呵护的网络文艺批评

网络文艺批评是指以互联网空间为技术平台，主要以存在于网络空间的文艺作品为评论对象，评论主体大多是非专业的普通公众，评论形式多种多样，以公共文艺评论网站、个人博客、影视剧网站跟帖、社交软件朋友圈等为主要阵地，篇幅、风格不限，体现出一种多元、共生的话语格局。欧阳友权等曾将其界定为，“在网上由网友就网络文学作品或网络文学现象所作的随机性、感悟式、点评式批评和议论。这些批评和议论是网络写手与网民之间进行的实时互动交流，具有一定的即时性和时效性；批评的标准也不是基于经典文学评价约定俗成的统一规范，而带有一定的个人随意性与情绪性”[②]。相比于传媒批评和酷评，作为新生事物的网络文艺批评，似乎在文艺批评的自我反思中受到了更多的肯定。这种肯定与呵护，大概与网络文艺评论从一出生就被视为民间话语和非功利活动紧密相关，甚至有人因此将网络文艺批评视为大众自我启蒙的现代文化

① 王朔等：《十作家批判书（二）》，北京理工大学出版社2004年版，第5页。

② 欧阳友权、吴英文：《网络文学批评的价值和局限》，《探索与争鸣》2010年第11期。

形式。网络文艺评论如今已渗透到大众网络文艺活动的各个层面，甚至直接影响到网络文艺的生产以及文艺作品的接受，间接决定着文艺作品的命运。鉴于网络文艺评论的民间特性和重要作用，文艺批评界也给予了充分关注和跟进，形成诸多认识。

在关于网络文艺批评的研究中，研究者大多强调这种评论新类型在评论主体上的平民性、文本形式上的灵活性和评论态度上的无功利性。周志雄将这些特点视为网络文艺批评不可比拟的优势和特点，“形式灵活、快捷互动，不用顾及人情情面，以其鲜活的时代现场感、真切的自我参与感、普泛的民间性获得了生机。网络文学批评的主体是千千万万的大众网民”[①]。可以说，在周志雄这里，网络文艺批评成为批评的一种典范形态。欧阳友权等也以极高的赞誉，对网络文艺批评做出过评价，认为这种批评“在言者立场上以真话对抗虚假，话语表达上用犀利替代陈腐，批评方式上实现间性对话，是网络批评的价值所在”[②]。对于网络文艺批评表现出来的这些优秀品质，有学者甚至认为，网络文艺批评代表了文艺批评在当下的新转向，并将这种新转向概括为三个方面，即批评主体是个人化的大众批评、批评方法是跨语境的文化批评、批评价值观是开放性的多元批评，并认为，这些特点是特别针对网络文艺的特点而自然生成的，“这种批评范式是根据网络文学的公共性、虚拟性，以及网络文学的快捷、方便、自由等特点而建立起来的”[③]。刘莉莉也强调，文艺批评应当从大一统的模式中解放出来，针对不同的文艺形式建构不同的文艺批评尺度。在她看来，“传统文学理论和批评中的表现、再现、艺术真实、生活真实、文类、主题等概念在超文本网络文学

---

① 周志雄：《网络文学批评的现状与问题》，《山东师范大学学报》（人文社会科学版）2010 年第 2 期。

② 欧阳友权、吴英文：《网络文学批评的价值和局限》，《探索与争鸣》2010 年第 11 期。

③ 禹建湘：《空间转向：建构网络文学批评新范式》，《探索与争鸣》2010 年第 11 期。

批评中已发生变异，有的甚至完全失去效力”[①]，就此她主张应在分析网络文学作品特点的基础上，建立一种特别适应网络文学的网络文艺批评。从这些学者的观点中可以看出，网络文艺批评无论是进行中的，还是将要打造的新范式，都代表了一种更为理想的文艺评论形式。这其中，既包含着研究者对传统批评的不满，也孕育着对自由言说的渴望。

不过，也有学者指出，当前的网络文艺批评还存在不少问题。司宁达认为当前的网络文艺批评经历了“自言自语”和“众声喧哗”两个阶段。这两个阶段所存在的主要问题，是研究对象的不确定性、批评标准缺失、对体裁关注不够等。[②] 欧阳友权等在肯定网络文艺批评的同时，也指出它的一些不足，认为，网络批评“用即兴式点评弱化思考的深邃性，用趣味式言说消解批评的学理性，以及恶搞式批评的‘舆论暴力’和价值偏误”[③] 等。此外，洪治纲则认为网络文艺批评门槛较低，缺少把关人，导致任何人都可以发表自己的言论，这尽管可以打破原有的“中心—边缘”格局，但是也会导致文艺批评的自律性变得模糊不清，相关写作也就滑向纯粹的文字游戏。[④]

由于网络文艺批评一直被视为民间、自由、多元声音的代表，生来就站在了道德的制高点，这就使人不敢轻易针砭。但正因如此，越需要客观冷静地看待网络文艺批评。一方面，对网络文艺批评不用刻意拔高，那种将其视为未来文艺批评转型方向的观点，显然有失妥当。网络文艺批评尽管是适应网络文艺出现的一种新类型，但除了在诸如豆瓣、天涯等专门的网络文艺评论专区有一些结构完整、

---

① 刘莉莉：《网络文学对文学批评理论的挑战》，《兰州大学学报》（社会科学版）2004 年第 5 期。

② 参见司宁达《网络文学评论管窥》，《郑州大学学报》（哲学社会科学版）2005 年第 2 期。

③ 欧阳友权、吴英文：《网络文学批评的价值和局限》，《探索与争鸣》2010 年第 11 期。

④ 参见洪治纲《信息伦理与当代文学批评的困境》，《中国社会科学报》2009 年 10 月 13 日。

思想深刻、表述流畅的评论外，大部分评论都三言两语，带有鲜明的情绪宣泄和语言狂欢色彩，对于认识网络文艺作品没有多大的启示意义。另一方面，对网络文艺批评也不用恶意贬低，那种用学院批评标准来衡量网络文艺批评的做法有以大欺小之嫌。网络文艺批评就是大众吐露心声、发表意见的一种形式，它有自身的自在形态，也有自身的文化功能。只要这些评论没有走向人身攻击和违法犯禁，它就有存在的合理性。这就意味着，对于网络文艺评论，作为学院批评的研究者应该以平常心待之，既不刻意拔高，也避免完全否定，承认它作为大众话语权的特定身份。

对于网络文艺批评的研究来说，尽管不宜对网络文艺批评做价值上的褒贬，但可以开垦网络文艺批评研究的新向度，即将其作为透视当代大众文化、艺术心理的窗口。由于这些评论不受拘束、不看人情，是大众真实体验的流露，尽管直白，却直率，是大众生活态度、价值理念和艺术感受的直接表达。通过分析厘定这些短长不一、内容丰富的文本，既能了解特定时期大众的文艺偏好，也能借由他们的讨论，考察社会生活的痛点；既能在其中考察大众对文艺形式自觉的程度，也能窥探大众在跨文化欣赏中的民族意识和全球观念。由于大众往往不是针对作品的艺术性对文艺作品展开讨论，而是就作品所涉及的某类社会公共问题和话题发言，这在本质上就形成了哈贝马斯意义上的“文学公共领域”。借助于文艺作品，大众形成了一个公共话语空间，既有助于大众的自我启蒙，也间接成为了解大众社会意识、情感和态度的“采风”窗口。由于这些反映民意的网络文艺批评，往往以各种形式散落在互联网的各个角落，要想对这些网络评论“碎片”进行研究，就不仅需要用科学的统计方法，进行量的统计、分类和整理，而且应当对批评文本进行质的分析。尽管各软件平台都会通过点击率、好评率等获得大众对某一文艺作品的关注度，但是，大数据所捕获的信息只具有量的意义，而无法对大众接受某一作品的具体内心感受做出评判，这就需要当今学者能透过数据表面，从文本入手，对内容进行具体分析。对于这些由大众自发撰写的网络文艺批评，专业评论也需要适当介入，加以引导。碎片化的网络文艺评论大多带有情绪化色彩，作为意见的表达虽然直接，但不够理性，其发言大多是大众作为文艺作品受众的直接延伸。从这个意义上讲，这些自发的网络文艺评论又是文艺受众的观感态度和价值偏向。真正合格的专业批评，不仅应该了解作品，而且应了解受众，只有如此，才能在作品与受众之间架起沟通的桥梁，为文艺创作和文化消费市场提供有价值的专业成果和建议。在大数据、算法以及推送日渐决定大众的审美偏好和文化消费这一总体态势下，如果不能适当地加以引导，大众往往就会被粗制滥造、趣味低下的文化产品包围。在算法时代打破信息茧房，推动大众审美趣味的提升，这是每一个文艺评论家应自觉承担起来的责任。

第十章　新媒介语境下文艺批评标准的自省

在21世纪，随着新媒介介入文艺活动的各个环节和层次，不仅文艺批评与作品、受众之间的传统关系发生了改变，由纵向的等级关系转向横向的平等关系，而且文艺活动的范围也得到巨大拓展，延伸到全球领域。与“远距他者”照面，已经成为当下文艺活动的现实。由于新媒介的搅动，当前文艺活动已经被置于全球与地方、精英与大众、世界与民族、官方与民间、经典与流行、都市与乡土等各种文化的交会、缠绕和博弈中。在这样一个边界松动、价值重构的时代语境下，文艺批评如何重塑自己的价值尺度，如何重构与作品、读者之间的关系，如何发挥并发挥何种功能，就成为当下文艺批评家所必须面对的一系列重要学术命题。对这些问题的回答，不仅关系到文艺批评如何顺利地开展自己的工作，也关系到如何引领文艺创作和文艺接受活动走向服务于人民对美好生活的需求这一新时代主题。对于上述问题，21世纪以来的文艺批评也一直在认真地反思，并结合时代语境给予了认真回答，有着重要的启示意义。

一　对马克思主义批评标准的再次召唤

在20世纪90年代，由于后现代主义思潮的涌入，批评家一度怀疑马克思主义批评的适用性。有学者认为，在后现代主义文化情境下，原有的社会对立结构已经松动，阶层身份已经失效，消费社会已经来临，因此“很难再去寻找出其中与某一特定经济基础及社会阶级、阶层的单纯适用性”[①]，作为以阶级和经济基础为元话语的马克思主义批评也就相应地失去了社会支撑，面临着动力不足的问题。这种观点在20世纪90年代颇受欢迎。但是到了21世纪之后，这种认识开始面临来自社会现实境况的挤压。改革开放的确让我国的一部分人先富了起来，但同时也带来了肉眼可见的贫富分化。这也是为什么我国在党的十九届六中全会之后，将“共同富裕”提高到国策层面，成为指导未来发展的核心思想。放眼世界范围，一度被人们寄予厚望的信息、数字技术以及消费文化，不仅没有改变世界范围内的贫富差距，反倒使差距进一步拉大，尤其是伴随着种族主义、保守主义的强势回流，以阶级矛盾为核心的各种社会问题层出不穷，愈演愈烈。在这种境况下，西方有不少学者开始重新在马克思主义哲学、社会学中寻找学术资源，审视当下社会，并呼唤“马克思归来”。在中国文艺批评界也有一批学者鉴于消费主义弥漫和贫富分化现实，开始重塑马克思主义文艺批评标准的权威。

对马克思主义文艺批评标准的重塑，往往首先着眼于21世纪以来社会情势的最新变化，同时也对后现代主义和解构思潮提出批评。顾凤威认为，在当下，第三次工业革命带来了科技的迅猛发展，尤其是各种现代媒体、网络、短信和微信等，对人们造成信息轰炸，成为当今大众无法逃避的现实语境。对于这一境况，后现代主义虽然红极一时，但已经无力把握现实，“后现代主义文学批评意在解构而非建构，因而不可能有一个普遍的正面的批评原则”[②]。进而，他在批评当前人们惯用的文学性、审美性和社会综合性等标准的基础上，特别强调，“马克思和恩格斯的美学的和历史的以及二者相统一

---

① 黄力之：《马克思主义文艺批评的一个现实课题》，《文学批评》1993年第4期。

② 顾凤威：《对文学批评学科理论的一些思考》，《学习与探索》2007年第6期。

观点，是从哲学和美学的高度着眼的。一方面，它具有高屋建瓴的宏大气势和统摄全局的视野；另一方面，作为方法论原则，它又指出了其细化的方向和途径”①，因此，马克思主义文艺批评准则是一般的批评标准所无法比拟的。仲呈祥则着眼于对消费主义的批判，认为文艺批评应坚持社会主义核心价值体系，坚持马克思主义“美学的、历史的”批评标准，如此才能推动文艺的大发展、大繁荣。②为形成推举马克思主义批评标准的合力，丁国旗在《中国人民大学学报》2010 年第 3 期，组织了数篇专门讨论“马克思主义与当代文艺批评”的文章，包括赖大仁的《唯物史观与当代文艺批评》、季水河的《论马克思、恩格斯文学批评的多维向度》、汪正龙的《对马克思、恩格斯美学与文艺思想关系的再思考》等，对推动马克思主义批评标准的重建具有重要的意义。立足于当今社会与文艺的发展现实，赖大仁从唯物史视野对马克思主义文艺批评做了肯定与推重。他认为，包含在马克思主义文艺批评中的唯物史观在本质上要求将一切社会历史现象（包括文艺现象）都放到整个人类社会结构及其历史发展进程中加以认识，从人们的社会生活实践出发加以理解，只有如此，文艺批评才能在价值态度上，“致力于揭示现实社会矛盾，促进现实社会变革，召唤人们通过自身的社会实践，实现人的解放和自由全面发展”③。

在坚持马克思主义原有的批评标准时，也有学者着眼于当下的全球化语境，着眼于世界性与民族性的互动，认为应该丰富马克思主义的文艺批评标准，增加“民族性”，使其适应时代发展和民族自觉。丁国旗认为，民族性依然是世界各地区人民的主要生存特质，也是民族寻求尊严的重要手段，因此，“一国之文学乃一国之政治、经济、文化、社会等诸因素的综合反映，如此，中国之文学的民族

① 顾凤威：《对文学批评学科理论的一些思考》，《学习与探索》2007 年第 6 期。

② 参见仲呈祥《必须坚持“美学的历史的”文艺批评标准》，《求是》2008 年第 4 期。

③ 赖大仁：《马克思主义文艺批评的精神与当下意义》，《江海学刊》2011 年第 6 期。

属性就应该成为我国文学创作与评价的重要标尺”①。梁鸿鹰在《人民日报》上撰文，强调文艺批评不仅要具有鲜明的价值判断，还要有鲜明的中国特色，“文学批评很有必要提倡中国特色、中国风格、中国气派，要提倡多立足我国的国情，多向传统学习”，“构建既富时代特点，又具鲜明中国色彩的文艺理论体系，在世界文艺讲坛上发出更多富于民族气派的声音”。② 梁鸿鹰所强调的“中国气派”与丁国旗的“民族的”尽管用词不同，但都认为在全球文化的交流和碰撞中，中国文艺批评标准的建构应该与时俱进，服务于中华民族的身份认同和文化自信。

在这一时期，也有学者提出其他的文艺批评标准。谭旭东提出“审美引导”与“社会批判”相结合的标准。他认为，文艺批评的话语可以多元，但是价值尺度却应该基本一致，都应该指向“文艺对社会良知和基本人性的建构的。文艺批评再多元化，也不能偏离对创作的审美的引导和社会的批判，也不能偏离对良好文艺生态环境和和谐的社会文化的建设”③。王晨则对批评标准提出了伦理学主张。他认为自 20 世纪 90 年代以来，文学批评就开始向伦理学转向，而在 21 世纪，伦理学作为一种明确的批评方法在学术界更是全面复兴。在王晨看来，无论是后现代理论，还是文化批评在本质上都是一种伦理批评，所以王晨认为文艺批评在当前向伦理的转向是一种必然，“文学批评的伦理转向是必然的，是文学理论螺旋式上升发展过程的必然结果”④。

在经过后现代理论的沉淀之后，理论界开始面向中国的实际状况和世界的最新发展发言。在对文艺批评标准的认识上，也逐渐向

---

① 丁国旗：《当代马克思主义文艺批评要重视“民族的”标准》，《中国社会科学报》2011 年 1 月 4 日第 10 版。

② 梁鸿鹰：《强化文学批评的现实力量》，《人民日报》2009 年 7 月 14 日第 20 版。

③ 谭旭东：《当前文艺批评的症结》，《文学报》2008 年 7 月 17 日第 7 版。

④ 王晨：《文学批评的伦理转向：文学伦理学批评》，《山东社会科学》2009 年第 5 期。

马克思主义文艺批评标准靠拢。马克思提出来的“审美的”和“历史的”批评标准，不仅具有高度的理论涵盖力，而且具有面向现实的实践品格。它不仅可以将文化批评和伦理批评吸纳到自身之内，而且向文艺批评家提出了深化思想的要求。只有对中西方的社会现实和未来趋势有深刻把握、对人生意义和社会价值有高度综合，才能为文艺批评的审美维度奠定认识论基础，使二者统一起来。当然，在宽松的21世纪思想氛围中，也有不少学者根据个人的思想志趣，主张批评标准的多元化。由于当前的文艺生态已经呈现出多向度、多价值的格局，文艺批评的标准也应当进入一种“相对自由的价值博弈时代”①。总的来看，当代中国文艺批评在价值设定上，已经进入一个以马克思主义批评标准为主导的多元批评时代。

二　面向自我，还是守护他者

在21世纪，新媒介的介入使得文艺创作和生产的各个环节有了新的配置和关系。文艺批评在文学场应该发挥什么功能、扮演何种角色，也成为文艺批评在21世纪自我反思的一个重要内容。对于这一问题，批评家有相对多元的主张。

关于文艺批评功能和角色的第一种认识，文艺批评是面向文艺实践而存在的一种文化活动。但是，随着学科独立意识的增强，文艺批评也在寻找自身的独立价值。后现代哲学的渗透，也使得文艺批评成为一种面向自我的释义活动。李卫华立足于后现代主义哲学，从罗兰·巴特的“作者之死”引申出“批评家的诞生”。他认为历史上的金圣叹、罗兰·巴特等都强调了文艺批评应从寄生中解脱出来，以更为自由洒脱的姿态，成为作品的“寄主”，并鲜明地提出，“批评的目的既不是对文本做出惟一正确的解释，也不是穷尽文本的意义，而是投入文本的建构和解构的双重运动之中，享受那种永不停

---

①　吴俊：《文学批评、公共空间与社会正义》，《文艺研究》2008年第2期。

息、永不满足的运动感受”[①]。很显然，李卫华认为文艺批评的主体性应建立在将批评作为一种再次创作的基础之上，使其成为自我情思的表达，不再痴迷于对所谓作品原意的挖掘。沈奇也强调了文艺批评的自我生产特质，在他看来，文艺批评既要诠释意义，又要生产意义，只是这种生产受到一定限制，“批评既要诠释意义，又要生产意义。前者来自对批评对象的真切把握、有的放矢；后者来自批评主体的真知灼见、有感而发。批评是另一种意义上的写作，但这种写作又非文学或艺术创作那样随心所欲，亦既批评的自足性是有限度的自足，不可能天马行空”[②]。在这一问题上，陈晓明也认为，文艺批评应该具有独立于文艺的价值，不应尾随文学艺术，而是应该有自身思考问题的出发点，提出自身的问题，解决自身的难题，才能构成自身的知识体系。它才能在文学作品中发掘新的理论品格和开启文学的新的可能性，就此他提出，“批评始终有自身的文化/美学目标，它和创作是一种对抗性的关系，而不是相互抚慰，共同投机的关系”[③]。陈晓明在这里强调的独立，并不是要求文艺批评脱离作品自说自话，而是指批评在介入文艺作品时，应该有自身对文学性、美本质、人生以及社会的真知灼见，只有作为一个独立的灵魂和知识体，才能与作品建立平等的对话关系；只有在批评与作品之间保持一定的紧张关系，才有利于文艺批评强壮自身的品格。陈国恩从当代社会读者的解释权和话语权入手，认为，在一个享有平等话语权的价值多元社会，文艺批评也需要重新调整自己在社会中的角色，即从以前的启蒙者转向当前的对话者。陈国恩认为，随着价值的多元化，民众已经不再需要批评家告诉他们如何解读文本，“一部作品被无数读者读成不同的模样，每个人从中发现了自己感兴

---

① 李卫华：《文学批评主体性的张扬——金圣叹、罗兰·巴特、希利斯·米勒文学批评观之比较》，《理论学刊》2011 年第 6 期。

② 沈奇：《批评：自足的写作——有感当前文艺批评》，《美术观察》2003 年第 8 期。

③ 陈晓明：《我对文学批评的理解》，《当代作家评论》2008 年第 6 期。

趣的东西，满足了精神的需求。其中当然也包括把作品庸俗化的可能，但即使有读者要把作品的内容做庸俗化的理解，也是他的权利，别人不好干涉”①。基于当代社会大众拥有的这种自由权益，陈国恩进一步指出，文艺批评在当前的地位和角色都需要重新进行调试，即从原来的启蒙者和向导，转变为对话者，而批评家在这一角色的转换中，也等于解放了自己。他可以尽情释放多元阐释的快感，将批评过程视为一种享受，享受对对象进行不同理解，最大限度地开发其内在意义的可能性的乐趣；享受思想碰撞、交流，从而拓展人生意义的领域，使之呈现更为广阔和美好前景的乐趣，“在这样的过程中，我们自身不断地提升起来，成为一个更有道德感的，对世界认识更为深刻、对文学理解更为精彩，因而也更能理解人、尊重人的人，我们便在思考文学、发现文学的奥秘和价值的过程中完善了自己”②。可见，在陈国恩这里，批评是一种自我发现、自我丰富和自我重塑的过程，这种批评观强调了面向自我的后现代特质。

关于文艺批评角色和功能的第二种认识，则是对文学艺术的守护。有批评家认为，文艺在本质上是一个生命世界，对文艺的守护也就是对生命的守护。这种认识来源于对当下文艺批评现状的不满，尤其是对“骂评”的不屑。谢有顺认为，确立文艺批评的价值，首先是要确立文学的价值、相信文学的价值，而文艺批评就是要对这一价值进行守护，“批评精神的基本构成，是关于批评对文学的忠诚守护，对人的复杂性的认知。通过对文学和人的深刻理解，进而出示批评家自身关于世界和人性的个体真理，这依然是批评的核心价值”③。要想做到这一点，就需要批评家能够在内心拥有一种热爱文艺的力量，而非一味地贬损文学、攻击作家。其次还要在内心有一

---

① 陈国恩：《文学批评的状态和批评家的角色》，《文艺研究》2009 年第 8 期。

② 陈国恩：《文学批评的状态和批评家的角色》，《文艺研究》2009 年第 8 期。

③ 谢有顺：《如何批评，怎样说话？——当代文学批评的现状与出路》，《文艺研究》2009 年第 8 期。

种坚信，相信世界有美好的、积极的东西可供挖掘和阐释。在谢有顺看来，如果说文学是对世界的发现，那么文艺批评就是对文学真理的发现，“发现、肯定、张扬一种价值，这能使文学和文学批评从一种自我贬损的恶性循环中跳脱出来，并在一个更大的精神世界里重新找到自己的位置”①。就此，谢有顺认为，在对价值的张扬中，批评也同时成为个体真理的见证者，而批评也能重新获得阐释生命世界的能力，在这样一种过程中，批评家就不仅成为对话者，而且成为思想家，批评也因此更有力量，发挥更大的影响。李建军也强调，真正纯粹的文艺批评，也应以对文艺的真诚热爱为前提，“纯粹意义上的文学批评，意味着对文学一往情深的爱，意味着为了捍卫文学的尊严和价值而表现出来的勇敢而执着的精神”②。

不过，与谢有顺相比，李建军所着力的方向与之相反。如果说，谢有顺致力于让文艺批评去挖掘作品中具有肯定价值的要素，那么李建军则力图使文艺批评与残缺、落后等消极的东西作战，“批评是一种揭示真相和发现真理的工作。……但就其根本性质而言，批评其实更多的是面对残缺与问题的不满和质疑、拒绝和否定。是的，真正意义上的批评意味着尖锐的话语冲突，意味着激烈的思想交锋。这就决定了批评是一种必须承受敌意甚至伤害的沉重而艰难的事业”③。李建军这种带有殉道色彩的批评精神，也值得尊敬和肯定，尽管他在批评中言辞激烈，甚至引起很多同道的反批评，但这种激烈也可以理解为“怒其不争”，这也是一种对文学的热爱。此外，吴俊则为文艺批评的功能做了更为具体的认定。他认为，文艺批评在当今正走向泛化，但这并不是一件坏事儿，在他看来，这实际上意味着文艺批评的功能也正走向多元化，在泛文学批评生态中，文学

---

① 谢有顺：《如何批评，怎样说话？——当代文学批评的现状与出路》，《文艺研究》2009 年第 8 期。

② 李建军：《批评家的精神气质与责任伦理》，《文艺研究》2005 年第 9 期。

③ 李建军：《批评家的精神气质与责任伦理》，《文艺研究》2005 年第 9 期。

批评的正义或道德律法应当体现为支持并保护经典文学的历史和精神，支持并保护弱势的、少数性的文学的公平权利地位。[①]

关于文艺批评功能和角色的第三种认识，则是直接介入社会生活。在有些批评家看来，文艺批评作为一种独立的文化活动，不应将功能仅仅限定在对文艺创作的反思、总结和提升上，而应该同时面向社会以及大众的精神生活，发挥观念启迪和思想启蒙的作用。王晓华就认为，文艺批评在当下应该超出文学的范围，走向社会这一更大领域，“不仅仅限于反思、调校、总结、提升文艺创作，而同时担当着思想启蒙、消解传统意识形态、建构新的人文精神乃至谋划中国文化之未来等重要的使命”[②]。黄平在谈到文艺批评的功能时，也强调不能抱残守缺、画地为牢，而是应该拓展视界，“进入历史剧变的深处，讲清楚正在发生的‘中国故事’”[③]。上述意见实际上都要求文艺批评能积极回应现实需求，对文艺的把握也不能固守所谓的“文学性”和“审美性”，而是应当深入现实生活的肌理之中，探寻社会的深层结构和紧迫问题，把握社会变迁的历史动力和未来趋势，并将这些认识凝聚成审视文学和艺术的思想基础和价值准则。

21 世纪学者对文艺批评的角色有了多元认识。但无论是将批评视为自我的重构，还是对文艺的呵护，抑或对社会问题的言说，他们都强调批评的底色应该是对文艺的热爱与尊敬。同时也认为，要想使文艺作品发挥应有的效能，批评家需要砥砺自己的理论厚度和审美感悟能力。表面上看，这三种意见似乎各不相同，但实际上却有内在联系。任何批评的开始，都首先是批评家与作品之间的对话，是批评家走入作品，同时也是丰富自我、重构自我的过程，也就是说，文艺批评首先是面向自我的活动。没有这一过程作为基础，文艺批评的其他角色和功能就成为无源之水、无本之木。文艺批评对

---

① 参见吴俊《文学批评、公共空间与社会正义》，《文艺研究》2008 年第 2 期。

② 王晓华：《当代中国文艺批评的三重欠缺》，《文艺理论研究》2001 年第 1 期。

③ 黄平：《批评如何回应当下生活》，《人民日报》2011 年 3 月 25 日第 24 版。

文艺的热爱，不是因为批评家与文艺同处于文学场，而是因为批评家与文艺能在心灵和情感上达成共契。共契、感动所包含的内在意蕴，恰恰是批评家所要阐释和传达的内容，也是批评家之所以想要呵护文艺的内在原因。同时，将这种情感和思想的共契阐释出来、发扬开去，帮助文艺发声，这就是用批评的力量对文艺进行了呵护。如果批评家与作品没有共契，那么直言不讳的批评，就是对优秀作品的呼唤，这也同样是对文艺的呵护。优秀的文艺作品所提供的不仅仅是“文学性”和“审美性”，更有对社会的深刻认知和对人性的无畏探索，这往往驱动批评家就作品所涉及的社会话题展开进一步的思考和讨论。这种讨论实际上已经在创造哈贝马斯意义上的“文学公共领域”。在哈贝马斯那里，文学公共领域是公共领域的前身，带有社会性、公共性和政治性。从这个意义上讲，批评家实际上已经越出文艺的范围，就社会问题发声，实现了社会介入，担起了社会责任。不过，批评家对社会的介入依然需要通过文艺作品来进行，否则，批评家就不是文艺批评家了。由此可见，在不同学者那里相对分立的三种批评家角色，实际上是可以统一在具体的批评之中的。也只有熔铸了这些素质的批评，才是真正有见地、有深度、有担当的文艺批评。

三　文艺批评转型如何响应社会现实

21世纪这一时间节点，以一种内在的紧迫和激励，使得文艺批评也将转型问题纳入思考，以便回应社会现实与文学艺术的新变。在当代，新媒介日益成为受众文艺活动的主要平台，文艺活动也成为日常生活的底色，大众的审美趣味和价值理念更加多元。作为人文学科的文艺批评应该如何应对这些改变，继续发挥自己的社会价值和文化价值，就成为批评家需要认真思考的问题。对于这一问题，众多学者所给出的不同答案具有重要的参考价值。

第一种意见，呼吁文艺批评的社会学转向。这一意见的代表学者是罗云锋，在他看来，自21世纪以来，中国社会生活在展现社会主义优越性的同时，也积攒下诸多亟须解决的社会问题，诸如青年就业、贫富差距、城乡二元等。作为具有人文情怀和革新热望的文艺批评家，应当对文艺批评提出社会学要求，“需要批评家对社会科学以及科层化社会结构有着更深入的经验感知和知识理论把握，再力图进入其知识学术脉络里进行理论上的剖析与批评”，“譬如，文学的社会学解读或分析，文学的政治学分析，文学的经济学分析，文学的法学分析，等等。这便涉及文学批评范式的转换，亦即文学批评的社会科学转向”。[①] 这种拓展社会学维度的要求，在本质上与马克思主义批评的历史维度有相同旨趣，都是指要将文艺作品的内容和审美特性放到历史现实中加以考量，强化文艺批评的思想深度。对于批评家来说，要想实现这种批评目标，不仅需要对社会学各理论有精深的研究，还需要对更为复杂的社会现实有深刻的认识，把握社会问题的重点和痛点，并给予恰当的理论关切。

第二种意见，主张推动文艺批评的大众化转向。在张荣翼看来，当代社会日渐走向开放、多元，文艺也日渐通俗化、大众化，在这一社会境况面前，文艺批评应当从“经典模式”转向“后经典模式”。这种转向具体表现为四个方面：在目标追求上，由垂范后世转向当代言说；在所关注的对象上，由经典文本转向生活碎片；在话语方式上，从高头讲章转向媒体公众；在叙述体系上，则从宏大历史转向当下叙事。[②] 郝敬波也根据当代社会生活的世俗化、大众化趋向，认为，文艺批评应当走出批评家自身的趣味，以大众和读者为中心，想其所想、思其所思，寻找共同话题，达成交流目的，最终使文艺批评能够介入公共话语空间的构建，“文学批评家的阅读应该更多地随着一般读者的选择而选择，只有这样其阅读视野才能

---

① 罗云锋：《挤压与突围：城市文学的困境与转机——兼及文学批评的社会科学转向》，《南京社会科学》2011年第6期。

② 参见张荣翼《走向后经典形态的文学批评》，《社会科学》2008年第11期。

做到与一般读者的同步性，才会拥有学术意义上的批评资格，才可能引起一般读者的回应，才可能凭借自身的发现能力和审美能力获得权威的公众认证，从而建构文学批评的公信秩序”①。吕益都也强调文艺批评面向大众读者的紧迫性，主张在批评与大众之间，“建构一种开诚布公、富有良知与责任感的深层次的‘对话关系’”②。他认为，要想建立对话关系，除了要有对话的渴望，更重要的是要讲究对话的策略，尤其是要有面向大众的通俗性，能够深入浅出。

第三种意见，主张发展“职业批评”。随着文艺活动的传媒化，大众日益接触到海量的文学艺术信息和文本，如何提高大众对文艺作品的鉴别能力，避免成为信息刺激的被动接受者，就成为文艺批评践行社会价值所必须面对的问题。对此，尹鸿提出了“鉴赏批评”概念，以区别于学院批评、文化批评和本体批评。他认为前三者带有较强的学理性，往往局限于学术领域这一专业领域之内，而鉴赏批评则致力于“用专业素质代表公众去发现、鉴别文艺作品并向公众推介有价值的文艺作品”③。在尹鸿看来，这一批评类型对应于特定的主体，他们往往是那些被称为书评家、影评家、乐评家、剧评家的自由职业者。这种批评大多依赖通俗报刊和广播电视、互联网等大众媒介，在本质上充当了“文化导游”的任务。尹鸿认为，目前我国最缺乏的就是这一类批评。在文艺作品大量生产的情况下，批评家有必要充当搜索引擎，从泛滥的文学信息中“找出那些具有稀缺性同时又能满足接受者需求的作品，并用通俗简单直接的方式，告诉那些可能对这些作品感兴趣的艺术消费者们为什么和如何去接受这些作品”④。实际上，这样一批人恰恰是适应着当代文化产业的迅速发展而出现的职业批评家，是文化产业体系中的重要一环。他

---

① 郝敬波：《批评无力与阅读选择——对当下文学批评的一种思考》，《文艺评论》2011年第9期。

② 吕益都：《文学批评的“对话关系”》，《文艺报》2008年10月25日第3版。

③ 尹鸿：《文艺批评四大趋向与批评的“导游”功能》，《文艺争鸣》2008年第1期。

④ 尹鸿：《文艺批评四大趋向与批评的“导游”功能》，《文艺争鸣》2008年第1期。

们往往直接参与到文化产品的生产、流通和接受过程中，不仅为文化生产者所需要，而且也是对大众需求的响应。在新媒介的各类文艺作品平台上，总是有大量受众询问某一影视剧或文学作品是否值得观看，对他人意见有迫切需求。面对无限的审美文化资源，受众的有限时间则显得弥足珍贵。如何将有限的时间用于观看高品质的文艺作品，既是大众的迫切吁求，也是批评家应当承担起来的责任。由此，呼吁并发展一种职业批评就显得更有必要了。

除此之外，还有学者主张文艺批评的伦理转向，另有学者提出“询构批评”，等等，尽管各批评家主张不同，但在批评转向的构建上，却有一个共同的倾向，那就是突破狭小的自我、审美空间，将文艺批评构建进社会生活的总体需求格局之中。这种构建凸显了当代学者在 21 世纪重新介入社会生活的努力，也有利于指导文学艺术更多地关注社会现实和大众生活。这种面向现实和社会的转向，也需要解决一个问题，即如何实现与“审美的”尺度相平衡。文学艺术毕竟不是政治讨论，也不是伦理布道，更不是经济考量，尽管文艺创作离不开这些因素，但只有这些因素在叙述中成为有机的艺术整体，给人带来审美享受时，其价值才能得到最终实现。这提醒着文艺批评界，无论文艺批评向何处转向，“审美的”这一维度将始终起着压舱石的作用。

第十一章　新媒介时代的马克思主义文论建设

以数字技术为构架的新媒介已经成为当代社会生活的基本语境，尽管它在我国社会生活中的发展和可及性等方面，存在着地区差异，但是随着数字技术基础建设的加快，越来越多的大众已经成为新媒介的用户。他们的文艺、审美活动也越来越多地转移到手机、掌上电脑等智能终端设备中来。与此同时，消费文化也在新媒介的推动下，日益成为大众生活的常态，人们的生活、文化、商业、传媒等许多方面都带有了消费主义的特征。新媒介与消费文化的结合，给大众的精神文化生活带来了很大的变化。传统的、带有形而上特征的审美活动，正从孤立的时空中走出来，融入更为广阔、无限延展的日常生活中；在政治日益宽松、民主的时代，文化产品更多地带有了商品属性成为普通的消费品；原本公共空间中的纪律性阅读，也日益转变为新媒介中的感性娱乐……毫无疑问，当代中国审美文化实践的种种深刻变化，给马克思主义文论在21世纪的建设提出了许多新问题。如何面对现实并进行积极的自我调整，将是马克思主义文论保持理论涵盖力和解释有效性的必要举措。

一　从认识论走向生存实践论

长期以来，我国文论界对文艺性质的认识一直是建立在认识论基础之上的，从而在文艺与生活的关系上始终坚持“文艺是生活的反映”这一主张。在这种见解中，“文艺”被赋予一种绝对的主体位置，代表着理性和客观，而“生活”则居于有待审查的客体位置，表现为混乱和芜杂，两者之间的界限泾渭分明，不可逾越。但是自从新时期以来，这种文艺观遭到了来自审美文化实践领域的强大挑战。这一挑战主要表现为生活与艺术、现实与审美之间的界限逐渐塌陷，从而使得支撑认识论文艺观所必需的文艺与生活之间的“距离”也处于消失状态。因此，如何在变化的审美现实面前为马克思主义文艺观寻找新的理论基础就成为当务之急。

在新媒介和市场经济的催生下，审美活动与日常生活在人们对商品的购买和消费中空前地统一起来，形成了一个日渐繁荣的“日常性审美消费空间”，学术界关于“日常生活审美化”的讨论就奠基于此。这一空间的突出意义就在于，它极大地改变了文艺活动的空间和性质。在商品经济和消费文化的同化下，文艺产品日益转变为世俗的、日常的消费品，并与人们的吃穿住行等世俗行为紧密地联系起来。艺术和审美的空间也得到了史无前例的拓展。它们不再局限于博物馆、画廊和展厅等狭小的空间，而是扩散到大街上、广场上、超市里和家居中。当今的日常生活空间也越来越带有艺术的形式、染有审美的气息。种种的转变表明，文艺活动在今天已经不再是一种主要的认识手段，而是通过与日常生活的渗透结合，转变为一种具有肉身性和日常性的生存方式。文艺性质的这种变化大略地暗示出马克思主义文艺观在未来的可能走向，即从认识论走向生存实践论。生存实践论文艺观的实质，就是把文艺视为与日常生活实践相并行的人类自由自觉的谋划活动，并最终实现对生存风格的选择和建构。对这一文艺观的理解需要从以下几个方面来进行。

其一，文艺活动的日常现实性。在生存实践论看来，文艺活动（包括文艺的创作和接受等具体环节）既不是超越于生活之上的抽象认知，也不是孤立于特定时空段落的情感宣泄，而是具体的、现实的人类生活的组成部分。这种文艺观强调了人类生活在文艺活动中的核心位置，包括文学艺术在内的所有知识都只是人类对自身存在的一种具体展开和领悟，也必将重新返归人类生活自身。与生活世界相脱离的文艺，将是完全抽象的和异己的。

其二，文艺活动的身体前倾性。在认识论文论中，文艺活动的主体被抽象为单纯的认知和思维主体，服从于认知功能和教育功能，其后果则是导致了“身体”在文艺活动中的缺席。与此不同，生存实践论则恢复了文艺活动的身体性、丰满性和全面性。在生存实践论看来，文艺活动不仅是一种个体的、直接的身心体验，同时还是一种身体的决定和行动，且正是后者保证了体验的连贯性和持续性。从实质上讲，任何文艺活动都将是身体参与的活动，身体不仅构成了整个体验的中心，而且也是自我意识投射的实际环境。不仅如此，在生活中展开的身体既不是静止的，也不是封闭的，它始终保持着一种前倾的姿势。在存在主义哲学看来，身体就是一个“此在”，它没有任何先验的本质，也不受任何规定的束缚，因此它只能通过谋划，使“此在”存在起来。① 也就是说，“此在”是永远向未来敞开的“我能够”，而不是本体论意义上的“我是”，而“此在”要想“存在论”地存在，那么它就只能通过切实的身体行动来完成。对此，吉登斯做了进一步的区分，将“身体”与“主体”视为两个不同的范畴。他认为“主体”是一个趋向于时刻反思着的精神实体，而“身体”才是一个具体实在、有着形式与重量的行动者，它“作为整体存在的人类主体，定位在活生生的有机体肉身性的具体时空之中”②。可见，身体始终是行动中的身体，并携带着人类身心的一切因素。只有建立在身体这一平台上，人们的认识、意志、无意识、情感、体验和感悟等诸种心意功能才能达到协调统一、全面出场，

---

① 参见［德］马丁·海德格尔《存在与时间》，陈嘉映等译，生活·读书·新知三联书店 1987 年版，第 284 页。

② ［英］安东尼·吉登斯：《社会的构成：结构化理论大纲》，李康等译，生活·读书·新知三联书店 1998 年版，第 121 页。

这恰是保证文艺鲜活性、饱满性和丰富性的必要前提。

其三，文艺的中介参照性。存在主义的个体无法在一个封闭的空间中达成自我的建构和身份的认同，它必须不断地突破壁垒，在行动中把自己引向外物、他人和社会，在与他者的照面和交往中将自己构造为主体。在生存实践论看来，文艺活动正是一套自我与他人、自我与团体、自我与世界之间的中介系统，为个体的身份建构和认同提供了一块相对自由的空间，而这种建构就是建立在身体的前倾性基础之上的。在今天，随着生活与文艺的双向互动，文艺活动的阶层区隔、身份构造等功能也日益增强，这些功能不仅来自文艺活动的内容，而且也来自文艺活动的过程本身。在现代社会的“脱域化”面前，文艺的中介参照性将会受到越来越多的关注。

其四，文艺活动功能的复合性。如果说，认识论文艺观主要的是求“真”，那么，生存实践论则侧重于向“善”，并渴求善与美的统一，因为后者所直接面对的就是人们的日常生活实践，并力图将其作为“艺术品”来构造。康德以来，人们一直致力于美与善的分离，将实践理性与审美判断置于相互隔绝的境地，其结果之一就是导致了生活与艺术的分离，以及人性的矛盾性分化。在生存实践论看来，现代性过程中真善美的分离是人类发展的必经阶段，但此后必然会重新复合，并在日常生活的审美化中达到统一。这一历史性回归，显然符合马克思主义哲学关于否定之否定的判断，是一个螺旋式的上升过程。巴赫金在谈到文艺与生活的时候就曾说过，虽然人类的文化被分成了三个领域，即科学、艺术和生活，但这三者必将统一于每个人的现实行动中，只有把这三者“纳入自己的统一体”和“统一的责任”中，① 审美的体验才会转化为现实的行动，生活的信念才会转化为艺术的理想，并最终达到海德格尔期望的，也是大

---

① 参见［苏］巴赫金《巴赫金全集》第一卷，晓河等译，河北教育出版社 1998 年版，第 1 页。

多数人所期望的“生活的诗意化”。由此可见，生存实践论是一种走向伦理学的文艺观和美学观，代表了文艺发展的新方向。

生存实践论文艺观的理论根源可以追溯到马克思，但这一思想在对苏联反映论文论的引进中遭到了长期的遮蔽。马克思曾指出，全部社会生活在本质上是实践的。这实际上表明，只有以实践为基础，社会生活才能得到合理的解释，文艺活动当然也不例外。在马克思那里，“实践”不仅是一个伦理学范畴，还是一个存在论范畴，它泛指人们的全部生活和活动。此外，马克思的“实践”还包含着一种内在的要求，就是“人的本质的对象化”，马克思曾指出，无论从理论方面还是从实践方面来说，人的本质的对象化都是必要的。这实际上更表明了实践的存在论性质，这里的实践不仅是物质的，而且是精神的，是一种以身体为载体的全身心的活动。只有从身体、生活和行动出发，并接通生存实践这根血管，作为人类生活一部分的文艺才能得到根本性理解。长期以来，尽管人们也试图从“实践”出发对人类生活的各种现象做出解释，但由于把对实践的理解局限于物质生产，从而使得工具论、认识论、技术论文艺观泛滥一时。因此，在新时期，要想为马克思主义文艺观找到出路，首要的工作就是重新对“实践”进行全面的理解和把握。

二　从二元对立走向多元中和

长期以来，由于马克思主义文论一直服从于政治革命和阶级斗争，从而导致了斗争哲学的内化，形成二元对立式思维。在革命斗争年代，这种非此即彼的思维方式的确能删繁就简、驾轻就熟，迅速地划清敌我、明确打击对象。然而，在求稳定、谋发展的当今环境下，尤其当中国的现实本身已经变得纷繁复杂，这种二分法就有些避重就轻、投机取巧的味道了。它不仅不能廓清现实、把握文化，反而是对纷繁现实的一种遮蔽。因此，思维方式的更新也将是马克思主义文论在21世纪面临的课题之一，而且是至关重要的课题，这是因为社会科学的发展同样深受思维方式的影响，后者具体而微地决定着前者的理论形态、价值取向和话语构成。

二元对立式思维是人类长久以来的一种基本思维方式，也是逻各斯中心主义的一种表现。其最直观的表现就是，把事物或现象划为彼此对立的两极，而且两极中间不存在任何缓冲地带。这种思维方式在近些年遭到了许多学者（尤其是后现代理论家）的批判，诸如德里达对逻各斯的解构，其实质就是对二元对立思维方式的批判。杰姆逊甚至从政治权力的角度，认定二元对立式思维就是一种意识形态行为，也因此是一种压迫结构，“只要出现一个二项对立式的东西，就出现了意识形态，可以说二项对立是意识形态的主要形式”①。从这个角度来说，把二元对立式思维引入学术研究，其实质就是用意识形态之争取代学术研究的客观求真活动，这显然是对学术的戕害。然而，改革开放以来，相对于我国政治领域对二元对立式思维方式的反思及纠正，人文学术界倒显得落后了。我们可以看到，在当前的文学批评和文化批评中，那种不合时宜的非正即误式的简单判断还大量存在，诸如“真假文化”“真假艺术”“真假审美”“真假现实”“真假时间”“真假需求”“真假感性”等对立项，就是二元对立思维衍生的结果。但如果仔细审视一下中国社会和文化的现实状况，那么就会发现诸如官方与民间、高雅与低俗、真实与虚拟、中心与边缘等一系列二元对立分析模式，已经丧失了它的有效性。

就中国的社会结构来说，自改革开放以来，社会群体日渐分化，人们围绕着新的组合原则形成了数量众多的阶层。陆学艺就曾以职业分类为基础，以组织资源、经济资源和文化资源的占有为标准，将当下中国重新划分为10个阶层，其中的经理人员阶层、办事人员阶层、个体工商户阶层、商业服务员工阶层等，都是此前的分析模

---

① ［美］杰姆逊：《后现代主义与文化理论》，唐小兵译，陕西师范大学出版社1987年版，第21页。

式所无法涵盖的。[①] 从社会形态来看，我国当代生活杂糅了前现代的、现代的，甚至后现代的各种社会因素，彼此勾连、相互渗透，形成独特的社会景观。社会结构与形态的复杂化最终导致了中国当前的文化现状也趋向于多元化，突破了革命文学与反革命文学的框架，表现为意识形态文化、精英文化、都市文化、民间文化和传统文化的多元并存及空间共享。尤其是随着私人领域的拓展，意义生产主体进一步多元化、分散化和个体化，甚至可以因此眺望一种更加自在的"小众文化"和"个体文化"的复兴，[②] 文艺现实会因此变得更加纷繁复杂、交互渗透。这实际上意味着，马克思主义文艺学在21世纪的建设，应该超越二元对立的思维模式，也许可以走向一种"多元中和式"的思维模式。

首先，这里的"多元"与"二元"相对，是指在看待世界外物时，不是将之置于对立的两极，而是进行三分或者多分。对于从"二元"向"多元"的过渡，庞朴先生做出了开创性贡献，他通过对中国传统文化的考察，提出了"一分为三"的思维方式。在他看来，"一分为二"只是思维过程的一个阶段，最终要向"一分为三"靠拢，而且后者在认识事物、看待生活时，要远比前者有效。[③] 其实，不管是分为二，还是分为三，或者分得更多，都是人们对世界的一种抽象化、简便化把握，结果必将是"把外物从其自然关联中，从无限地变幻不定的存在中抽离出来"[④]。但相比较而言，三分、五分，或者多分，要比二分的抽象性更低，应该更能接近事物的真实面貌。其次，"中和"与"对立"相对，它不是把事物放在敌对的立场上进行分析，而是以更为冷静、健康、宽和、实事求是的心

---

① 参见陆学艺《当代中国社会阶层研究报告》，社会科学文献出版社2002年版，第4—43页。

② 参见李红春《当代中国私人领域的拓展与大众文化的崛起》，《天津社会科学》2002年第3期。

③ 参见庞朴《"天参"试解》，《文史哲》2001年第6期。

④ ［德］沃林格：《抽象与移情》，王才勇译，辽宁人民出版社1987年版，第17页。

态，直面事物和生活的复杂关系，揭示其内在的结构和规律。从客观求实、唯物求真的角度来讲，所谓“中和”的态度，就和马克思拒绝一切虚假的意识形态，从“现实的前提出发”相类似。也就是说，对事物的分析和判断，一定要与具体的环境相结合，只有如此，我们所揭示出来的结构和规律才具有历史生成的性质，避免其先验主义特色。从本质上讲，多元中和式思维就是强调悬置价值纷争，避免先入之见，以更为宽和、客观的态度对待事物之间的复杂关系。只有如此，才能保持学术研究的求真本性，避免用伦理的善取代科学的真。也只有如此，才能推进马克思文论的发展，使其更加适用于分析中国当前的复杂状况。

三　从绝对主体走向情境主体

任何的知识和理论体系，都是由特定的、现实的人类主体构造而成，这显然没有什么疑问。但是长久以来，人类主体被片面地理解为抽象的思维和精神，笛卡尔的“我思故我在”最为鲜明地体现了这一偏向。由于笛卡尔等坚持认为，思维和精神具有独立性、超然性和永恒性，那么作为思维结果的理论知识也必然具有了绝对性、唯一性和真理性。此前的马克思主义文论在知识立场上，更主要地继承了这种绝对主体观，在理论的建构和批评的态度上都带有相当程度的绝对化、唯一化倾向，对其他的文论体系表现出抵触态度和排斥情绪。但是这种超然绝对的主体观在20世纪以后，遭到了越来越多的质疑，尤其随着身体被引入主体的构成之后，关于知识的绝对观渐趋解体，情境观则开始形成。

实际上在弗洛伊德提出“无意识”理论之后，超然主体就已经面临着解体的窘境。在弗洛伊德看来，主体的思想过程植根于无意识领域；构造意义的思想活动只不过是无意识活动的外在显现。其言外之意，思想是一种包含身体性在内的非纯精神性过程，其中，个人的欲望、性情、体验和生活习性等，在其公共化过程中构成了思想的基础。从这个意义上看，根本就不存在什么“超然主体”和“理性的观察者”，也就不存在绝对知识和唯一真理。如果说，弗洛伊德力求从心理层面突破“绝对主体”，那么后来的法国学者布迪厄则试图从社会文化层面打破这一神话。在布迪厄看来，任何社会个体总是处于场域的某一位置，不同的场域位置分配有不同种类和数量的资本，因此不同位置所培养起来的个体在思想、性情、认知、趣味等方面，必然表现出相应的差异。换句话说，任何理论都是特定场域位置的表达，不存在超越具体环境和身体的思想与知识。在各种知识理论的背后，必然交织着不同种族、阶级、性别、文化和宗教的声音，也没有任何一个主体不是与其他主体在生活世界中相互影响、彼此交流的。这就意味着，理论知识都将是“情境主义”的。

21世纪马克思主义文论的建设不能忽视知识主体的这种“情境”特性。大体来说，有这样几个方面值得特别注意。第一，在介入切实的研究之前，任何学者都有必要对自己在现实社会中的场域位置进行反思，以便确定自己的话语身份和价值立场。同时还要意识到，自己的知识建构只是某一特定场域位置的话语表达，并不具有绝对的有效性和普遍性。在涉及种族、阶层、性别、区域和城乡等课题时，这种反思更为必要。只有建立在这种清醒的反思之上，理论的建设才能避免盲目偏激，同时也可以为理论的适用性划定合理的范围。值得高兴的是，近来在关于“生活审美化”的讨论中，已经出现了这种对知识立场进行追问和反思的趋势。第二，在对待其他文艺学体系时，要抱有平和宽容的心态。以布迪厄的眼光来审视这个问题，我们会发现，由于任何一种知识建构都产生于特定的场域位置，并代表这一位置发言，因此，所有的知识建构在本性上都将是“自私”的。这就意味着，尽管不同的知识体系在权力谱系上强弱不等，但在道德品格上却没有高低、上下之分。只有充分地认识到这一点，才能摆正心态，放下唯我独尊的架子，更为自觉地面对其他理论，博采众长，推进马克思主义文论的深入发展。第三，尽管我们承认知识建构中的情境性，但不意味着可以放任隐藏其后的个人欲望、本能和非理性等因素。相反的，只有在意识到的范围内尽量规避这些因素的影响时，知识建构才能够走向学术之“真”，才能避免私人趣味对学术研究的过度影响。对此，陈炎所提出来的“价值中立”可谓切中学术研究的要害，他认为，尽管在人文科学的研究中很难做到“价值中立”，但这并不能成为放弃努力的理由，“否则的话，我们就很有可能会将人文学术研究变成一种意识形态的鼓动和宣传了”①。

四　从“文本”走向“生活”

进入 21 世纪以来，生活与艺术之间的界限在人们的日常消费中变得更加模糊，其结果就使得“生活”本身成为可供解读的“美学文本”，这是文艺学近些年来所收获的新的批评对象。对此已经有不少学者开始探讨“生活审美化”这一语境下的文艺学建设，陶东风就是较早切入这一研究的学者。他在《日常生活的审美化与文化研究的兴起》一文中曾指出，在审美泛化的语境下，文艺学的出路在于正视而不是回避这一现实，紧密关注日常生活新出现的文化/艺术活动，及时地调整、拓宽自己的研究对象与研究方法。② 显然，素以关怀现实、促进人生而著称的马克思主义文论更应正视这一变化，扩展自己的批评视域，从文本走向生活。要想真正实现这一拓展，还需要有足够的勇气去克服认识上、理论上甚至技术上的许多难题。

首先，要在认识上确立这一拓展的必要性。尽管有陶东风这样的学者提出了这一呼吁，但毕竟为数甚少，更多的人仍倾向于将文艺批评限定在文学文本的框架内，并认为文艺批评的泛化将因失去特定的批评对象而导致批评自身的解体。从直观上理解，这种担忧

---

① 陈炎：《超越国学研究的古典境界》，《中国文化研究》1998 年春季卷。

② 参见陶东风《日常生活的审美化与文化研究的兴起》，《浙江社会科学》2000 年第 6 期。

并非没有道理，但从学理上讲，这种担忧就有些多余了。作为一门人文科学，文艺批评所关心的重心并不是语言、技巧等形式层面的因素，而是注重对形式之下那些有助于促进人类生命完善和人生幸福的思想情感和生存体验进行阐发，并将其置于更为宽广的社会、文化背景中判断其意义和价值。这也许就是俄国新批评等专于形式研究的流派无法获得持久生命力的内在原因。现如今，随着艺术的泛化，人们关于幸福、欲望和情感的抒发越来越集中于一些新兴的泛艺术门类，诸如流行歌曲、时装、电视剧、健美、旅游、网络游戏，甚至于环境设计、广场景观、家居装饰等，已经开始占据了人们文化娱乐活动的核心位置。[①] 文艺批评对这些与日常生活紧密相关的泛艺术类别的关注，不仅不是一场自我解体活动，还恰恰是对自身功能的进一步加强和延伸，理应得到更多人的支持。

其次，文艺批评向生活的转向对批评家提出了更高的理论要求。与封闭的文学文本相比，开放的、多元的、流动的“生活文本”显然更具复杂性和矛盾性，它几乎集中了现实社会中一切可能有的矛盾和冲突。这就需要批评家转换视野、更新理论，尤其是要打破长久以来壁垒森严的学科规范，把鲜活的理论话语引入文艺批评，从而保持批评的有效性和本真性。自从新时期以来，在市场经济和大众传媒的双重冲击下，社会结构迅速裂变，价值观念多元分化，文化心理也多向流变，一切都被裹挟进剧烈的变动之中。当前我国的大众生活也因此面临着诸如身份认同、性别冲突、城乡差异、民族分化、阶层区隔和意识形态等问题，这些矛盾和冲突都内在于生活本身，并集中渗透于日常审美行为之中。要想对这些问题获得一定的把握，单靠掌握几条抽象的形式规则是完全不够的，必须对各种文艺美学理论思潮和流派（诸如现代性理论、后殖民理论、女权批评、精神分析美学、解释学美学等）有所把握，同时还要对社会学

---

① 参见金元浦《文化研究：理论与实践》，河南大学出版社 2004 年版，第 13 页。

的、历史学的、文化学的、政治学的和心理学的各种理论资源进行整合。过去那种把文艺活生生的肌体割裂为适合于学科细分和主题归纳的刻板做法已经无法胜任于当前的理论要求，[①] 新的研究对象要求打破固定的学科壁垒和僵化程序，博采众长、综合创新。这显然向批评家提出了更高的理论要求。

再次，文艺批评的生活指向还要求理论家进行话语方式上的更新。长久以来，我国的文艺批评在话语方式上已经习惯了一种精英主义的态度。这些批评家往往把自己视为知识、趣味和道德的最高楷模，在面对具体的文本、作家和作为接受者的大众时，更多地表现为批判和指责并流露出不信任甚至轻视不屑的情绪。这种高高在上、唯我独尊的自傲，显然是封建士大夫所谓文雅的时下翻版。作为知识楷模，批评家们是当之无愧的，相比于普通大众，他们毕竟受过多年的专业训练。但是专业知识的丰富，并不就意味着道德上的高尚和趣味上的优秀。在布迪厄看来，趣味只不过是一种历史的构造，因个体所占有的场域位置不同而不同，尽管审美趣味在权力谱系上强弱不等，但在道德品格上却没有优劣之分。这实际上就是要求批评家在面对不同于自己的趣味时能表现出宽容、平和的心态。尤其是随着批评与生活的结合，就更需要批评家们放下架子、端正态度，以协商而不是命令的姿态谋求别人的赞同。这是因为，融会于生活流程的任何文艺活动不再是封闭的情感活动和认识活动，而是一种生存实践活动，这种实践活动趋向于将生活本身塑造为艺术品。审美与生活的结合，使得审美带有了更多实践理性的色彩，表现出浓厚的道德属性。在道德多元化的今天，批评家的价值观念只能是众多价值观中的一种，因此在面对“生活文本”时，大可不必摆出救世主的姿态对他人耳提面命，而是应该以理解和同情的态度介入当代泛化了的文艺生活中来。只有这样，在面对错综复杂的文

---

① 参见周宪《文学研究：学科抑或策略》，《文艺研究》2002 年第 4 期。

化现实时，我们才可能抱有实事求是的耐心；只有这样，在面对不同的见解和意见时，我们才可能持以宽容协商的态度。

对于文艺批评对象的这种拓展，马克思主义文论应该加以充分的正视。只有对此做出积极的响应和调整，而不是削足适履、坐以待毙，才能真正实现文艺批评视野的拓宽和价值观念的更新。

五　从文学期刊走向大众传媒

在过去，文艺批评主要以期刊为活动平台，但因期刊的种类和发行数量相当有限，它所建立起来的批评循环圈还很小。尽管很多文艺理论教材把这一循环圈设定为由作家、作品、读者和批评家等四要素组成，但就实际情况看，由于普通大众很少有机会接触这一类专业性很强的批评期刊，在实质上是被排除于循环圈之外的。这种情况下的文艺批评，更多地成为专业人士内部之间的智力游戏，而无法完成与大众及其生活的接洽任务。因此，为文艺批评找到更为广阔的平台，是21世纪马克思主义文论建设的另一个重心，而大众传媒将成为首选的对象。

自新时期以来，我国的大众传媒获得了迅速发展，并且已经成为人们进行日常文化娱乐活动的中心。甚至可以说，日常生活的审美化在一定程度上是大众传媒向生活空间和私人领域渗透的结果。仅就移动电话和智能手机的使用情况来看，据有关资料统计，到2020年前后，全国居民每百户的移动电话拥有量已经达到253.8部，移动电话的普及率达到114.4部/百人；我国成年网民人均手机接触时间为每天100分钟左右，而很多网友则表示，他们的接触时间长达6小时以上。大众媒介对日常生活的影响远比这些数字深刻，它已经完成了对大众文化心理的渗透和改造。早在100多年前，黑格尔就曾把欧洲人每日早餐后读报的习惯称为“晨祷”，如果哪一天无报可读，或者没有时间去读，那么这一天很可能就像没有晨祷的早餐一样失去意义。英国社会学家阿伯克龙比在谈到电视对日常生活的影响时说："家庭的生活模式是由节目的安排决定的；家庭的生活节奏是围绕电视节目安排的，这些电视节目可以使开饭、就寝和出门的时间规律化。"① 而到了新媒介时代，大众对智能终端设备产生了更加强烈的依赖感，难以割舍、无法分离。这就意味着，当代大众的审美文化活动基本上都是围绕着大众传媒来进行的。大众审美文化活动的传媒化意味着，文艺批评要想产生真正的影响力，就不能不转换平台，从传统的期刊走向大众传媒。

但是直至今日，仍有不少批评家对大众传媒敬而远之，拒绝批评与传媒的合作。在这一部分人看来，批评一旦与传媒结合，就会被传媒的名利场俘获，从而导致批评的异化。当前的传媒批评确有这种表现，比如说，一部电影还没有上映，各种传媒就开始大规模地造势宣传，其中不乏理论家的吹捧文章。在金钱的收买下，批评不约而同地成为一致的"好评"，这种一致本身就是对多元意见的压制，是一种非生态行为。但是这种不良现象的存在并不意味着批评不能与传媒结合。实际上，这种结合不仅是可能的，而且也是必需的。说它必需，是因为当代大众主要依靠传媒来了解社会、接受文化、获得文化享受，只有与传媒相结合，批评才能获得广大的受众，产生社会影响，实现自身的价值。说它可能，是因为传媒与批评在其根底处，都力求服务于人类主体的社会实践和日常生活。因此，问题的关键不在于可不可以开展传媒批评，而在于开展什么样的传媒批评。

首先传媒要更新其批评理念，倡导多元、鼓励对话，使得多样意见可以并存出场、自由博弈。这样一方面可以使问题得到多角度的观照，另一方面也可以消解"一致意见"下的文化霸权，这大概就是哈贝马斯力求重新构建起来的以自由讨论为核心的文化公共领域。其次，由于大众的文化活动主要是在宽松自由的私人领域中进

---

① ［英］尼古拉斯·阿伯克龙比：《电视与社会》，张永喜等译，南京大学出版社2000年版，第202页。

行的，所以传媒批评在话语方式和价值态度上要平和通俗、平易近人，将抽象的道理化为生动的文字，避免那种空洞的、教条主义的教训。只有如此，批评才能适应私人领域中追求宽松自由的文化心理，也才能起到更为广泛的影响。再次，要建立起健康的批评人格。批评家立身的根本不仅在于深厚的学养，也有赖于独立健全的人格。这种独立既是人身的，也是理性运用上的。康德曾将理性的运用分为私人的和公共的两种。在私人的运用中，理性屈服于既定的社会情势，是一种利己的指向，而公共的运用则是指超脱狭隘的私人视界，站在更为广阔的人类立场思考问题，而后者是需要巨大的勇气的，因为它将因此而失去世俗世界中的许多奖赏。但康德认为，只有在对理性的公共运用中，一个人才是一个启蒙了的人。因此，作为力图对他人进行启蒙的批评家，他自己首先要拥有对理性进行公共运用的勇气。只有建立起这种批评人格，马克思主义文艺批评才能获得健康的发展和蓬勃的生命力。

消费时代马克思主义文论的建设远远不只有上面提到的几个内容。随着社会结构的转化、生活方式的更新、文化心理的流变，以及中国文化现实的多元化、世界化，马克思主义文论的建设将会面临更多的问题，诸如意识形态、生态保护、阶层区分、性别政治等，作为一向富有历史责任感的马克思主义文论一定会进一步加强自己的建设，从而达到“改造世界”的目的。

第十二章　新媒介时代的典型理论及其批评价值

典型理论在我国文艺批评界曾长期占据核心位置，但到了 21 世纪前后，它却遭遇到前所未有的困境。尤其是随着新媒介介入文化生产之后，海量的文艺作品以繁多的类型出现在文艺园地，诸如玄幻小说、穿越文学、奇幻文学、耽美小说、同人小说、仙侠小说和二次元艺术等，都以超拔的想象不断冲击着人们对传统文艺的认识。曾经惯用的现实主义、浪漫主义、现代主义等概念似乎已经无法对这些崭新的文艺类型做出有效阐释。在这样一种文化情境下，有不少学者立足于新时期文艺流变以及后现代主义哲学对本质、主体的消解，认为典型应当走下神坛，甚至应被彻底放弃。降大任在《“典型论”质疑》一文中认为，典型是西方形而上学的产物，其核心诉求为客观精神、普遍规律和事物本质，这对要求个别性的艺术来说毫无用处。[①] 高波则进一步提出，典型依赖于对主体理性力量的迷信与狂热，而在现代主义以及后现代主义全面兴起的语境下，典型所赖以求生的理性主体已经坍塌，“‘典型’这一文学迷信，正随着本世纪的晚钟而坍塌!”[②] 南帆也立足于后现代历史观和主体观，认为历史图像已经支离破碎，总体性也面临解体，历史本身成为一种修

---

① 参见降大任《“典型论”质疑》，《晋阳学刊》1999 年第 3 期。

② 高波：《“典型”——坍塌中的文学迷信》，《云南师范大学学报》（哲学社会科学版）1995 年第 5 期。

辞，支撑典型的所有环节都在脱落、肢解，或者遭受怀疑，“典型的没落也就理所当然了”①。但是，一种理论是否应当退出历史舞台，既不能从对政治的主观好恶出发，也不应依附于哲学思潮的兴替，而是应该着眼于社会生活和文艺实践的现实需要。就此而言，在各种批评怪象层出不穷、泥沙俱下的情势下，马克思主义典型理论所追求的个性与共性的统一、历史与美学的结合，以及对认识与价值的双重肯定，在新时代语境中更加具有不可替代的文艺批评价值，对把握文艺实践、引导文艺创作、促进文化繁荣，有着切实而又重要的意义。

一 “总体性”对典型理论的吁求

在典型理论的消解者看来，典型存在的价值在于能够对社会的内在本质和总体性结构进行揭示，因此，当社会进入一种无本质、无中心的非总体状况之后，那么致力于寻求总体性和本质的典型也就失去了探寻对象，没有存在的必要了。从逻辑上讲，这种釜底抽薪的做法没有什么问题，但是如果它所立足的大前提本身就属于误判，无论逻辑多么严谨，它的结论都将失去可靠性。换句话说，当代社会是否果如其言进入后现代的无中心、无深度状态，是大可以再讨论的。

“总体性”概念由西方马克思主义学者卢卡奇提出，用来指社会与历史在总体上是一个整体，内部的各个部分相互作用、彼此勾连，形成一个辩证的统一体。在卢卡奇看来，这样一个总体性社会正是诞生现实主义文艺和典型理论的肥沃土壤。前者为后者提供了可供挖掘、探索的内在本质、结构和规律，也即总体性，并因此成就了典型所不可或缺的共性。这里凸显出来的问题是，我国当代社会是否依然是总体性社会，西方社会是否已经脱离了与总体性的关系。

① 南帆:《典型的谱系》,《福建论坛》(人文社会科学版) 2005 年第 11 期。

如果摆脱对后现代主义理论的依赖，从现实的政治、经济结构而非理论演绎出发，那就不难辨认出，当前的中西方社会依然具有总体性特征。

自十一届三中全会以来，在改革开放的推动下，中国社会结构逐渐从领域合一状态，走向领域分化。尤其在加入世贸关税总协定之后，中国社会在经济、科技、传媒和文化等方面日益嵌入全球体系之中，世界范围内的互动在广度和深度上不断加强。这种横向的互动相对削弱了来自纵向的整合，表现出一定程度的去中心化倾向。这在北京、上海、广州和深圳等特大城市以及新一线城市（如南京、成都和杭州等地）中表现得尤为明显。以消费、娱乐、时尚、家居、商超和餐饮为代表的社会生活领域，更呈现出一种富足的全球化和后现代场景。然而，从本质上讲，中国日常生活空间或者说私人领域的出现、发展，是国家权力自上而下的让渡结果，这就决定了这些领域带有从属性，在形态和规模等方面会受到国家权力的直接影响。换言之，公共权力以及公私并存的经济制度在中国社会各领域起着决定性作用，是中国社会生活和文化形态背后的深层结构，是中国社会生活总体性的组成部分。中国社会生活的总体性，还表现为深层的文化心理图式。在世界各大文化体系中，中华文化表现出强大的绵延能力，五千余年未曾中断，这既是中华传统文化优越的表现，也是一种超稳定的深层文化心理的培育。尽管在历史上，华夏文明也经历了外来文化的移入，但又总是能应对自如、为我所用，保持了内在文化心理图式的稳定和延续。在这一超稳定的心理图式中，既有让后人引以为傲的华夏文明特质（如和谐观念、系统思维、道不远人、现世情怀、天下意识和生态精神等），也有深受封建文化浸染的落后意识（如官本位思想、特权意识、裙带意识和从众心理等）。但无论是前者还是后者，都是具有基础和决定作用的深层文化结构，制约并影响着现实生活中的诸种社会实践。这些深层结构在本质上就是中国社会总体性的组成部分。忽视这些带有总体性的深层结构，往往会对我国的现代化进程造成诸多障碍。这些隐而不彰的总体性结构，需要得到正视和揭示，而文学艺术正是直观社会总体性的生动形式。在当下，凡是那些引起社会高度反响的文艺作品，往往都是因为触及社会生活的某一症结，而这一症结不仅关联着深层的文化惯性，也往往主导着现实人物的社会命运。对于这样的作品，只有诉之于典型理论，才能形成深入阐释和有力揭示。

西方以英美为代表的资本主义发达国家，自 20 世纪六七十年代之后，往往被认为进入一个新的发展阶段。贝尔将之称为“后工业社会”，詹明信称之为“晚期资本主义”，鲍德里亚（也即波德里亚）称之为“消费社会”，而弗格森则称其为“宝瓶时代”，等等。称呼虽然不同，但普遍认为，资本主义在社会形态、文化模式、知识生产、信息传播和社会组织等方面有了质的飞跃，也就是进入一种后现代状况，以去政治、跨国族、跨文化、无中心和碎片化为主要文化特质。据此，很多学者认为，现阶段的美欧等发达资本主义已经失去总体性和深度模式，一切已经趋于平面和零散，因此可以理直气壮地宣布典型的死亡了。然而，这实际上是一种严重的误认。在后工业阶段，资本主义社会的总体性不仅没有被削弱，反倒增强了。对于资本主义社会来说，它的政治结构、知识形态和文化模式在本质上都围绕着资本主义生产关系和资本增值来展开。这就意味着，无论资本主义社会的政治如何分权或者收缩，无论它的文化如何零散化、多元化，也无论其知识生产是否如利奥塔所言的从宏大叙事走向了碎片独语，只要资本主义社会的生产关系、基本矛盾和资本逻辑没有发生变化，那么资本主义社会即便进入后工业或消费文化时代，它依然是一个总体性社会。

自 20 世纪 80 年代末，西方社会进入由新自由主义主导的全球化阶段，政治、经济、文化和技术等各社会要素的全球化交往不断深化。很多学者将这种平面展开的全球互动，视为资本主义社会“去中心化”的表征，并将后现代主义作为它的文化代言人，标举多元，推崇越界，倡导交互，去中心化，反逻各斯。从表面上看，经济、文化、技术和资本等要素的全球化流动，带有反霸权、反西方中心主义的倾向，但实际情况却完全相反。它在本质上是欧美等发达资本主义以贸易自由和产业协作为幌子，将资本主义生产关系推向全球的过程。在这一过程中，第三世界国家要么被同化为西方资本主义模式，要么沦为资本主义全球生产体系中的低端产业链，用带血的GDP供养欧美等发达国家高福利、高收入的生活。戴维·哈维曾将这一过程解读为资本主义的空间化过程，也就是资本主义生产关系不断向外拓展、基本矛盾不断延宕的过程。作为这一过程的结果，世界范围内的贫富差距被进一步拉大，国际上的不公现象触目惊心。进入21世纪以来，信息、互联网和数字技术，不仅没有改变这一世界格局，反倒进一步强化了西方发达国家对世界的宰制能力。在新自由主义阶段，欧美等发达国家的资本主义生产方式并没有改变，其社会基本矛盾也没有得到缓解。尤其是在第三世界国家逐渐觉醒并开始反抗之后，资本主义社会矛盾也从外展转向内卷。近些年来，欧美发达国家频发的抗议、游行和骚乱，就是社会矛盾激化的鲜明表现。上述情况充分说明，新自由主义阶段的欧美等发达资本主义国家依然处于总体性阶段。

最近几年，欧美等发达国家似乎又出现了一种“反全球化”的新动向。在政治上，保守党派迅速崛起，占据要津；在经济上，大搞产业回流，加强贸易保护；在技术上，实行技术封锁，打压发展中国家的技术升级；在种族政策上，大搞白人至上主义，制造种族对立，限制国际移民。表面看来，发达资本主义似乎失去了对全球化的兴趣，削减在全球范围内进行剥削的意愿，但实际情况并非如此。西方发达国家所进行的一系列调整，实际上力图借助自身在技术、经济和军事上的优势，对产业和贸易进行重新布局，打压第三世界的升级和崛起，强化在全球范围内巧取豪夺的能力。当前的这股“反全球化”，本质上只是暂时的“逆全球化”，其最终目的依然是加强资本主义的剥削能力。这不仅不是资本主义的去中心化和去总体性，反倒是总体性和总体化在世界范围内的强化和加剧。这种总体性的内核，依然是资本主义生产方式和生产力之间的矛盾。这一矛盾不仅在西方发达国家内部表现为资产阶级和无产阶级之间的矛盾，而且在国际范围内表现为西方发达国家和第三世界国家之间的矛盾。这些矛盾在本质上，都是阶级矛盾，只不过在具体形式上体现为民族的、国家的、种族的、性别的等矛盾形态。由此可见，无论在哪一阶段，西方资本主义不仅没有失去它的总体性，反倒进一步强化了它。

西方发达资本主义国家在总体性上的这种顽固性，进一步暴露了文化上的后现代主义不仅为欧美资本主义总体性的扩张打了掩护，而且通过削弱第三世界和本土底层大众的反抗意识，助长了资本主义总体性的气焰。表面看，后现代主义文化强调去中心化、反逻各斯，追求多元、歧见和个体自由，具有进步意义，但是由于它对集体、中心、价值、责任和真理做了彻底解构，又走上了另外一个极端，造成相当消极的社会后果。一方面，对个体主义的极端强调，使得公众失去了团结的可能，被分别圈定在相互隔绝的私人消费领域。公众不仅失去了反思、批判的能力，更丧失了共同行动、有机团结的能力。资本主义社会间歇发作的全局骚乱，在本质上并非真正的公共行动，只是一种情绪的宣泄。另一方面，对个体自由而非责任的极端强调，不仅使大众丧失了社会责任意识，而且造成个体之间以邻为壑的紧张关系。在有限的资源面前，西方发达国家的个体和机构也暴露出弱肉强食的本来面目，富人优先、穷人垫底，彻底暴露出资本主义社会的本质。从马克思批判资本主义每个毛孔里都滴着血和肮脏的东西，到21世纪的今天，资本主义并没有多少改观，它一直就代表着资本的利益，扩张着资本的逻辑。就此而言，那些认为资本主义社会在当下已经进入无中心、去总体化状态的观点是无法成立的。

退一步说，即便当代社会确如后现代主义所主张的那样进入了平面化、零散化状态，那么在社会的去总体化特性和现实主义失去深度目标之间也不是简单的比附关系，更不能在两者之间画等号。作为反映甚至构造社会现实的文艺，当代社会的所谓无中心和去总体化状态本身就可以是现实主义所要把握的总体性和深层本质。对于那种真诚地面向社会现实的文艺而言，通过塑造典型来把握社会本质不仅可能，而且在道义上也很崇高。只不过，在所谓后现代情境下，作品的典型形象从理性的、自足的人，变成了零散的、荒诞的人而已，后者的典型性无法被否定。综合上述几种情况可以发现，无论社会发展到什么样的状态，只要人们有面对现实的勇气，能够避开理论陷阱，那么现实主义文艺将会长存，而典型理论也将葆有它的认识和审美价值。

二　弥合审美批评与文化批评的裂隙

我国当前批评界的一个重要分歧是文艺批评中的审美主义与文化主义之争。前者主张文艺批评应立足于审美体验，从作品的语言、修辞、风格、体裁和结构等入手，进行文本细读，扣准“文学性”；后者则立足于作品的思想内涵，从性别、种族、阶层、代际等角度切入，致力于揭示潜藏于作品中的种种文化霸权，并展开批判。通常，在审美批评看来，后者是一种没有“文艺”的文艺批评；而在文化批评看来，前者则是一种没有“思想”的文艺批评，未能将文艺置于社会整体系统中探查文艺的本性及其作用。实际上，这一论争在西方学术界也一直广泛存在，争鸣激烈。从表面来看，论争双方的确针锋相对，立场各不相同，但在思维方式上，却都存在极端化倾向，固守二元对立思维，认为审美批评与文化批评相互对立、无法兼容。事实是否果真如此？答案也许是否定的。从典型理论所主张的“审美”与“历史”相统一的观点来看，审美批评与文化批评可以在典型理论中实现和解。

马克思主义典型理论的历史维度通常被解释为社会历史发展的必然规律，属于客观范畴，但是就历史发展的终极方向而言，这个历史维度还包含着崇高的道德含义。马克思畅想的共产主义是一个人人平等、相互友爱、自由独立的社会，在没有剥削、压迫的这个社会，每个人的个性都能得到充分发展。从这个意义上讲，从历史维度切入文艺作品就不仅仅是对作品的历史观以及社会运动方向进行客观评判，也是对作品所包含的道德内涵进行价值审视。很显然，共产主义道德观中所包含的内容正是文化批评所致力达成的各项崇高价值。无论是女权批评对父权制的批判、对女性权利的主张，也无论是后殖民批评对宗主国文化的批判、对殖民地人民权利的伸张，抑或亚文化批评对社会边缘群体的代言，在本质上都是在谋求人与人的平等、社会关系的和谐。它们之间的区别，仅在于视角的不同，而在道德内涵上却别无二致。换言之，马克思主义典型理论的历史尺度内在地包含着道德维度和价值诉求，也因此可以将文化批评包含在自身之内。

马克思主义典型理论深刻的地方在于，它所要求的典型形象不仅要能在认识论意义上，揭示现实生活的深层本质，反映历史的发展趋势，还要能从美学角度对典型形象做出审美要求。在马克思、恩格斯等看来，典型不仅是对社会生活的理性认识，也是一种美学上的感性享受；不仅要以普遍性、深刻性给人以启迪，也要以鲜明性、独特性给人以感动。这也就是大多数学者经常谈论的，马克思主义文艺批评所坚持的“历史的”和“美学的”相并重的观点。但是，马克思、恩格斯在强调两者并重的基础上，还进一步指出，这两种观点之间还有一种相互丰富、补充、提升的辩证关系。这一点往往被很多学者忽略，却有很高的阐释价值，通过补足这种关系，马克思主义典型理论将有助于弥合审美批评与文化批评之间的裂隙。对此，可以从两个方面加以说明。

其一，马克思主义典型理论认为，对人物形象进行个性化的审美描写虽然要避免成为某种思想的僵硬符号和简单图式，但也不能脱离对生活本质的揭示而进行抽象描写，否则，这种审美上的个性就是一种“恶劣的个性化”。马克思、恩格斯认为，只有将个性描写与对生活本质的揭示结合起来，才能为个性化的审美描写找到扎实的根基。马克思、恩格斯典型理论正是在对“观念演绎”和“恶劣的个性化”的双重扬弃中才达到相当深刻的程度。其中，对恶劣个性化的超越实际上就意在指明，任何在美学上成功的形象都不能脱离在认识论上对社会生活的深刻揭示，不能不指向人类的崇高道德。其二，马克思主义典型理论还深刻地包含着典型环境概念，这一概念对弥合审美批评与文化批评之间的裂隙同样有效。典型环境这一概念意味着对“现实关系的真正描写”。在马克思看来，“人创造环境，同样，环境也创造人”[①]。在马克思、恩格斯那里，典型环境浓缩着对时代主潮和历史发展趋势的深刻认知，决不能将其等同于不分巨细的环境描写，否则就会陷于自然主义小说中那种恶劣的环境描写中，但是，马克思、恩格斯对典型环境的强调也同样是一种审美要求。典型环境是典型人物存在的基础，它为人物的活动提供物质场所、智力支持、文化传统、经济条件和自然环境等，没有这些，典型人物的塑造也就无从谈起。恩格斯在评价拉萨尔的历史剧本《弗兰茨·冯·济金根》时就曾说，剧中主要人物的思想倾向不应来自琐碎的个人欲望，而应来自他们所处的历史潮流。[②] 也就是说，要想使作品所塑造的人物形象在美学上真实可信、生动感人，就必须在对典型环境的描写中下大力气挖掘生活本质与历史大势。离开对典型环境的描写，人物的动机、观念、情绪和行为就无法获得合理的解释，它在艺术和美学上的真实可感性就会大打折扣。马克思、恩

---

① 《马克思恩格斯选集》第 1 卷，中共中央马克思恩格斯列宁斯大林著作编译局编译，人民出版社 2012 年版，第 172—173 页。

② 参见《马克思恩格斯全集》第 4 卷，中共中央马克思恩格斯列宁斯大林著作编译局编译，人民出版社 1995 年版，第 558 页。

格斯就是从历史观点与美学观点的这种辩证联系中对欧仁·苏的《巴黎的秘密》展开批评，并强调作家的任务就是要揭示人物性格发展的社会根源和环境诱因。只有如此，典型人物才会在美学上饱满生动，否则就会失去可信性和现实性。在这里，作品在美学上的成功离不开对思想内涵的揭示，两者相互支撑、互为表里。

可见，在马克思主义典型理论中，对文艺作品进行的审美批评和历史批评并不是分裂对峙的，两者之间是相辅相成的辩证关系。当前学界在审美批评和文化批评之间所制造的对立，在马克思主义典型理论中可以得到统一和融合。

三　当代文艺实践要求典型理论返场

从我国当前的文艺发展现状来看，与改革开放之前相比，中国当代文艺不仅在艺术类型、生产方式、美学风格等方面进入现代甚至后现代范式，而且在思想意识和价值立场等方面也迥异前贤。尤其是进入21世纪后，随着网络文艺的异军突起，当代文艺获得了更大的自由表现空间。诸如盗墓小说、玄幻文学、穿越小说、耽美小说、嘻哈文化等，无一例外地表现出新奇的特质，远远超出了批评家们的原有知识结构和话语体系。2006年作家韩寒与批评家白烨在互联网爆发争论，这场关于对“80后”作家评价的骂战被学术界称为“韩白之争”。几乎在同一时间，学者陶东风与网络写手萧鼎又围绕玄幻文学展开争鸣，这两场论争虽内容不同，但结果一致，都以学院派批评家关闭博客告终。作为一种文化征候，论争及其结果都表明文艺理论在当前的滞后性。

文艺理论对文艺新现象的应对不力，并不意味着典型理论就应该被放弃。典型理论固然曾在特定历史阶段涉猎一切文艺，那并非典型理论的本意，只是受到了外在力量的裹挟。当前的工作则是让典型理论回归本位，既不过度拔高，让它包打一切文艺作品，也不有意贬低，将它排除在文艺园地之外，而是应该为典型理论找到恰切的批评定位，使其发挥应有的作用。在新媒介时代，尽管文艺作品类型繁多，让人眼花缭乱，但现实主义文艺依然占据核心地位。就影视剧来说，那些口碑好、收视率高、票房飘红的作品，大多都是现实主义题材作品，如电视剧《蜗居》《国家公诉》《人民的名义》《急诊科医生》，电影《我不是药神》《大象席地而坐》《无名之辈》《盲井》《疯狂的石头》，等等，这些作品大多聚焦中国社会生活的某一痛点和难点，并借此透视中国社会的深层矛盾。这些作品所涉及的看病难、看病贵问题，贫穷带来的人性扭曲，高房价给生活造成的压抑，以及触目惊心的腐败等问题，都引起大众的强烈共鸣，牵动亿万民众的神经。对于这类作品，素朴的典型理论要比其他时髦花哨的理论更能对作品做出准确阐释，也有利于借助作品就某一社会问题进行讨论，形成文学公共领域，发挥文艺批评的公共舆论功能。鉴于文艺批评的这种功能，很多学者主张应该重建文艺与政治的联系，赋予艺术家更大的创作自由，从微观政治学入手，探求文艺与政治、审美与人生的内在关联。尽管从文艺思潮来看，现实主义文艺早已经被湮没在后起的现代主义、后现代主义等各种时髦的文艺派别中，但是文艺的发展并不遵循科技轨道上的证伪原则，而是按照累积、叠加原则向前延展。这就意味着，现实主义文艺并不会因为后来的文艺思潮而退出历史舞台，甚至恰恰相反，在经历了现代主义的激进、后现代主义的颓废之后，现实主义文艺对现实社会的真诚叩问反倒更加具有贴近生命与生活的价值。现实主义文艺的长盛不衰，也决定了典型理论必将一直是文艺批评理论武库中的一员。

典型理论对于当代文艺实践的价值还在于激浊扬清，对文艺创作起到引领作用。当前文艺创作领域之所以泥沙俱下，让人很不满意，其中的原因除了商业、技术逻辑对文艺生产的侵蚀之外，还有典型理论在文艺批评中的缺席。在当下的影视剧领域，充斥着大量低劣作品，尤其是那些从其他领域跨界而来、追求边际效应的影视剧作品，直接降低了整个行业的艺术水准。就电影来说，小沈阳主演的《我说的都是真的》《猛虫过江》《大笑江湖》，宋晓峰主演的《兴风作浪》《山炮进城》《东北轴神》，宋小宝主演的《发财日记》，岳云鹏主演的《祖宗十九代》，沈腾主演的《西虹市首富》，董成鹏主演的《煎饼侠》，等等，都属于消费自身名气的浑水摸鱼之作，大多靠网络段子撑场面，无法驾驭影视剧的叙述长度和艺术逻辑。在情节上，基本上都是靠意外横财、飞来横祸、天纵奇才等偶然因素来推动，最终催生一大批情节荒谬、逻辑混乱、人物干瘪的低劣影视作品。然而，这些质量堪忧的作品，却往往是文化批评炙手可热的评论对象。由于文化批评往往只关心文艺作品是否提供了适合理论胃口的话题，是否达成了性别、阶层、代际等方面的道德预期，而不在乎作品是否塑造了典型的人物、拥有完整流畅的情节，所以不仅无法完成对作品的彻底批判，反倒会因为作品堆砌的某一观念适合引申发挥而给予很高的评价。这种批评在社会效果上，往往无法发挥批评应有的社会价值，有时会反过来提升劣质作品的热度。相比较而言，典型理论在面对此类作品时，能发挥更大的批判效力。这是因为，典型理论首先能立足于认识论立场，探讨作品是否塑造了典型形象，是否借助这一形象对社会堵点和大众痛点做了强有力的揭示，是否能在思想和情感上引发了大众的共鸣。如果作品中的人物形象缺乏这种深度和厚度，缺乏与现实生活的血肉联系，那么作品主张的道德诉求再崇高，也将因脱离实际而遭遇败绩。在这一问题上，典型理论所包含的认识论维度，可以帮助大众去蔽澄清，揭露作品的虚言和谎言。典型理论还能从审美立场出发，对典型人物的饱满度、故事情节的合理性、社会环境的典型性等问题进行质询。由于当前文艺作品大多处于胡编乱造的水平，这种从审美立场出发的批评就更加重要了。正如前文曾指出的，典型理论所包含的认识论维度与审美维度实际上相辅相成，具有相互支撑和促进的作用。一部作品越是在认识论上贴近生活和大众，它所塑造的典型形象在审美上就越饱满、越丰富，具有感染力；而一部作品如果不仅在形象上感染人，而且在情感上打动人，那么它立足审美维度所塑造的人物形象也一定能在认识论上引人深思，引导大众去反思人生和社会。同理，一部作品无论在认识论维度还是审美维度的失败，都会有损对方价值的实现。这也就意味着，典型理论介入当下文艺批评有利于从认识和审美等两个维度，同时激发文艺创作的潜能，促进文艺作品质量的提高。

典型理论还有利于批评家从宏观角度对当前社会生活中的低俗趣味、畸形审美做出批判。在文艺生产的商业化模式中，人性中的某些低俗、庸俗趣味往往会被无限放大，这在互联网文艺生产领域表现得最为明显。由于缺少传统媒体的“把关人”，许多低俗趣味被逐渐放大，甚至成为潮流，对大众的心理和精神造成很大影响，这不能不引起批评家的注意。比如，在性别审美上，男性的女性化倾向日渐突出；耽美文学推崇的“颜值即正义”有明显的反道德冲动；闪灵、盗墓、惊悚等小说对暗黑心理的过度诱发；玄幻、穿越类作品对镜像自我、自恋人格的怂恿；整蛊短视频、暴力网游的泛滥等，严重挤压了向善、向上文艺作品的生存空间，对大众的精神空间造成污染。对于这种文化趋势，批评家不仅需要立足于认识论立场揭示其滋生繁衍的社会、心理根源，更需要从价值立场出发，对这些脱离实际、耽于幻想、不着边际、消解道德的作品予以批判。要想实现对这类文化现象的批判，批评家就不能再固守原来的小圈子，而是需要切近影视剧、走进互联网，通过贴身肉搏，去发挥批判的效力、引导舆论的走向、引领文艺的发展。

四　重塑民族形象，助推国际交流

在全球化时代，文艺的跨文化交流日益成为常态，世界文艺也正在加速形成。对于世界文艺，歌德曾指出，只有民族的，才是世界的。习近平总书记在 2014 年的文艺工作座谈会上也指出，在文化交流日益频繁的当代，文艺创作不仅要有当代生活的底蕴，而且要有文化传统的血脉，并号召艺术家创作出具有中国作风、中国气派的优秀文艺作品。上述两种观点实际上都强调了，文艺创作应立足于本民族的社会、历史和传统，而只有体现本民族精神特质的文艺产品才具有参与世界交流的价值。自 21 世纪以来，中国力量正在改变世界关系格局，西方发达资本主义国家为维护传统利益和霸权，开始动用各种力量对新兴国家进行打压，其中就包括利用文化、艺术和舆论对中国等新兴力量进行扭曲、丑化，甚至抹黑。在这种世界文化情势下，中国的文化、艺术亟须在国际舞台发出声音，拨乱反正，重塑国家和民族的形象，以正视听。推动具有中国气派、体现民族精神的文艺作品参与国际文化交流，不仅是作家、艺术家的任务，也是文艺批评理论家的责任。与作家和艺术家相比，文艺批评理论家可以通过阐扬中国气度和中国精神的内涵，为文艺实践提供理论基础，也可以直接通过理论争鸣与西方学界对话，为文艺传播提供理论上的先导。在这项意义重大的事业中，典型理论可以发挥积极而重要的作用。

文艺作品对民族精神和中国形象的建构、传播，往往最终落实在对典型形象的塑造上。在典型形象身上，往往凝聚着艺术家对人生的思考、对社会的认知、对情愫的表达。尽管作品的其他要素（如情节、环境、韵律和节奏等）也必不可少，但由于文艺在本质上是人学，它能否打动人、感染人、激励人，核心就在于作品是否塑造出了饱满、生动、立体、富有典型性的人物形象。人们在论及作品的优劣时，总是习惯将作品塑造的人物形象选出来，作为该作品的标志。国人对西方经典作品的了解，最后总是落实为作品中的典型人物，诸如达尔丢夫之于莫里哀的《伪君子》、卡西莫多之于雨果的《巴黎圣母院》、别里科夫之于契诃夫的《装在套子里的人》、老渔夫圣地亚哥之于海明威的《老人与海》等。我国近几年在国际上产生影响且带有民族特质的作品人物形象，当数电影《战狼》系列中的退伍军人“冷锋”。尤其是《战狼Ⅱ》，在海外赢得近千万元的票房，加上国内票房，它的全球票房总和已经跻身全球票房影片榜的前一百位。这是亚洲电影首次打入该榜。这部电影集中塑造了一位中国退伍特种兵“冷锋”的形象，他爱国、热忱、勇敢、智慧，富有行动力、领导力和感召力，尤其表现出以忠诚勇敢、不畏强敌、敢做敢当为底色的中国军人作风。这一形象极大地颠覆了西方国家对传统中国的刻板印象，与他们对中国人胆小怕事、逆来顺受的固有认知格格不入。尽管这一形象令西方政客不适、不快，但它却是近些年我国文艺界难得一见的典型形象，不仅具有中国气派，而且体现民族精神。“冷锋”的典型意义首先在于反映了这样一种事实——我国在政治、经济、科技和军事等领域日益强大后，民众更加自信、自强，对国族身份有了更为强烈、自觉的认同；其次，这一形象体现着中华传统文化的许多优秀基因，诸如天下情怀、家国意识和集体精神，而这些精神素质在西方个人主义英雄身上往往付之阙如。“冷锋”形象已经在西方世界产生影响，让他们印象深刻。尽管西方政客还往往以抵触的心态将这一形象称为“战狼”，并用这一形象指称中国当下敢于反抗和斗争的外交策略，但这只能说明西方世界还需要时间适应这一形象，并调整既有的心态。不同国家、民族之间文化艺术交流的本质在于加强理解，而非迎合。理解的要义，就是在坚持自我的同时，不断消除对方的误解和误会。因此，“冷锋”这一典型人物形象的重要意义不仅在于为国人提供了崭新的身份认同空间，也为西方世界提供了重新认识中国精神特质的窗口。这一窗口在目前不是多了，而是依然十分稀少，需要有更多的文艺作品自觉地加入这一行列。2021年国庆期间上映的国产电影《长津湖》也是这样一部稀有之作。该电影取材抗美援朝最艰苦的一场战役，中国军队以落后的装备，在极端严酷的环境下，依靠保家卫国的决心、顽强的意志和不怕牺牲的忘我精神，几乎全歼了装备精良的美军第10军。这部电影塑造的“伍千里”等志愿军形象，同样是体现民族精神、中国气派的典型人物。该电影在国内上映两个月后，国内总票房已经超越《战狼Ⅱ》，跃居中国内地电影票房首位。这充分说明，这部电影与中国大众在情感上有强烈共鸣。该电影也在美国等西方国家上映。由于西方国家很难接受战败的结局，在故事特质上与“美国队长”的拯救世界相去甚远，该电影在国外的票房并不尽如人意。但是，这类塑造国家形象、传递文化理解、促进中西方交流的文化艺术作品，不应以票房多寡论成败，更不应以商业利润为目的。它所产生的巨大社会效应往往是票房和利润所无法比拟的。我国制作的《长津湖》这部电影，没有刻意在中美之间区分正义与邪恶，也没有传递意识形态偏见，贯彻始终的主题为保家卫国和英勇战斗。尽管美国的许多媒体依然以偏狭的眼光看待这部作品，但在美国“烂番茄”等影视评论网站，很多西方网民却开始抛却意识形态眼光，不仅在美学维度给予肯定，而且从认识维度反思这段历史。可以说，《长津湖》已经为改变西方对华刻板印象、促进中西方文化交流做出了贡献。典型形象在文化交流中的巨大作用，也提醒文艺批评界需要重新重视典型理论，并结合时代精神和传统文化，促进典型形象的国际传播和跨文化理解。

具体来说，在推动民族典型形象走向世界的过程中，文艺批评至少可以发挥两个作用。第一个作用在于，推动那些通过典型塑造反映当代中国蓬勃发展的文艺作品参与国际文化交流。这项工作具有双重意义。其一，通过对这些典型形象的肯定，引领更多艺术家走上以自立、自信、自强为核心的文艺创作道路，创造更多体现中国气度和中国风格的典型人物形象。在这一方面，文艺批评应该发挥自身的批判功能，激浊扬清、披沙拣金，只有树立起优秀人物形象的标杆，同时对丑化民族、贬低国人、曲意迎合西方观看视野的形象加以深入批判，才能在文艺界形成一种弘扬社会正气、民族精神和中华文明的思想氛围。这种氛围有利于激励艺术家将创造体现民族精神和中国特色的典型形象，内化为自觉的艺术追求。其二，积极推动体现时代精神和民族特质的当代典型形象走向世界。这里之所以特别强调“当代”，是因为当下我国与世界的文化交流在内容上往往以传统的故事、形象和符号为主，而涉及当代题材和人物的作品却少之又少。这甚至影响到了其他国家对中国当代社会的正确认知。一位伊朗的视频博主孟雅琪在她的微博“波斯秘语”中曾就2021年的“伊朗中国电影周”产生不小的疑问。这届电影周在德黑兰上映了7部中国影片，包括张艺谋的《影》《归来》，侯孝贤的《刺客聂隐娘》，吴天明的《百鸟朝凤》，尔冬升的《我是路人甲》，等等。孟雅琪承认这些影片都具有高超的艺术性，但她发现，包括上一届“伊朗中国电影周”在内，在伊朗上映的中国影片基本上都是古装片，或者是一些写实的悲情片，而展示、反映当代中国发展成就的现代影视作品却几乎付之阙如。她认为这直接影响到了伊朗人对中国的认知，尤其对于那些没有去过中国的伊朗人，他们误以为当代中国还像电影中展示的那样落后封闭。在我国一直强调提升文化软实力的语境下，孟雅琪所提出来的这一问题，的确值得文化界深思。对于推送什么样的作品参加世界文化交流，需要充分考量各种因素。不仅要考虑文艺作品的艺术价值、审美价值，更要关注该作品对我国当代社会发展成就的展示价值。对于这一问题，文艺批评界负有不可推卸的责任，需要从理论和实践等多层面论证向其他国家推送当代影视作品的必要性和重要性。那些塑造出鲜明的典型形象，并通过典型形象反映当代中国蓬勃发展的优秀文艺作品，理当被批评家和文化界推送到文化交流的最前沿。

文艺批评所应发挥的第二个作用在于，深刻阐发中国传统文化精髓，认真体悟当代中国社会生活的新变，在传统与现代的结合中，把握当代中国大众的思想、情感和价值观念，为典型形象的创造提供思想资源。一般来说，批评家都具有深厚的理论基础，对中国传统文化钻研深刻，同时，也能从理论高度把握时代精神。这些优势有利于批评家将当代国人的精神气度和思想情怀，凝聚成鲜明概念，浇灌为时代精神。这不仅可以为典型的创造提供思想支持，而且能为文艺批评的开展提供价值准则。中国自传统社会以来就是无神论国家，这使国人在心态上海纳百川，更有包容特性。在当代社会，这种精神特质显然是国人的一大优势。在思维方式上，中国社会一直秉持二元互补，而非二元对立，这使国人在看待问题时更加平和、平等，追求多元、共生，而非敌对、霸权和唯我独尊。这一思维方式甚至铸造了我国当前的世界交往理念，那就是倡导“合作共赢”和“人类命运共同体”。这种理念，既不是从所谓“实力”出发搞霸权，也不是搞自我利益优先，将自我凌驾于他人之上。这些和谐共生的交往理念，在国际社会展现出越来越大的魅力，也逐渐被更多的国家认同。而内蕴于中华文化深处的“道器不二”“道不远人”等精神特质，使国人既不会走向对形而上世界的狂热，也避免了对非理性力量的沉迷，而是将现实生活本身体验为愉悦和幸福之源。这种渗透着实用理性精神之光的生活态度，是一种更为和谐、平和和人性化的生存方式。对日渐焦躁、焦虑的现代生活来说，无疑是一副解毒剂，对其他文化群体具有启示价值。我国社会在治理结构上的家国同构模式，使得中国政府与民众之间一直处于良性互动的关系之中。彼此之间相互信任、配合，很容易促成各项社会事务的顺利进行。在进入 21 世纪之后，中国社会在政治、经济和文化上所表现出来的巨大进步和吸引力，既有现代文明意识的浇灌，也有传统文化心理的滋养。当代文艺批评应当充分挖掘传统与现代、东方与西方等各种元素在我国当下社会生活中交会后所形成的巨大思想财富。只有将这些问题讲清楚、说明白，才能使其成为当代文艺创作向上、向善的思想资源。

当然，典型理论对典型形象的培育和推介，并不是要文艺沦为概念的传声筒。真正的典型形象，都是艺术家深入生活，在与大众同呼吸、共命运中升华出来的。但是，这并不意味着艺术家不需要从理论层面把握时代精神和民族特质。真正的艺术，既需要来自生活的亲身感受，也需要来自理论的滋养，只有结合两者，才能挖掘、提炼并展现出各民族的生活特质，并以此为基础，创造出体现民族特质的典型形象。可以说，在文艺的跨文化传播中，典型形象肩负着复兴民族文学并使其立足于世界之林的重任。只有体现民族特质，具有高度审美价值的典型形象，才在世界文艺场中具有交换价值。作为典型之共性的民族特质，应该是开放和包容的。实际上，只要艺术家关心国家命运、满怀民族情怀、体恤苍生大众，那么当他以“我手写我口”的创作态度，直面人生困境，抒写真实体验，那么其作品就已经具有民族特质了，作品人物形象也有了成为典型的可能。我国当前在文化政策上，正鼓励艺术家进行民族写作，展现民族情怀，弘扬民族精神，而创造具有民族特质的典型形象也就成为文艺工作者的重要责任。在中国文艺走向世界的道路上，需要艺术家与文艺批评家携手合作。

五　培育思想家型的文艺批评家

马克思主义典型理论内在地吁求思想家型的批评家。这一吁求源自马克思主义典型理论的认识论维度。与通常的认识论批评不同，马克思主义典型理论的认识论维度，不是停留于历史现实的表层，也不满足于对个别事件的道德愤慨，而是要深入社会生活的本质层面，去把握历史的深层动力和发展趋势。要想获得这种能力，就不能满足于零零散散的知识、东拼西凑的观念，而是需要跨越学科壁垒，在对多学科进行综合、融通的基础上，提炼出对于社会、人生、人性和艺术的整体认识和系统把握。当代社会生活日益复杂、多变，这就对批评家的思想能力提出了更高要求。

对于当代批评家来说，尽管审美素养和艺术感悟是文艺批评不可或缺的能力，但是要想对文艺作品的典型形象做出深度阐释和把握，就不能停留在对艺术形象的感性直观层面，而是要透过思潮、时尚和趣味的表象，直达社会的政治经济层面，这就需要批评家有足够的思想穿透力。在马克思主义哲学看来，文学艺术作为上层建筑，总是受到经济基础直接或者间接的影响，后者是前者的最终基础。这就意味着，批评家除了拥有艺术直觉，还要对社会的政治、经济结构有深度的把握，也能对社会的未来发展有明晰的预判。这些都远超于简单的道德愤慨和表层的审美感受。就我国来说，在将市场经济引入社会主义体制之后，我国的社会形态表现出了较高的复杂性，思想界也随之出现多元分化。20 世纪 80 年代较为一致的思想界，到了 90 年代之后，就具体分化为许纪霖等所概括的五个方向，即发展主义、哈耶克式的自由主义、新左派、左翼自由主义和新保守主义。[①] 这些思潮在对中国当下社会政治、经济形势的判定，以及对未来发展的谋划等方面有着各不相同的看法。在个体、集群、效率、公平、自由、进步、人权、民主、程序、正义和解放等启蒙理念中，他们各取所需、自成一家。思想界的这种分化，也就意味着当下文艺批评在介入批评之前，都需要对自我的思想立场进行建构和反省。只有对社会、人生形成稳定、系统的思想认识，才能为艺术典型的阐释和评判提供深层、有效的价值准则。尽管自我的思想与他人可能不同，但对于文艺批评来说，却不可或缺，否则对典型的阐释、对文艺的批评就会成为无本之木、无源之水，而批评自身也会因为没有统一的准则和尺度而趋于零散断裂、游移不定。这里所吁求的思想不应被等同于简单的道德教条，而是应该来自对社会、历史和人性之复杂性、缠绕性的深刻洞见。它所要做的工作，不是削足适履，使对象顺应自己的道德愤慨，而是条分缕析，深入历史和社会的后台，还原对象的复杂性，发现诸种社会因素之间的隐秘联系、作用机制以及未来趋势。只有在这种思想模态下，文艺

① 参见许纪霖等《启蒙的自我瓦解：1990 年代以来中国思想文化界重大论争研究》，吉林出版集团有限责任公司 2007 年版，第 38 页。

作品及其典型形象才能得到深刻而全面的透视，在横向的分布和纵向的承继中把握其特色、价值和意义。

就我国的情况来看，在加入世界贸易组织之后，随着外资、外企大规模进入我国，我国政治、经济等因素之间原有的关系进一步复杂化。如何把握我国的政治、经济状态对于理解当代社会心理、文化状况具有重要意义。从本质上说，我国文艺领域在当前所呈现出来的具体样态和发展方向，都受到政治、经济形势的内在影响。只有对我国政治、经济的深层结构有清晰的把握，才能对当前文艺现象或者某一单一文艺作品做出深度分析、有效阐释。对此，可以结合打工诗人郑小琼的作品做出说明。郑小琼是一位工厂流水线上的女工，也是一位抒写女工生命的诗人，在 2007 年获得人民文学奖之后，她被称为“打工诗人”。她以亲身感受和第一现场目击者的身份，记录了南方工厂中一位又一位女工的生存状况和人生命运。与一般的此类写作不同，她没有以粉饰的姿态将女工的命运写进 GDP 不断跃升的辉煌史，而是着眼于个体的命运和遭际，以近乎写实、残忍的笔触，揭示了女工们的病痛和困境，诸如过度加班、低廉的薪水、亲人的长久分离、职业病、工伤、精神创伤、堕胎等。要想对作品中女工们的生存状态和心路历程有深刻把握，既需要将其置于中国改革开放和经济转型这一宏观背景下，理解女性打工群体的形成和变迁，也需要在城乡二元结构中，把握这一群体在社会身份和心态上的游移、矛盾和迷惘；既需要在现代性和技术理性的宏观角度，探讨工具理性对女性所造成的特殊异化，也要考察资本逐利对打工女性所造成的身心损害；既要揭示国内产业结构调整给打工女性带来的机遇和限制，也要揭示国际产业分工体系中的不平等给中国打工女性带来的间接甚至直接的剥削。只有将我国打工女性群体放在这样一种多维度的社会视野中，才能对这一群体的生存状态、人生际遇以及情感特质等有更为深刻、准确的把握。在全球化日益加深的当代社会，大众的一颦一笑、一举一动几乎都有了全局甚至全球的意义。这显然要求批评家具有多方面的理论素养，对当前世界的政治、经济、社会和文化等各领域都有深入的钻研和见解。马克思、恩格斯之所以能高屋建瓴地对当时的一系列文艺作品做出思想和美学上的深刻判断，与他们在政治、经济和哲学等领域具有深厚的理论创见有直接关系。他们对“美的规律”、悲剧、喜剧和一系列同代艺术家的评论，往往寥寥数语，却总能切中要害，具有力透纸背的功力，处处表现出思想大家的风范。这种风范对当代批评家深化其思想具有重要的启示意义。

当代文化发展的环境毕竟与马克思、恩格斯那个时代相比，有了天翻地覆的变化，当代学者对政治、经济学内容的把握也需要时刻更新、保持开放。在政治、经济学维度之外，对当今社会环境影响至深至远的另外一个因素是科技。科技在马克思主义政治经济学中，一直被视为生产力的一部分，对生产关系具有促进和改变的作用。在科技迅猛发展的当下，科技对社会生活的影响日益增强。这种影响在文学艺术领域日益凸显。这不仅是指文艺产品的生产、传播和接受越来越需要借助于技术手段才能实现，更是指技术及其社会文化影响越来越成为文艺作品的主题。科技对文艺活动的强力渗透，意味着批评家对文艺作品及其典型的阐释也无法离开科技维度。科技意识和科技素养也就此成为批评家不可或缺的基本素质，成为构成其思想系统的一部分。如果说，当前被文艺界热烈讨论的后人类美学、人工智能写作、数字艺术、赛博人、新媒介艺术和神经认知美学等，离开对技术的理解就无法得到深入的研究，那么以《流浪地球》《黑客帝国》《未来战士》《头号玩家》《变形金刚》《后天》等为代表的科幻作品离开对技术的理解，就难以得到有效阐释。由于科技自身在现代社会日益成为一种意识形态，参与到社会实践活动的方方面面，对科技认识的深度，也就成了批评家思想深度的一个重要指标。

对于中国当代批评来说，深化思想、会通知识是提升批评有效性和针对性的不二法宝。诸如“印象批评”“不及物批评”“摇摆批评”“逆反批评”等，之所以被当下学界诟病，一方面是因为文艺批评缺少坚守理想的人格定力和学术良知，另一方面则是因为批评家对社会生活、历史发展和复杂人性在思想上没有形成稳定而系统的认知。要想解决这两方面的问题，则需要更多“思想家型”的批评家加入当前的文艺批评队伍中来。

第十三章　新媒介在文化生态建设中的作用

促进一种多元发展、良性互动的文化生态的建立，已经成为当前文化工作者不可推卸的社会责任，但是如何促进、怎样发展，才是问题的核心所在。随着文化的传媒化，而传媒又不断演进，从传统的报纸、电视、广播，发展到今天的互联网和其他各类数字媒介，人们的目光开始聚焦于以数字技术为构架的新媒介，而一系列有待回答的问题也随之产生：新媒介与文化生态之间有无关系，又是一种什么样的关系？新媒介有无推进文化生态建设的可能性，出路又在哪里，需要哪些具体的措施？只有对这些问题有所回答，才能明确新媒介在文化生态建设中的位置，并加以积极利用。

一　作为文化事实的“文化传媒化”

虽然说，当前生活已经进入“传媒时代”的断言还有些夸大其词，但至少可以指认出，人们的文化生活已经无法与传媒相分离了。自 20 世纪 80 年代以来，在经济进步的促进下，以电子、数字技术为核心的新媒介迅速发展，不仅覆盖了全国，也与全球传媒网络联系起来。如果再看看收音机、电视机、移动电话和家用电脑的拥有量和普及率，有多少人几个小时一动不动地盯着电视屏幕、电脑屏幕，还有仅春节七天假期之内十几亿条的短信发送量，那么我们就不难想象，大众传媒已经多么深刻地介入我们的文化生活之中了。时至今日，人们的视听娱乐和文化享受基本上都仰仗于大众传媒的馈赠。

细加甄别，文化的传媒化包含深浅有别的两个层次。其一，就浅层来说，指各种类型的文化产品和信息，都借由大众传媒的不间断发行和传播，得以在更大的区域范围内流通面世。这是一种工具论认识，认为传媒只是文化流通的载体和渠道，对于文化产品的内容和性质并无影响，只不过将其运送得更远、发布得更快而已。有不少学者就是从这个层次对文化的传媒化加以理解，比如陈力丹就认为，与其他渠道相比，报纸、出版、广播、电视和网络等传媒的最大优势就是能更好地促进文化的交流、传承和融合，“传媒是文化的变动着、延续着的载体”①。其二，就深层来说，文化的传媒化是指传媒对文化的重塑，也就是说，传媒不仅是载体，更是一种催化剂，改变着文化的形态和性质。麦克卢汉是这一认识的代表人，他认为，文化的变迁在根本上是由媒介形态决定的，而且人的感知方式本身也由技术媒介加以塑造成型。他举例说，电灯出现的真实意义不在于它所带来的光明，而更在于它对传统时空关系的改变，以及对公共生活和私人生活方式的重构。后来的法国学者鲍德里亚说得更为明确：“电视带来的‘信息’，并非它所传送的画面，而是它所造成的新的关系和感知模式、家庭和集团传统结构的改变。”② 上述学者都致力于确认传媒与文化之间存在紧密联系。

还有学者从文化的当下状态入手，认为文化的传媒化已经成为我国当前的社会现实。周宪曾指出，技术给当代中国审美文化带来的巨大变化之一就是文化的媒介化，或者说，中国当代审美文化是正在转向媒介化的文化。③ 另有学者认为，中国当前最富活力的大众文化就是传媒介入的结果，甚至认为大众文化就是一种媒介文化，

---

① 陈力丹：《论大众传媒与先进文化》，《学习时报》2004 年 11 月 29 日。

② ［法］波德里亚：《消费社会》，刘成富等译，南京大学出版社 2000 年版，第 132 页。

③ 参见周宪《审美文化中的工具理性和表现理性》，《国外社会科学》1997 年第 4 期。

并使得中国当前的文化版图走向复杂化。不管从哪个层次看待文化与媒介的关系，大众传媒都已经成为文化生态建设中不可回避的理论话题。

二　理论界对传媒的多重质疑

大众传媒在文化生态建设中到底发挥着积极还是消极的作用，这是文化研究者需要首先回答的问题。但对于这一问题，学者们却普遍给出了否定答案，认为大众传媒是文化生态的天然破坏者，也是造成我国当前文化混乱的罪魁祸首，并因此对大众传媒展开了不遗余力的批判。就目前的研究来看，这种批判主要集中在以下几个方面。

第一，传媒的技术逻辑对文化的削平。从根本上说，大众传媒是一套技术支撑系统，尤其是对光电的依赖，更加表明了它的技术内涵。但在当前的许多学者看来，尽管传媒的技术性使它具有了巨大的文化传输能力，提高了文化的生产能力，也为文化的普及化带来了福音，但技术毕竟是技术，它所遵循的是工具理性原则，与文化要求的主体原则相背离。因此，当文化过多地依赖技术进行传播时，它就不得不放弃自身对个体、主体、差异和自由的追寻，而俯身于科技理性的标准化、复制性和通约性，这显然是对文化之根的戕害。这些学者认为，尽管当前的传媒文化看起来五光十色、众彩纷呈、颇显个性，但终究掩饰不住内在的空洞和浮华，只是一种“伪个性”的奢华登场。[①] 而倚靠这种伪个性建立起来的文化多样性，也必然是虚妄的，无益于文化生态的建设。

第二，传媒的受控性与文化的单一化。早在 20 世纪三四十年代，霍克海默、阿多诺和马尔库塞等就曾对传媒的受控性及其对文化生态可能造成的破坏提出批判。在他们看来，大众传媒并不是一

① 参见葛炜《论当前审美文化发展的二重性》，《浙江学刊》1999 年第 3 期。

个自由多元的话语空间，而是各种权力和资本的角逐场所，并受强势权力和资本的控制，发挥着意识形态功能，其最终目的是通过文化产品的制造和传播在社会上造就满足于虚假快乐、失去批判能力和反思能力的“单面人”。这就意味着，大众传媒所生产和传播的文化必然是一种单一的文化，带有文化霸权的性质，这显然与文化生态所要求的文化多样性背道而驰。近些年来，学者们进一步发现，随着传媒技术的进一步提高，以及全球化传媒网络的形成，这种力图制造单一文化形态的“文化霸权”已经产生了世界化要求，其鲜明的表征就是以好莱坞影视为代表的美国文化对其他国度的“文化殖民”。在这种文化殖民面前，大部分国家的本土文化发出了告急之声。当前涌动的保卫本土文化的呼声，从反面证明了这种“文化霸权”的强大破坏力。在学者们的批判视野中，文化霸权所遵循的逻辑不仅体现在阶层、国度之间，而且还体现在其他具有二元对立色彩的群体（如性别、民族、种族和城乡）之间。因此，对于文化霸权的批判渐趋成为传媒批评的重中之重。

第三，传媒的远距性与文化的无根化。当代传媒的另一特性就是它的远距离传播特性，这一特性扩大了文化的传播范围。但在许多学者看来，恰恰是这一特性造成了文化的无根性，破坏了文化与其生长环境的有机联系，不利于文化生态的保持。这种批评并非毫无道理。文化的要义就在于它的鲜活性，在于它为人们的生活提供种种意义和形式，正如利奥塔所言：“文化存在于一个民族与世界和与它自身的所有关系之中，存在于它的所有知性和它的所有工作之中，文化就是作为有意义的东西被接受的存在。”[①] 因此，当一种文化被大众传媒从其母体上剥落，散播到异地之后，它原有的价值就失落了。在大众传媒的终端机上，原本富有意义的鲜活形式转变成与生活相脱离的视觉、听觉符号，其所有的内涵都趋向于平面

① ［法］利奥塔：《后现代性与公正游戏》，谈瀛洲译，上海人民出版社 1997 年版，第 104 页。

化，成为仅具“展览价值”（本雅明语）的空洞形式。蒋原伦就此进一步指出，对于接受者来说，这些远道而来、汹涌而至的文化符号只是一种压迫，因为它将人们的生活置于“一个符号泛滥、意义相对匮乏的社会中”[①]，其最终结果也必将是文化和符号自身的贬值。

第四，对大众文化的批判。对传媒的批判最后必然集中到对大众文化的批判中，这是因为在有些学者看来，大众传媒不仅传播文化，而且要产生与自己的技术逻辑相适应的文化，这就是媒介文化，而媒介文化就是大众文化。在这种否定性的批判视野中，大众文化成为低劣、庸俗的代名词，它通过迎合欲望，联姻技术，复制繁衍，大行其道，对文化生态造成严重的破坏。潘知常等就认为大众文化对传统文化和审美形成了很大的冲击，不仅侵夺了后者的地盘，还从内部对其加以改造、改编，使之名存实亡，从而确立起文化霸权的地位。[②] 而在滕守尧看来，这种四处出击的大众文化必然是廉价和花哨的，它所引发的感情回应也是浅薄和有缺陷的，并断言大众文化只是“一种被那些意在满足人们的不现实的梦想的聪明人制造的伪文化”[③]。张汝伦认为大众文化是粗鄙的、平庸的、贫乏的，并导致了艺术精神的死亡。[④] 从所借助的理论资源上看，这些批评基本上都是对法兰克福学派文化工业理论的借用。

在这种批判视野中，大众传媒似乎天生就是文化生态的破坏者，文化生态的建设只能绕开传媒，另辟蹊径。但这种近乎悲观的论调也让人心存疑窦，是否文化与技术果真水火不容，而人类文化就此走向它的没落？这种对技术和传媒的极端否定，是否也是一种历史虚无主义？在我们看来，如果不是故作忧世之音，而是以乐观

---

① 蒋原伦：《符号泛滥：当代审美文化剖析》，《天津社会科学》1995 年第 1 期。

② 参见潘知常、林玮《大众传媒与大众文化》，上海人民出版社 2002 年版，第 176 页。

③ 滕守尧：《大众文化不等于审美文化》，《北京社会科学》1997 年第 2 期。

④ 参见张汝伦《论大众文化》，《复旦学报》（社会科学版）1994 年第 3 期。

的心态展望未来，那么人类历史及其文化在总体上必将是不断进步的，我们也更愿意以积极的心态来思考大众传媒对文化生态建设的价值。

三　大众传媒与文化结盟的可能性

如果从更为宽广的视角和更为历史的态度对大众传媒加以审视，那么就会发现，大众传媒也许并非文化生态的天然死敌。不管是从哲学基础分析入手，还是反观于历史经验，大众传媒都有与文化结盟的可能性，只有正视这一点，才能更为有效地对大众传媒做出积极调整，使其服务于文化生态的建设。

首先，从符号学的视野来看，科技不是一个自变量，它从属于文化整体，并受到文化系统的制约。也就是说，技术并不能独立于人类，它仍然由人类创造并服务于人类生活。人类的目的决定着技术的形态与方式。比如说，在一个对节俭使用汽车不予重视的社会，会出现耗油量巨大的笨重汽车，而在一个具有节俭传统的社会中，汽车会小巧精致、低耗耐磨。人类设置技术的种种目的决定着技术问题的提出与解决，这些目的更多是由文化观念共同决定的。[①] 从这个意义上讲，技术与文化之间并不是水火不容，尽管它们有着各自的内在规则和价值尺度，但在服务于人类生活、创造生活意义这一个深层目标上两者具有一致性。西方重要的传媒理论家雷蒙德·威廉士（Raymond Williams）也提出过相似的看法，他认为技术传媒的发展在总体上与“社会意向”保持一致，什么样的媒介出现在什么时间和哪个国度，都是“社会意向”主导和选择的结果。他分析说，摄影之所以出现，原因在于“在急速流动的时代，家人的聚散、国内与国际移民更见频繁之际，以一种形式来保持人们在时空阻绝下

① 参见［德］彼得·科斯洛夫斯基《后现代文化》，毛怡红译，中央编译出版社1999年版，第2—3页。

的连系，愈来愈有必要，摄影于是出现”，“相片本身也就变成存证人与物的一种形式：瞬间成为永恒，人事闪烁终成静默”。[①] 这实际上表明，主体的期望与选择也是一种能动的实践力量，它使得人类创造的文化、技术等系统得以在根底上具有统一性。因而，由技术支撑的大众传媒可以与文化生态的建设结盟，成为积极的推动力量。

其次，从历史经验来说，大众传媒对文化生态的形成曾经起过良好的推动作用。哈贝马斯曾就西方早期的报刊业谈到过这一历史作用。在哈贝马斯看来，尽管早期的报刊业是从私人通信系统中发展起来的，但是不久之后，就成为学者和文人发布思想、公开意见的平台，哈贝马斯将此认定为“个人新闻写作”阶段。在17世纪前后，这些报刊大都归文人学者所有，并由他们自己承担经济风险，只是到后来才转变成发行制度。尽管发行人为报刊业所建立的是一个商业性基础，但在哈贝马斯看来这并没有使报刊业本身商业化。报刊在当时依然担当着公共讨论的批判职能，它使有关私人个体的事物在更广泛的范围内得到讨论，并由此推进了个体文化的表达，促进了文化的多样化及良好文化生态的形成。正是从这一点出发，哈贝马斯才将大众传媒称为公共舆论领域。反观中国的近现代史，也可以发现，大众传媒也曾对文化生态的良性发展起到过推动作用。20世纪初年，正是《新青年》《新潮》等一大批杂志的创刊，才促成了五四新文化运动，给中国文化的发展注入了良好的生态因素。中西方的历史经验表明，只要具备必要的条件，实现恰当的转变，大众传媒就可以成为构建文化生态的积极力量。

再次，如果结合我国此前不久的社会语境来看待当前的大众传媒，那么它仍然是一种文化生态建设的积极力量。不可否认，大众传媒及大众文化在当前遭到了为数众多的学者们的强烈批判，但随着理论的成熟和心态的平稳，这一批判本身也开始遭到检视。有学

---

① ［英］Raymond Williams：《电视：科技与文化形式》，冯建三译，台北：远流出版事业股份有限公司1992年版，第35页。

者指出，阿多诺等的文化批判理论主要是针对美国社会的大众文化的，大众文化作为胜利了的“祛魅”英雄已经走到了自身的反面。但是中国社会的世俗化刚刚开始，大众文化还远没有完成其“解神圣”化的历史使命，因此对当前的大众文化更应抱以充分的理解和支持。[①] 从这个角度讲，大众传媒与文化工业的出现反倒是对过去单一文化局面的改善，为多元文化的成长提供了动力和空间。在今天由大众传媒建立起来的文化空间，不仅包含着隐私、身体、本能和欲望的内容，它同时创造着哈贝马斯所期望的公共领域。大众有关权利、法律、民主的意识和思想，很多时候都受益于大众传媒的馈赠。时至今日，我国已经形成了意识形态文化、精英文化、都市文化、民间文化和传统文化等五大文化形态多元共生的局面。这种良性文化图景的形成，与大众传媒在当前的发展密不可分。更值得高兴的是，我国大众传媒的世界化程度正日益加深，这必将以横向延展来减缓纵压力，促进多元文化的进一步聚合、融会。

四　营造良好的媒介文化生态

不可否认的是，当前的大众传媒的确存在不少不足。它的许多文化产品在内容和观念上落后于时代，给社会的民主化、法制化进程带来不小的危害。比如说在当前大行其道的古装片和清宫戏中，就渗透了过多的“奴性意识”“厚黑意识”，而其中的“青天意识”也与当今社会对民主、法治的提倡背道而驰。其他粗制滥造、专门迎合低俗欲望的传媒节目也大量存在，互联网所允诺的自由也滋生许多低俗、庸俗的内容。这些都给当前的文化生态造成诸多不良影响。但我们更应该乐观地看到，大众传媒不仅具有推进文化生态良性发展的可能性，而且在目前也正发挥着这种功能，因此只要引导有力、规范合理，大众传媒会释放出更大的积极能量。

---

① 参见陶东风《文化批判的批判》，《天津社会科学》1997 年第 3 期。

更新传媒理念，创造大众趣味。当前对传媒的批判之一，就是大众传媒对低俗趣味的迎合，这也是传媒文化的一种显在事实。这种趋势不仅仅是商业利益驱动的结果，也来源于传媒的一种错误理念，即认为大众趣味必定是庸俗低下、欲望享乐的，大众心理必定是阴暗忧郁、脆弱彷徨甚至偏执谵妄的，且无更新的可能。这种理念显然带有本质主义色彩，忽略了人类文化及人类主体自身的可塑性。在存在主义看来，人是一个特殊的“此在”，没有任何先验的本质规定，这就决定了人的存在并不是一个封闭的结构，而是一个面向未来的、具有可塑性的“我能够”。因此，作为负责任的大众传媒应该正视人类身上的这种潜能，转变传媒理念，变“迎合大众趣味”为“创造大众趣味”。在现代传媒的四大功能中，“传承文化”与“提供娱乐”两项功能都与文化生态的建设有关。然而，问题的关键是传承什么样的文化、提供什么样的娱乐，这里同样存在一个“创造大众趣味”的问题。娱乐是人性的需要，它可以通过宣泄和补偿，使大众的心理重新达到平衡，这本身就是对生命状态的调试，起到促进文化生态的作用。但娱乐也有其道德底线，它不能把别人的隐私、痛苦、尴尬和尊严作为娱乐对象，超过这一底线，娱乐就会成为一种伤害和侵犯。被很多娱乐节目奉为真理的宣言——“没有什么是不可以娱乐的”，本身就带有蔑视价值底线的倾向，很值得警惕。

重视议题设置，引导大众舆论。对于“议题设置”人们并不陌生，它由美国传播学者麦克姆斯等提出。这种理论认为，只要大众传媒在某一时期对某些问题予以特殊的关注和反复的报道，就会影响公共的舆论倾向和文化取向。如果这一理论确实成立，那就意味着大众传媒不仅决定着人们思考的内容，甚至决定着人们思考的方式。我国学者几年前所进行的一次调查显示，上海市民平时话题来源于新闻媒介的占72%，来源于亲友的占13.8%，来源于社会的占3.4%，这一调查结果有助于说明大众传媒的巨大影响力。成功的议题设置能促进大众对社会公共问题的关注，增强大众的社会责任感和维权意识，促进社会文明的整体提高。当然，在“眼球经济”时代，如何避免议题设置流于哗众取宠，还有待于新闻工作者提高自身的社会责任感和文化敏感度。一方面，要尊重客观事实，逼近事件真相，摒除虚假议题；另一方面，在对议题进行选择时，要着眼于民主和法律精神，倡导积极的人生观和价值观，避免让无关乎百姓生计、国家大业的“真实报道”过多地占用人们的精神空间。随着传媒技术的世界化，将有更多的事件蜂拥而至，闯进传媒视野，因此，如何去粗存精、去蔽澄清，设置好有价值的议题，将成为新闻工作者所面临的重要考验。

锻造传媒批评，加强文化自律。在当今，大众传媒越来越成为文化生产和发布的中心，传媒文化的优劣直接关涉到了文化生态的建设以及和谐社会的构造，因此加强传媒文化的自我监督，形成良好的传媒批评，成为传媒文化建设的当务之急。但是直至今日，仍有不少批评家对大众传媒敬而远之，拒绝批评与传媒的合作。在这一部分人看来，批评一旦与传媒结合，就会被传媒的名利场俘获，从而导致批评的异化。当前的传媒批评确有这种表现，比如说，一部电影还没上映，各种传媒就开始大规模地造势宣传，其中不乏理论家的吹捧文章。在金钱的收买下，批评不约而同地成为一致的“好评”，这种一致本身就是对多元意见的压制，是一种非生态行为。但是这种不良现象的存在并不意味着批评不能与传媒结合。实际上，这种结合不仅是可能的，而且是必需的。说它必须，是因为当代大众主要依靠传媒来了解社会、接受文化前沿、获得文化享受，只有与传媒相结合，批评才能接近广大受众，产生社会影响，实现自身的价值。说它可能，是因为传媒与批评在其根底上，都力求服务于人类主体的社会实践和日常生活。因此，问题的关键不在于可不可以开展传媒批评，而在于开展什么样的批评。首先传媒要更新其批评理念，倡导多元、鼓励对话，使多种意见可以并存出场，自由博弈。这样一方面可以使问题得到多角度的观照，另一方面也可以消解“一致意见”下的文化霸权，这大概就是哈贝马斯力求重新构建起来的以自由讨论为核心的文化公共领域。其次，要建立起健康的批评人格。批评家立身的根本不仅在于深厚的学养，也有赖于独立健全的人格。这种独立既是人身的，也是理性运用上的。康德曾将理性的运用分为私人的和公共的两种。在私人的运用中，理性屈服于既定的社会情势，是一种利己的指向，而公共的运用则是指超越狭隘的私人视界，站在更为广阔的人类立场思考问题，而后者是需要巨大的勇气的，因为它将因此失去世俗世界中的许多奖赏。但康德认为，只有在理性的公共运用中，一个人才是一个启蒙了的人。因此，作为力图对他人进行启蒙的批评家，他自己首先要拥有对理性进行公共运用的勇气。只有建立起这种批评人格，媒介批评才有可能指向更为健康的方向。

当然，要想实现大众传媒在诸多方面的转变和更新并不是一件易事。它本身也从属于一个更大的社会网络，需要一个良好的媒介生态环境的支撑。只有在法律上得到有力的维护，在政治上获得更大的自由，大众传媒才能实现更好的转变，成为文化生态建设的中流砥柱。

第十四章　新媒介中的“真实”及其审美内涵

“真实”作为概念一度高居于哲学殿堂，具有坚硬的内核，体现着哲学家对宇宙人生的形而上的叩问姿态。但在当前的文化消费大潮中，“真实”却突然降低身姿与世俗接壤，成为文化消费中一张通行的名片，变得柔若无骨。消费“真实”已经成为当前文化活动的鲜明症候。在以报纸、电视为核心的大众传媒上，多辟有“真实报道”“正在进行”“生活直录”“真实再现”等栏目，在图书市场上则是一大批“绝对报道”“口述实录”“非常日记”的畅销发行，而借助互联网兴起的“网络日志”、“微博”、微信“朋友圈”、腾讯“空间”等，同样以“真实”名义引发了持久的热情。当安顿的纪实作品《绝对隐私》第22次印刷，印数为32万册时；当陆幼青的《死亡日记》引得万人空巷时，人们再也无法怀疑“真实”所具有的强大魅力及其对新时期审美文化的引导功能。然而，当前文化消费中的“真实”并不像表面看起来那么简单，在它背后既对应着社会的现代化进程，也关联着当代人特定的文化心理需求；既与商业机器的挖掘相联系，也与技术的鼎力支持密不可分。尤其当“真实”这一概念本身变得可疑之后，它与意识形态因素的种种纠葛就成为需要剖析的现实问题。

一　生活原生态的凸显

“真实”是一个历史性概念，具有丰富的内涵和多样的所指，而当前消费文化中被消费着的“真实”则是有所特指和偏重的。它既不是指哲学视野中现象背后的所谓“本体”，也不是指历史演进过程中事件之下的所谓“规律”，更不是指由虚构建立起来的那种美轮美奂的“艺术真实”，它所要求和指向的是那种自自然然、未加干扰的“生活原态”。生活原态所指的就是人们在物理时空中的生活起居、现实境遇中的喜怒哀乐、生命流逝过程中的所思所感。但长期以来，这种生活原态一直被遮蔽于哲学话语和政治思维之下，只是在今天的消费文化中才破茧而出，拥有了部分的话语权。

首先，日常器物和世俗场景已经成为当下消费文化的重要叙述元素。不论是作家的笔触，还是摄影机的镜头，都开始钟情于对生活原态的描绘。一度被遮蔽了的日常生活场景（诸如市井巷陌、卧室厨房、婚丧嫁娶、下岗就业、离愁别恨和油盐酱醋等）又一次浮出水面，获得了合法的文化身份。而那些以“真实记录”“正在进行”命名的文化文本（如中央电视台的名牌栏目《生活空间》等），更是直接将日常生活搬上荧屏、报端，艺术成了现实人生的直接延伸。这种文化取向在刘震云、池莉等作家那里则汇聚成影响广泛的“新写实”运动，其主旨就是想向人们展示一个未经任何权力篡改和意识形态渗透的生活原态。

其次，“生活原态”在文化表述中还内在地形成一种叙述诉求，就是以日常生活中大众的思想意识、人性特征、情感状态和伦理观念为准则，重新切入历史与现实、文化与人生的理解、写作与诠释之中。日常叙事是一场祛魅运动，它将崇高还原为普通、将伟大降格为偶然。在这种叙述中，美丑、正邪与善恶等二项对立失去了它们在宏大叙事中的明晰界限，变得相互缠绕、彼此交融，表现出日常生活中世俗伦理的包容性特色。此外，当前的文化产品在外在形式上也向生活原态靠拢，表现出口语化、粗糙化和无意识化。据弗洛伊德理解，受“无意识”的支配，日常生活充满了“口下误”“笔下误”“反常行为”，且由于生活的不可重复、不可逆反性，这些失误也就失去了掩饰和修正的机会。但也正是这些所谓的“失误”“粗糙”“无意识”，为日常生活的在场提供了证明。

当前有些文化工作者往往有意识地将残缺性、粗糙性引入艺术，求其逼肖生活。那些以对话、访谈形式出现的电视节目，在背景布置上往往很随意，观众、嘉宾和主持人之间的谈话也即兴发挥，剔除了刻意安排。他们不再将自己塑造成理想的语言范本，而是有意无意地保留了许多瑕疵，甚至缺陷。与传统哲学二元对立视野中的“真实”、“本质”或“理念”相比，生活原态之真显然淡化了种种形而上的冲动和彼岸性追求，强化并突出了自身的现世、现时品格，肯定了日常性和世俗性的合法地位；与社会学、历史学中所谓的规律相比，生活原态之真摒弃了绝对性、唯一性和单线性，恢复了对生活之偶然性、个体性和多样性的认识；与虚构起来的“艺术真实”相比，生活原态之真则冲淡了传统艺术的神秘气息和完美假象，虽然变得粗糙但更富有活力，尽管流于平面但更能促进认同。生活原态之真在当前文化中的涌现见证了文化发展的本然性、大众性、身体性、日常性和务实性。

二 作为危险符号的“真实”

当代大众对“真实”的欲望是真诚的，也是必要的，而且受到了来自商业与技术层面的支持。但是，由文化工业提供的“真实”是否可以保持大众所需要的纯度，是否有着被意识形态化的危险，许多学者对此一直心存疑虑。从目前的文化市场来看，这种种的担忧也并不是多余的，“真实”也是一个暗含危险的符号，也许会比自称虚构的艺术更富欺骗性。在消费文化时代，文化产品的生产、销售是服从于商业逻辑的。商业以其对利润的追求，将人们需要的“生活原态”大规模地挖掘出来进行加工包装，使其成为方便可得的文化消费品，这是其积极的一面。但商业机器为了自身渔利，往往越过边界，过度开发，从而导致文化产品的性质发生偏离。当前以

“真实”名义出现的不少文化产品在商业开发的诱导下走上了生理层面的刺激、偷窥与猎奇。因此，凶杀、畸恋、乱伦、出轨等非正常行为往往以“真实”的名义成为荧屏、报端的座上宾，而那些对人生富有启迪意义的正常情感和人生故事却相对地遭到冷落。可见，经济领域中的“格雷欣法则”在文化市场同样适用，高文化含量的产品却遭到了低文化含量产品的驱逐。在这种驱逐中，大众很难获得更新的意义和观念的参照体系，只好更多地陷入“真实”名义下的感性狂欢和本能迷乱。

来自技术的允诺和协助是生活得以真实再现的另一重要因素。与艺术家的头脑相比，照相机、摄影机和智能手机的镜头显然具有无可比拟的客观再现能力。尤其是以电视、手机为核心的电子传媒技术，不仅能够逼真地再现物态和情貌，还可以在时间之流中展现人们的运动和声音。如今，电视和智能手机甚至已经成为“真实”的代名词，内在地包含着激进的民主特性。但问题似乎没有这么简单。在很多人看来，技术传媒的易操作性恰恰增强了文化的受控性。从技术角度讲，“摄像机的推、拉、摇、蒙太奇以及种种匠心独运的剪辑无不暗示出机械操纵者的主观意图”[①]；从文本角度讲，镜头对生活流程的记录必然涉及一个起讫问题，但生活流程本身却是浑然整体的，前后之间彼此镶嵌、环环相扣，因此，任何人为的截取都将涉及思想统摄和意义贯通。可见，即便是在标榜绝对真实的摄影镜头前，意识形态因素也总是有机可乘。一旦“真实”遭到意识形态的改写，大众对“真实”的消费就不再服务于自我意义的生成，而是促成了意识形态的再循环。在这里，意识形态不是通过“命令”“禁止”等简单的方式进行运作，而是以“真实”的名义与社会个体建立起一种想象关系，并通过温和的“询唤”使个体在舒适满足的状态下被改造。

① 南帆：《双重视域：当代电子文化分析》，江苏人民出版社2001年版，第53页。

技术的潜在危险还在于它有可能将"真实"演变为一个空洞的符号，一个失去所指的能指，从而使"真实"无法实现其既定的社会文化功能。在当前的消费文化中，对生活原态的真实再现主要受益于技术的介入和构造，技术与"真实"之间具有了一种通约关系。技术在作为媒介满足了大众对"真实"的需要的同时，也作为本体激起了人们对"真实"的更大欲望。在技术进步的不断刺激下，这种欲望甚至可以导致"真实"与生活内容的脱离，使其成为一个没有内容的符号。这种"真实"不关心具体的内容，而只关心"技术物象"与现实生活在形式上的"逼真"程度。它所带给人的不是精神上的有效提升，而是欲望上的无限膨胀，其背后隐藏着浓厚的技术崇拜意识。现代社会中的许多音乐发烧友，他们购买设备，耗资巨大，其目的不在于欣赏到好听的歌曲，而是致力于对音乐现场一丝不差的复原，人文精神的自由性在这里被技术理性的狂热代替，而"真实"也仅等同于苍白的"逼真"。美国的好莱坞大片《泰坦尼克号》在文本中对盲目狂热的技术理性进行尖锐的批判，但影片本身的制作却动用了包括数码技术在内的大量高科技。在这里，形式的要求战胜了内容的呼吁。在技术面前，"真实"有着被表象化、欲望化和形式化的危险。

可见，"真实"在当前消费文化中的浮现并非一马平川，在商业、技术与意识形态等多重因素的介入下，这一概念成为一个暗含危险的"符号"。而人们对"真实"的消费也面临着精神上的危机和文化上的涣散。但是否可以就此宣称，"真实"已经成为一个毫无意义的概念；或者如鲍德里亚所断言的，"真实"已经被"仿像"吸纳，成为自我衍生、自我指涉的"超真实"；或者如霍尔所认识的，任何对"真实"的运用都是一种意识形态的编码实践，其效果必然是遮蔽性的？

尽管在"真实"的背后魅影重重，有着各种可能的障碍和陷阱，但却完全没有必要像鲍德里亚那样悲观地对文化进行末日宣判。在我国当前的社会生活中，“真实”依然是一个实体性概念，尤其是当它指向大众的日常生活状态时，更显出这一“概念”的不可或缺性。

三　现代文化心理对“真实”的吁求

生活原态自古有之，为什么直到今天才成为文本叙述的重要元素和规则？对此有不同的解释，一种是从技术层面将之界定为“震惊”效果的获得，另一种则是从商业层面，将其视为消费文化对感官的刺激、对窥视欲的迎合。不过，这两种回答都无法令人满意，前者颠倒了因与果的关系，后者则停留于问题的表面。在我们看来，生活原态之真是一种伴随着现代化进程而产生的新的文化心理需求，它适应着现代人反思生活、观照自我的心理动机，具有重要的文化意义和社会价值。

在传统社会，人们尽管时常感受到来自物质层面的压力，却能保证精神上的相对充实和悠然自得。宗教信仰和血缘伦理的存在，为人们对身份的确认、意义的寻求和生活的反思提供了价值原点和精神坐标。也正是在与上帝或者血缘伦理的这种纵向联系中，人们彼此在生活方式上保持着相当大的近似性。这实际上意味着，生活原态之真在传统社会只具有直观感受性，没有多大的文化建构意义，因此一直停留于无意识层面。然而，随着现代性的发生，人们与血缘伦理、自然及上帝之间的纽带已经变得松松垮垮甚至断裂。纵向的世界体系由此降低身姿，变成了横向展开的平面世界，随之而来的则是价值观念、生活方式的多元化和个体化，而且隐私观念的出现又使每一种生活方式被置于私人空间中保护起来。但是在一个平面化的世界中，任何一种生活方式的意义都来自对“他者”的观照和与“他者”的差异。这意味着在现代社会，对生活原态的观照不仅是必需的，而且也是合理的了。这种类似“窥视”的行为已经超越了“窥视”的自然状态，具有了建构身份、反思生活、获取意义的社会文化功能。与“窥视欲”紧密相连的是越来越强烈的“倾吐欲”。现代化挤压所形成的个人感受和内心生活尽管是自由的、细腻的和丰富的，但又总是不确定的、朦胧的、易逝的，只有对其加以外在化、形式化，它才会获得持久的意义。这种转化所借助的途径通常就是语言表述和心灵倾吐，其固化形式则为日记、书信和谈心等。但这种“倾吐”只有借助于他人视听觉的观照才能真正获得现实性，也就是说，这种“倾吐”必定是面向他人的倾吐。但是随着现代化进程的加快，已经没有人愿意驻足倾听某个人的倾吐了。这个时候，大众传媒出现了，编辑们的客观笔锋和摄影机的冷静镜头充当了耐心的倾听者。大众传媒在今天凭借它的客观性、包容性取得了过去牧师所占据的位置，成为大众心灵的安顿者。“倾吐欲”与“窥视欲”的结合是“生活原态”得以涌现的内在动因。这一内在动因是现代化进程的必然结果，有着现实的基础和真切的心理诱因。正因如此，生活原态在当前的涌现绝不是某些人所断言的无聊游戏和本能宣泄，它内在地包含着十分丰富的文化内涵和精神意蕴，是现代人反思生活、寻求意义的必然中介和文化形式。曾在全国范围内引起反响和讨论的事件（如陆幼青的《死亡日记》、木子美的《遗情书》等）尽管有着商业炒作的嫌疑，但它们所引起的对生命价值的重新反思、对生存意义的再次设定，却是不可否认的。如果说，人们对艺术虚构中的生老病死还可以一笑了之的话，那么我们却无法对身边的苦恼和痛苦视而不见。在这里，“真实”具有催促反思的语法功能。就我国的特殊历史语境来看，“真实”的浮现具有更为重要的文化意义。在20世纪80年代以前，“真实”所指向的这个具体可感的日常生活，一直受到各种因素的干扰；80年代之后，在文化上往往遭到哲学精英话语的压迫。人们虽然生活于世界之中，但是却找不到感受这一世界的必要艺术形式，无法与这个世界建立起亲密的、具身的和本真的联系。正因如此，生活原态在新时期审美文化中的出现就多了一重意义，承担起为大众再续生活之根的重任。

四　社交媒介对生活原态的推送

“真实”的确容易遭到扭曲和利用，但这并不意味着“真实”已经成为一个彻底绝望的概念。在资本和权力控制相对薄弱的地方，生活原态之真正破土而出，适应并满足着当代人的文化心理需求。在新媒介技术环境下，大众借助数码摄像机、智能手机以及数字存储技术，也拥有了将生活形式化、艺术化的能力。自编自导、讲述自己的日常故事，已经成为大众日常生活的常态。话语权重归个人之手，正是保证生活原态的必要条件。如果说，此类的日常生活记录还只是私人领域中的自娱自乐，那么借助网络技术兴起的社交媒介则为大众话语走向公共空间提供了崭新的形式，也具有了更多的文化意味和审美价值。以微信、微博、推特等为代表的社交媒介之所以备受大众喜爱，正是因为它们以一种“自媒体”的交流方式促进了生活原态更为本真的呈现，极大地契合了人们展现自我、反观生活的文化心理需求。

传统的媒体如报纸、广播、电视等，都是一种脱离个体掌控的“他媒体”，信息的发布、生活的展示、故事的讲述都要经过“把关人”的筛选和改变，话语权往往被少数精英掌握，生活原态的展示也就有了被修改的可能。就此而言，曾喧嚣一时的网络论坛、BBS等也应归于“他媒体”行列，论坛“版主”只不过是“把关人”的另一称号。与传统媒体不同，以微信、博客为代表的社交媒介则是一种较为纯粹的“自媒体”。从技术层面讲，这是一种“零门槛式”的个人出版方式，任何个人都可以拥有独立的账号。从管理层面讲，社交媒介是一种以个人为中心的写作传播平台。写作者即管理者，文字内容和呈现方式完全由个人决定。这不仅契合了当代人“我的地盘我做主”的个性化要求，而且也保证了思想、情感和意志的真实传达。社交媒介的这种“自媒体”特性，使得过去处于话语优势地位的精英人士也转变为群体中的一分子，而关于生活的叙述则具有了避免扭曲的可能，生活原态的呈现也可以最大限度地保持本真性。

社交媒介的写作与阅读具有独特的公共性，这使它比传统的日记更能服务于当代人表达自我、反思生活、建构身份的要求。完整意义上的社交媒介活动包括个人生活记录、信息的转载发布、话题讨论和网际交流。但从目前来看，社交媒介主要被作为记录生活、抒发情感的网络日记来运用。这说明，随着现代化程度的加深，人们表达自我、观照生活的欲望也越来越强烈。但社交媒介中的写作并不同于传统的私人日记，后者带有极强的个人性、私密性，是“本我”的释放空间，而前者则是个人与公共、私密与公开的结合体，具有建构“自我”的功能。尽管社交媒介也主要是一种匿名性活动，容易导致镜像自我的生成，但它又是一种受到约束的匿名性，在一定程度上遏制了本能欲望的泛滥。社交媒介中的写作从一开始就是一种面向他人的活动，呼吁“他者”的介入而不是拒绝。在他者目光的注视下，其中的写作就成为一种反思性写作，而主体也成为有意识建构起来的反思性主体。有了反思性的介入，不管是对感性的张扬，还是对理性的渴慕，都将是一种文化建构行为，有别于单纯的欲望宣泄。

尽管社交媒介中的写作和交往，总是需要面对商业逻辑和各种权力的觊觎，并有遭受异化的可能。但只要大众确认身份、构造自我的要求依然存在，那么他们就会发明出更新更好的方式来满足对“真实”和“原态”的渴望。由此，没有必要像鲍德里亚那样悲观，将大众对“真实”的渴望视为饮鸩止渴，而且没有解药。

第十五章　新媒介语境下的跨文化批评实践

在新媒介成为大众审美活动的主要平台和手段之后，人们所接触的文艺内容获得史无前例的指数级增长。借助互联网，人们在各类智能终端设备上能轻松访问国内外各类文艺资源。这种迅捷使人们遭遇到越来越多的“远距他者”，来自不同国别、种族、地域的文艺作品带来日渐多元的新奇经验。不过不同文化之间的“距离”所带来的不仅是新奇的经验，还有反思的空间。一种文化往往在另外一种文化的烛照下，才能看清自己的影子甚至本质。当然，对其他文化的批判性阅读也是对自我的观照，他者在自我内部呈现的过程，也是自我的价值观、人生观攀缘他者而显现自身的过程。因此，文艺批评既是观他，也是观我，是他与我的耦合，是文化的际会，是学术的产出。在当今的文化格局中，电影最为通俗，是大众茶余饭后的常客，但电影也很高深，甚至已经进入哲学领地，成为德勒兹、齐泽克等驰骋哲思的跑马场。这也就意味着，电影在当代具有更加深厚的可阐释特质。自21世纪以来，美国电影也在世界政治、经济格局的变动中，不断调整自身的主题、语调和风格，以适应这个变化中的世界。对内，美国电影既要政治正确，又要迎合白人父权制的历史惯性；对外，既要揣摩异域文化的心理，以争取更多票房，又想暗度陈仓，贩卖西方的价值观。将这些不同甚至对立的因素糅合在一起，就注定了美国电影不管外表看起来有多么亮丽，内部必将是左支右绌、矛盾重重，有损于艺术的表现力和感染力。

一　美国电影中的“特朗普焦虑”

自 2016 年特朗普继任美国总统后，美国电影就普遍流露出一种浓重的“特朗普焦虑”，直接或间接地指向特朗普在种族、政治、经济、性别和技术等领域的保守主义、霸权主义行径及其严重后果。文艺既是时代状况的晴雨表，又是社会情绪的放大器。这一掩饰不住又挥之不去的“特朗普焦虑”，既是理解美国当代社会境况的重要文化症候，也是美国艺术家思想意识局限的必然反映。

（一）“特朗普焦虑”的多元构成

这种“特朗普焦虑”的第一个表现是对种族冲突激化的忧虑与批判。尽管种族冲突在美国根深蒂固，也一直是美国电影的重要内容，但在特朗普主政后，其明显的白人至上主义，如扬汤止沸，使种族冲突更加恶化，甚至演变成街头恶斗。受此影响，这一时期的此类电影，不仅数量众多，而且批判深刻。电影《黑色暴徒》没有像通常那样给种族冲突提供虚假和解，而是直接将 2017 年发生于美国夏洛茨维尔市黑白种族冲突引起的暴力场景，原封不动地剪辑在结尾。由虚构滑入现实，用当下焊接历史，这种影像处理方式一方面意味着美国的种族冲突一直就是现在时，从未完结，另一方面也隐含着对特朗普的强烈批评。在这次种族冲突中，特朗普对白人至上主义者表现出明显的偏袒，并因此备受非议。电影《夏福特》直接点明故事的背景为特朗普时代，并安排男主人公，即一位黑人联邦探员，在屡遭白人上司打压后，毅然辞去联邦探员工作，转投父亲的私人小侦探所。这一情节反转，在表层是一出父子和解的伦理喜剧，其深层却是族裔对抗的社会正剧，暗喻黑白种族之间正遭受空前的文化断裂，而特朗普对此负有不可推卸的责任。

除了揭示种族间的社会冲突，此类电影还致力于揭示种族压迫所造成的精神损害和心理创伤。电影《博尔登》以传记形式讲述了黑人爵士音乐家博尔登的成名之旅，但在白人种族的系统性欺压和盘剥下，他的成名之旅也是其人格和精神的受难史。在经过一系列视觉暴力、身体压制和作品剥夺后，他最终精神失常，被投入疯人院，惨死异乡。电影《美国之子》则展示了一位高知黑人女性痛苦而撕裂的内心世界。从表现上看，她有令人羡慕的婚姻，与一位上层白人男士结婚，他们的混血儿子也聪明上进。但就是这个象征着种族融合的“美国之子”成了这位高知黑人女性的焦虑之源。她一方面希望儿子像白人一样自信阳光，展现美国之子的特质；另一方面又时刻担心，在白人环伺的社会，越是以黑肤色展现这些特质，就越会被误以为挑衅而置身险境。故事结局没能逃出黑人母亲的忧惧，那位“美国之子”因仗义执言而惨遭白人警察射杀，最终她也在精神上彻底失控。这些作品尽管没有直接提及特朗普，但其中对种族主义的强烈控诉和无尽感伤，又总是能穿透艺术虚构，指向现实世界种族冲突的恶化，而特朗普为攫取政治利益对种族仇恨的刻意煽动正是这一恶化的重要原因。

“特朗普焦虑”的第二个表现是对底层陷落的悲愤与无奈。美国所长期奉行的新自由主义，使资本之恶过度释放，不仅造成广泛的民主危机，也导致阶层严重分化，底层日渐沉沦。特朗普主政白宫后，其寡头政治作风、保守主义经济策略以及对底层大众福利的削减，更如雪上加霜，将大众压实在底层。电影《小丑》就将底层大众的这种绝望和愤怒转换为民众在街头的无政府主义暴动和骚乱。为强化其阶层批判内涵，该电影以白人男性为主人公，通过描述其从良善艺人到街头暴徒的嬗变，意在揭示，即便有白人符咒护体，只要出身下层，就难逃沉沦厄运。该剧在美国甫一上映，就引起热评，被视为美国当下社会的政治寓言。剧中急于上位的白人市长候选人，被认为是对特朗普的直接影射。该人物无视民主呼声、漠视民生疾苦，只求大众选票，最终被暴动民众射杀街头。这种结局安排既是艺术家对民主失效、底层沉沦的抗争，也是对特朗普漠视底层的含蓄批判。

电影《极右青年》与《小丑》有诸多形似之处，主人公也是一位底层白人男性，叙述逻辑也大致相同。不过，《极右青年》对特朗普的批评则十分直接。该剧一方面将主人公塑造为啃老、懦弱，在生活中屡遭欺凌的弱者形象，另一方面又将其打造成特朗普的忠实粉丝，偏狭自负、怨天尤人，带有强烈的白人男性中心主义特征。作品通过这种对比意在说明，越是底层就越容易用偏狭的种族主义和效忠意识来维系摇摇欲坠的生活，但同时，他越是践行这些偏狭的观念，就越会在现实生活中处处碰壁、加速沉沦。剧中主人公曾满怀热望去参加爱国者集会，声援特朗普，但现场满是反对特朗普的声浪，他备感失落，精神失控，走上用暴力找补尊严的迷途，最终被警方击毙。作品通过"极右青年"的这一下场，暗示特朗普所煽动的种族主义和仇恨思想只会使底层大众陷入更为凄苦的境地。

"特朗普焦虑"的第三个表现是对自由告危、民主溃败的疾呼与抨击。特朗普执政以来，用偏狭的种族主义和民粹主义绑架政治，对内频繁宣布国家紧急状态，无限扩充总统权力，践踏自由民主理念，对外则奉行国家主义，大搞技术封锁、产业回流、限穆修墙，破坏自由公平的国际准则，以至于其国内媒体将之惊呼为特朗普皇帝，并哀叹，从自由到暴政仅一步之遥。电影《誓言》则将这一哀叹直接转换为一场"宣誓效忠"的闹剧。在该剧中，政府要求所有公民签署一份爱国者声明，宣誓效忠政府和总统，并利用国家机器威逼人们就范。这直接将国家撕裂为效忠派和自由派。民众不仅在街头对垒，大打出手，造成社会动荡，而且在家庭内部上演意识形态大战，以致夫妻反目、父子成仇。后一场景实际上正是对美国现实的直接搬演，特朗普当选后，很多家庭因对特朗普立场不同而分崩离析。私人家庭是自由的最后堡垒，当它也被政治分裂击穿后，自由所面临的险境也就可想而知了。在作品结尾，总统引咎辞职以平息众怒，这更表现出作品对特朗普政权侵犯自由的批判。纪录片

《华氏 11/9》更是一部批判特朗普极权的作品，其中的“11/9”是特朗普当选总统的日期。这部纪录片通过将报纸报道、电影新闻片段甚至咖啡店中人们的闲聊剪辑在一起，深入讨论了枪支暴力、大规模屠杀、种族冲突甚至核战争等问题。该影片力图警醒人们，特朗普时代是政治民主和个体自由的分水岭，如果民众不能行动起来，整个社会很容易被特朗普带入法西斯极权状态。

《黑豹》与《美国工厂》等电影则对特朗普政权破坏国际关系，阻碍科技、生产、贸易等要素的自由跨国流动提出了批评。《黑豹》采用了一种独特的反讽策略，将现实世界中黑白种族的文明等级关系加以反转。黑人国家成了高度发达文明的代表，尤其掌握一种叫作“振金”的物质，可令其称霸世界，而白人国家则成了落后、犯罪和战乱的代名词。但这个高度发达的黑人国家既没有用振金打压其他发展中国家，也没有科技独享，拒绝承担国际义务，而是在联合国大会上将振金宣布为全球共享财富。这显然是对当前美国通过技术封锁，谋求帝国霸权的批判。该电影最后的那句“智者架桥，愚者修墙”，对特朗普国家主义、排外主义的讽刺更是溢于言表。《美国工厂》是一部纪录片，表面看是讲中国企业家曹德旺在美国投资建厂所面临的一系列文化冲突和管理矛盾，但本质却意在揭示全球化依然是当今世界的主旋律，国际分工与合作是任何主观意愿打不散、扭不断的。正因如此，该电影没有刻意在中美文化之间区分高下，而是用平行的视角给予对等的观照，甚至对中美文化、工业的交融给予厚望。电影最后通过机械臂在工厂的增长，意在说明中美之间的真正对手不是彼此，而是科技在未来对人的代替。考虑到该电影的制作、播出都是在特朗普入主白宫并挑起与中国甚至世界的贸易摩擦这一背景下，《美国工厂》对特朗普政府干涉生产、贸易和文化自由流通的批评，就显而易见了。考虑到该电影的投资人为美国前总统奥巴马，他是特朗普的政敌，那么该电影对特朗普的批判可以得到进一步坐实。

“特朗普焦虑”的第四个表现是对歧视贬损女性的担忧与控诉。特朗普的竞选、上位之路，也是他被揭发歧视女性、物化女性甚至侮辱女性的云谲波诡之途，他也因此广受国内外舆论的批判。当他出人意料地入主白宫后，人们的批判情绪则更多地转化为对女性未来状况的担忧。电影《爆炸新闻》就用一种双重叙述结构强化了这一忧虑。作品的主线是，工作于美国右翼媒体福克斯的几位女主播，在受到媒体高管长期骚扰、侵犯后，终于拿起法律武器维护尊严；暗线则是，共和党总统候选人特朗普频繁做客福克斯，并因贬损女性遭到女主播质询。但是就在女主播们扳倒高管之时，在女性问题上劣迹斑斑的特朗普却在总统竞选路上高歌猛进。借助这一对比，暗示女性的解放之路还很漫长。当总统竞选人患有如此严重的厌女症时，他对全社会的示范效应该是何等严重。电影《极右青年》在这一问题上，似乎是《爆炸新闻》的姊妹篇，剧中那位底层白人男性主人公正是以特朗普为偶像，而他对女性的态度是典型的男性中心主义。在一段上传网络的视频中，他直言，女人永远比男人低一等，懒惰、软弱，没有羞耻心，只要男人足够强大，女性就会投怀送抱。其言论与特朗普贬损女性的话如出一辙，该作品对特朗普的批判之意相当显豁。电影《从不，很少，有时，总是》则揭示了美国社会对女性身体的制度性压迫。作品主人公是一位意外怀孕的年轻女孩，她拖着一个笨重的行李箱，辗转各州去做流产手术，但每每遭到拒绝，理由是法律不允许。这就揭示了女性所面临的一种困境，自己的身体无法主宰，就像那个笨重的行李箱，是身心的沉重负担。这部电影有着明确的指向，在2019年，美国亚拉巴马州议会通过了美国历史上最严格的“反堕胎法案”，而特朗普就是禁止堕胎的推动者。该作品以不动声色的叙述态度，对特朗普在女性堕胎等问题上的保守态度进行了谴责。

除了表达隐忧，此类电影还通过展示女性的力量和智慧来对抗各种对女性的政治、文化和性别的偏见。纪录片《美国妇女大游行》

就是其中的代表。该作品的事实原本为美国2017年的百万妇女全国大游行，而这次大游行的主题就是抗议特朗普对女性的歧视，呼吁特朗普下台。该作品没有停留于对抗议现场的简单记录，而是深入事件后台，集中展示了女性在组织游行队伍、协调各种族女性利益、确定游行纲领和对抗政府诱捕等方面所表现出来的勇敢、智慧、坚韧和团结等优良品质；同时也通过游行所涉其他主题如枪支暴力、种族冲突、气候恶化等，向人展示出女性同样具有公共视野、社会责任感以及超强的行动力。在剧中反复出现的“人人自由，才有真正自由”“行动起来，失去的只是枷锁”等游行口号和标语，既是21世纪女性精神的表征，也是该作品对21世纪女性形象的建构；既是面向全体男性的宣言，也是对权力阶层尤其是特朗普的挑战。

（二）焦虑的缠绕与叠加特性

美国当下电影中的这种“特朗普焦虑”，尽管有上述各方面的不同，但在具体作品中，这些不同的焦虑往往交织、缠绕在一起。这种剪不断、理还乱的状态，既在艺术上保证了作品的厚重，也在文化上表征着美国社会诸矛盾的复杂、叠加和深重。电影《黑色暴徒》和《最佳敌人》，就揭示了种族矛盾与阶层矛盾的粘连。社会阶层越分化，贫富差距越大，绝望的底层就越容易受到诱导，落入狭隘的种族主义和排外主义陷阱。上述电影在角色设置上，都将白人至上主义者设定为社会底层，其用意则是力图揭示种族矛盾在本质上就是阶层矛盾，阶层矛盾没有解决，种族问题的解决就没有前途。电影《誓言》《焚书》等，则进一步将阶层分化与政权专制联系起来。底层越沉沦，就越容易放弃公民权利，接受专制统治，用爱国主义假面美化效忠意识。在《美国妇女大游行》和《爆炸新闻》等电影中，女性斗争的矛头不仅指向男权中心主义社会秩序，而且也指向了阶层不公与种族矛盾，并认为，没有所有人的解放，就没有女性的自由。赢取女性解放的斗争只有融入对阶层不公和种族压迫的反抗中，才有前途。

“特朗普焦虑”在电影中的这种缠绕状态，并非杞人忧天、无病呻吟，而是美国社会矛盾深层化、一体化的直接反映。在2020年，美国发生了一场席卷全美的大骚乱。这场骚乱最初是一种反抗种族歧视的行动，起因于一名非裔美国人弗洛伊德在白人警察的暴力执法中窒息而死。但很快，这场骚乱的诉求就扩大为对社会不公、民主失效和阶层固化等社会弊病的抗议。大批底层白人，甚至许多社会精英，也加入游行队伍，致使骚乱不断加剧、升级，甚至殃及全球。美国社会矛盾的这种叠加与勾连，带来极其严重的后果，只要一处被点燃，就会迅速引爆全局。由于劳资、阶层和种族等矛盾，已经无法在资本主义体制之内得到根本解决，这种动辄席卷全国的大骚乱已经成为美国社会肌体的神经官能症，不受控制、随时爆发、无药可救。电影《小丑》的深刻之处就在于，它将美国社会的神经官能症人格化，剧中底层白人男性那种随时爆发、不受控制的神经质大笑，正是对美国社会大骚乱的隐喻。在作品最后的镜头中，大笑不止的主人公在骚乱的城市街头被拥戴为小丑之王，完成了隐喻与现实的结合。从艺术价值来看，美国当下电影所呈现的“特朗普焦虑”，不仅有助于深化对美国社会矛盾的认识，而且也让人重新审视美国当前的一系列内政外交。

美国当下电影中的“特朗普焦虑”，还表现出超越党派之争，对资本主义体制本身进行反思和批判的倾向。这可以算作美国电影工业的一次意识形态突围，值得关注。美国电影工业通常被视为民主党的喉舌。掌握文化资本的技术、知识和商业精英，大多拥护全球化、普世价值和个体自由等理念，这与民主党而非共和党在价值观上同气相求。美国电影工业也一直被视为民主党对共和党所发起的意识形态批斗。

但是，自特朗普上台后，两党之争日渐激烈，公权私用，为争而争，罔顾事实和道义，一再突破资本主义价值底线。很多美国媒体都惊呼，美国不再是它们熟悉的那个号称自由和民主的国度！电影《猎杀》就是一部反映美国两党之争并同时惹怒特朗普和上层建制派精英的政治寓言。这部作品没有炮制复杂的故事情节，而是直奔党争主题，设置了猎杀与反猎杀两组人物。猎杀者为上层精英，代表民主党，秉持政治正确理念，满口仁义道德，实际上冷酷无情；反猎杀者为底层大众，拥护特朗普，在互联网上肆意释放各种仇恨言论，为共和党代言。在电影叙述中，这两组人物相互绞杀，境况惨烈，但都罪有应得，不值得同情。这一黑色幽默般的情节设计，对美国两党的分裂与荒谬进行了无情批判与讽刺，也就难怪不仅特朗普扬言对其封杀，而且反特朗普的社会精英也对其口诛笔伐。这部电影受到的双重责难反过来说明，当前的美国电影正试图跳出两党之争，对美国政治体制本身提出质疑。

提出这种质疑的还有电影《誓言》。从表面看，这部电影似乎依然是民主党价值观的代言，剧中白人男性主人公主张自由、强调多元，拒绝签署效忠法案，对共和党的狭隘和专制表现出强烈不满。但实际上，这部作品对民主党价值观也持保留甚至批判态度。这一方面表现在，白人男主角也被塑造成傲慢自大、不可一世的形象，凡与其政见不同者，都被他斥为贱民、蠢类，并拒绝与之沟通；另一方面，电影也借女主角之口，批评男主角处处咄咄逼人，表现得像个暴君。对两党同时批判，也就意味着对美国政党制度本身表示不满。批判与不满的核心就在于，美国无论哪一个党派，尽管一直都是资本和金钱的帮凶，但从来没有像今天一样直接撕掉遮羞布，赤裸裸地与大众和世界为敌。基于这种认识，电影《小丑》在批判美国政府漠视大众生命与底层痛苦时，不再刻意区分民主党还是共和党，而是将他们都视为富人和资本家的代表。民众骚乱现场反复出现的“杀死资本家”，就是这种认识的表现，也同时触碰到美国政体欲盖弥彰的资本痛点。

“特朗普焦虑”在美国当下电影中的另外一个鲜明特征，就是悲观。这一时期的很多电影，在处理种族、阶层和性别等矛盾时，几乎失去了和解的动力和热情，任其自由下坠，大多以悲剧结局。在电影《黑色暴徒》中，直接将黑白种族现实暴力冲突的录像剪辑在结尾，戛然而止，不留希望。在《博尔登》《皇后与瘦子》《美国之子》等其他反映种族冲突题材的电影中，非裔主角在最后也都被安排了死亡结局，不提供任何虚假的种族和解。在这一总体背景之下，安排黑白和解的《绿皮书》，反倒显得十分另类。在《极右青年》《恶名》等电影中，那些因阶层不公、正义缺席而丧失正常上升渠道的底层大众，迫不得已走上通过暴力改变命运的不归路，死亡也成为他们的必然结局。尽管在《小丑》中，作为底层大众的“小丑”在片尾又活过来，成为黎庶拥戴的小丑之王，但实际上，当他在地铁和直播室击毙权贵时，他已经在法律意义上被宣告死亡。作品以暴乱场面作结，传递出的悲观情绪也更为浓重，不仅意味着将有更多底层大众在暴乱中丧生，而且暴乱本身就意味着底层大众对人生的迷惘与绝望。在性别问题上，这一时期的电影尽管没种族电影那么悲观，但也怀有一种哀伤的格调。在《爆炸新闻》中，尽管女主播们扳倒了骚扰她们的顶头上司，但同时，一位视女性为玩物的男性正问鼎总统宝座。这实际上暗示着，女性将面临更多的系统性打压、排斥和侵犯，其解放之途，道阻且长。

（三）无法拆解的思想困境

“特朗普焦虑”的这种悲观特性有直接、深刻的社会、思想原因。对美国社会诸多矛盾在特朗普执政后的迅速恶化，他应当首负其责。无论是由“我无法呼吸”引发的全美大骚乱，还是女性反抗性侵害的“ME TOO”运动，抑或被严重政治化而失控的美国新冠肺炎疫情，都是美国社会内部矛盾激化的后果。在陈陈相因、叠床架屋的社会矛盾面前，只要艺术还想保持它的正直品格，追求诗学正义，就难免染有深重的忧患和悲观情绪。

艺术家的思想局限，是导致悲观情绪的另一原因。在不断恶化的社会矛盾面前，艺术家比常人更能痛切地感受到资本主义的贪婪、残酷，及其导致的不公、不幸。但是，在资本主义意识形态的长期规训下，这些艺术家已经丧失了想象另一种更高社会形态的能力，从而将资本主义视为历史终点和人类归宿。如此一来，资本主义在他们那里，既是痛苦、不幸和罪恶的渊薮，又是无法逃脱和无法攻破的囹圄。这一思想冲突和内在矛盾，使得美国艺术家普遍怀有一种宿命般的愤怒、痛苦与绝望。奥巴马是美国前总统，也是电影《美国工厂》的制片人。当“我无法呼吸”骚乱席卷全美时，他感到无比愤怒，认为美国在2020年还发生这种惨烈的种族虐杀事件很不正常，但同时也哀叹，想要根除种族仇恨似乎是一件遥不可及的事情。这种悲观心态和宿命情绪反映在电影中，就出现了一系列不甘沉沦受辱，而又无处可逃的悲剧主人公。这些主人公往往备受践踏，不得不孤注一掷，以命相搏。当他们最终倒在资本主义枪口下时，也是艺术家在精神上的又一次自戕和死亡。

美国当下电影中的“特朗普焦虑”，在本质上就是艺术家们的焦虑。看不清未来，找不到出路，不仅迷惘而且痛苦。对于这些情绪，尽管可以给予同情，但更需要加以理性批判。这些电影给主人公所设定的抗争方式，依然带有鲜明的意识形态属性，起着精神鸦片的作用。无论是走上街头，参加无政府主义暴动；还是单枪匹马，以暴易暴，走上不归路；抑或侠盗高飞，劫富济贫；再或是剑走偏锋，做点儿出格的事情，让资本主义红红脸；等等，都只不过是资本主义的皮外伤，盘踞在资本主义深处的生产压迫和经济剥削从来没有被触及，甚至可以说，当这些“皮外伤”在艺术中被作为正义行动反复鼓吹时，它正发挥着维护资本主义生产关系的绥靖功能。

这意味着，美国当下电影中的这种“特朗普焦虑”，并不单纯属于特朗普，只要资本主义生产关系没有发生质的改变，这种焦虑在艺术中就会一直存在下去，甚至会比当下更为强烈。

二　“东方主义”在美国电影中的嬗变

进入 21 世纪之后，美国好莱坞影视剧对东方形象的塑造似乎表现出越来越多的善意，客观性加强，正面含义增加，不再一味地将其妖魔化或者奇观化。这一转变背离了“东方主义”此前的“欲望逻辑”。对此有人很乐观地将其视为东方崛起、西方低头的表征。然而，在文化也是一种商品的时代，东方形象的这次华丽转身更有可能是受到资本逻辑作用的结果。此前的“欲望逻辑”只是被理性算计的“资本逻辑”代替，后者通过对东方形象进行漂白，以达到顺利向东方国家输出文化商品的目的，从而将东方国家在经济层面进一步限定在资本主义生产体系的附属地位。变中不变的，依然是西方对东方世界进行控制与压榨的企图。在文化产业已经参与到世界政治、经济博弈的情势下，“东方主义”的这一变化值得警惕。

（一）本能欲望的直接表征

“东方主义”是美籍学者萨义德提出来的一个概念，用来指西方帝国主义对东方国家的社会、语言和文化所进行的分类、描述与界定，并分散在西方的哲学、社会学、历史和艺术等具体门类中。在萨义德看来，这些知识和描述并非客观中立的，而是基于西方中心主义立场，对东方形象所进行的歪曲性认识和塑造，背后反映着西方帝国对东方世界进行控制和统治的企图。从这个意义上讲，萨义德的“东方主义”在本质上遵循着欲望的逻辑。换言之，东方形象是西方帝国欲望的表征，而且是直接的表征。

萨义德特别擅长借助西方的文学经典来建构他的“东方主义”概念。他从但丁、福楼拜、歌德、叶芝等的作品中挖掘出大量的东方形象，并对这些形象进行分类和阐释，总结其中的规律。萨义德认为，西方帝国文学通常对东方世界进行妖魔化处理，即将东方世界等同于野蛮、蒙昧和邪恶的化身。他曾对《名利场》《简·爱》等小说进行分析，认为这些小说习惯于将东方限定为移民、敛财、流放犯人之类的空间。而在对伊斯兰民族的描绘中，则往往直接将其等同于“放荡、堕落、淫秽以及其他形形色色的邪恶的象征”①。很显然，在这种妖魔化处理的背后所反映的则是西方帝国对东方进行征服与掠夺的欲望。只有将东方世界妖魔化，西方帝国才能心安理得地以解放、正义和替天行道的名义，对东方世界进行掠夺、征服与殖民。由此可见，被妖魔化了的东方形象是西方帝国潜意识欲望的直接载体与表征，并服务于西方帝国对东方的殖民实践，萨义德对此曾说：“文学时常表明，它以某种方式参与了欧洲在海外的扩张……支持、表现和巩固了帝国的实践。”② 尽管在帝国文学中，东方形象有时也显得富有魅力和韵味，但在萨义德看来，这些形象依然遵循着欲望逻辑，只不过此时所满足的是西方帝国对东方世界的窥视欲。因此，这些东方形象往往具有奇观化特征，充满异域情调，这也是对地理东方的背离，依然是潜意识欲望的直接表征。正因如此，萨义德才宣称，西方文学艺术中的东方形象是“欧洲对东方的集体白日梦”③。

萨义德所借以阐释“东方主义”的文学素材主要来源于欧洲工业革命之后的经典文学，但他的理论也适用于奠基于欧洲文化精神的美国文化。作为美国文化旗帜的好莱坞电影则首当其冲，将“东方主义”的欲望逻辑演绎得淋漓尽致，这尤其表现在 21 世纪之前的好莱坞电影中。

在 21 世纪之前，美国好莱坞电影在塑造东方形象，尤其是华人形象时，往往毫不掩饰西方中心主义立场，任由各种欲望在电影文本中释放。因此，在好莱坞电影中，华人男性不是被塑造为阴险狡

---

① ［美］萨义德：《东方学》，王宇根译，生活·读书·新知三联书店 1999 年版，第 79 页。

② ［美］萨义德：《文化与帝国主义》，李琨译，生活·读书·新知三联书店 2003 年版，第 102 页。

③ ［美］萨义德：《东方学》，王宇根译，生活·读书·新知三联书店 1999 年版，第 65 页。

诈、残暴嗜血的大反派，就是被塑造为地位卑微、逆来顺受、麻木不仁的劳工和奴仆。《诺博士》(1962) 中的诺博士、《龙争虎斗》(1973) 中的韩先生、《龙年》(1985) 中的周泰等华人形象，不是大毒枭，就是黑社会头子，他们杀人越货、贩卖毒品、欺男霸女，无恶不作，当然，最后都会被白人英雄铲除，充分满足了西方帝国征服东方的欲望。而在好莱坞电影中，华人女性则往往以妓女、情妇、舞女形象现身，她们要么是白人男子始乱终弃的玩偶，要么是等待白人男性英雄拯救的落难者。在电影《生死恋》(1955) 中，有着中国血统的女子韩素音，才貌双全，但为了白人男子马克，不仅放弃在医院的优越工作，而且不惜与家庭决裂，并给马克生下孩子。但是，当马克再次返回中国时，与之随行的是他在美国新婚的白人妻子。对此，韩素音不仅没有指责马克的负心，反倒把孩子交给那位白人女性，认为后者才有资格抚养马克的孩子。在这部电影中，一个完全臣服于西方男性的华人女性形象呼之欲出。面对西方白人男性，东方女性不仅要丧失自我、个性、自尊和独立意识，还需要放弃家族和国族。西方父权中心主义在面对东方女性时，表现出性别与种族上的双重压迫和欲求。《苏丝黄的世界》(1960) 中的中国女性苏丝黄，性感、迷人，在被一位白人男性抛弃之后，又在另一位白人男性的拯救中重生。在《大班》(1986) 中，华人影星陈冲扮演了一个近乎性奴的角色，年轻漂亮、性感迷人，对白人男性大班死心塌地、驯服有加。这些女性形象实际上是西方白人男性淫乱意识的集中体现。此外，《红色角落》(1997) 中与白人男性一夜情之后即宣告死亡的华人女子洪玲等都是性欲化的东方女性形象。

在 21 世纪之前的好莱坞影视剧中似乎也不乏正面的华人形象，但是，这些正面形象依然带有浓厚的西方中心主义色彩，是另一种关于华人的刻板印象。根据陈查理系列小说改编的陈查理系列电影，塑造了一位颇有正面色彩的华人侦探形象。这位华人侦探不仅是系列剧中的主人公，而且在社会地位上也挤入了美国的中上层。他不仅足智多谋、工作认真，是个破案高手，而且温文尔雅、风趣幽默，深得众人喜爱。但是，这个才华横溢的侦探在为人处世上十分低调，对遇到的每个人都客客气气，与别人说话时总是向前微欠着身子，而且很少用“我”这个主语来表示自己的判断。很显然，这种谦逊客气到没有个性、没有欲求、几近柔弱的人物形象，与好莱坞通常塑造的白人男性主人公迥然不同。后者不仅在外形上高大威猛，而且个性鲜明、不拘小节、敢爱敢恨。但恰恰是这个柔顺到几乎女性化的华人侦探形象深得美国观众喜爱，长盛不衰，拍到了 50 集左右。这也进一步说明了，西方帝国文化在看待东方世界时，采取了一系列二元对立式框架，东方不仅是落后、愚昧的，而且在整体上是女性化了的。好莱坞电影《龙争虎斗》（1973）中倒是由功夫巨星李小龙塑造了一位一身腱子肉，能打善斗、铁骨铮铮的华人孤胆英雄，看上去男子气十足，但是，这个形象在人格上又被做了片面化、机械化处理，只有铁骨，全无柔情，处处透着凶狠，似乎只是一架功夫机器。与那些既有本领，又擅风月，最后总能抱得美人归的白人男性主人公相比，华人男性英雄在人格上似乎有着天生的缺陷。但正是这样一部影片，在北美曾创下 2500 万美元的票房，位列当年票房排行榜前十。观影热潮的背后，所反映的正是西方对东方奇观化、贬义化的强烈欲望。

不论是妖魔化，还是奇观化，在 21 世纪之前的好莱坞影视剧中，东方形象总是西方帝国欲望的直接表征。这些影视剧毫不遮掩地表示着西方对东方的蔑视、嘲弄、敌视、征服和占有。这种欲望化、镜像化的东方形象是对实际地理东方的遮蔽。它不仅阻碍着东方世界对自我的认同，而且也加深了西方世界对东方的刻板印象。这种刻板印象一旦转化为意识形态内容，就会渗透在西方对东方所采取的政治、经济、军事和文化等政策之中，服务于西方对东方的实际控制、掠夺和占有。当然，西方帝国在想象东方上的这种自信，在根本上来自他们自近代以来在政治、经济和军事等方面的优势。

当他们依仗坚船利炮在东方纵横捭阖、所向披靡时，其高高在上、唯我独尊的宗主国意识也就会更加膨胀，而东方形象的欲望化特征也就会更加明显。

（二）中国形象的华丽转身

在1997年香港回归中国之际，好莱坞上映了一部名为《中国盒子》的电影。这部影片可以被视为“东方主义”在好莱坞影视剧中发生转变的标志。该电影塑造了一位百病缠身的白人男性摄影记者，他来自曾横行世界、如日中天的英帝国。在中国香港回归之际，他不仅因面临失业而前途惨淡，而且他所眷恋的华人恋人也拒绝了他的求婚请求。尽管全剧依然围绕着这位白人男性展开，但是，在价值上他不再是从前好莱坞电影中那个高高在上、主导一切的男一号，他不仅将被迫离开曾被母国牢牢控制的香港，而且不再是东方女性所迷恋和拜服的男神。好莱坞似乎想借这样一个备感失落的白人男性，隐喻西方父权制在东方世界的逐渐坍塌。好莱坞的这一文化省思也必然会使其对东方的想象方式产生重大变化，事实也的确如此。

21世纪之后，中国形象及元素更多地以正面、积极的形象在好莱坞影视剧中呈现。在2000年出品的《卧虎藏龙》《霹雳娇娃Ⅰ》中，华人女性形象有了很大改观。《卧虎藏龙》中的玉娇龙敢爱敢恨、个性鲜明。《霹雳娇娃Ⅰ》中一位华裔女性饰演了一位身手不凡的侠客，与其他两位白人女侠一起惩恶扬善，大展风采。此外，《功夫之王》（2008）中的金燕子等，也都表现出独立的个性，自信自强，魅力十足。相应的，这一时期好莱坞影视剧中的华人男性形象也有很大改变。《卧虎藏龙》中的侠客李慕白，张弛有度、有情有义，尽显成熟男人的魅力。在电影《面纱》（2006）中，由黄秋生饰演的于团长有勇有谋、敢于担当、成熟果断，体现出阳刚之美。在《燕尾服》（2002）中，由成龙饰演的华人出租车司机尽管出于无奈假扮中央情报局局长，但是当他得知使命后，就义不容辞地与一位白人女警探联手，成功阻止了大反派班尼的阴谋。在这一过程中，他还多次上演英雄救美的戏码，一改往昔华人男性在白人女性面前的被动角色。而在《邻家特工》（2010）中，由成龙饰演的鲍勃尽管以老实巴交、憨厚蠢笨的样子示人，实际上却是一位深藏不露、本领超群的国际特工。他不仅职业高大上，还以自己特有的魅力赢得邻家女主人的芳心，情到浓时拥抱接吻。如果考虑到这位女主人是一位白人女性，而父权制度的核心在于对性资源的占有，那么华人男性在《邻家特工》中的“出格”表演，至少在象征系统中表明华人男性在西方父权制性别秩序中占有了一席之地。在 2010 年前后的几部电影中，中国元素更是大放异彩。在《2012》（2009）中，中国的西藏成为全球灾难面前人类的最后一块栖息地，而拯救全人类的挪亚方舟也在这里建造。在美国的超级巨片《环太平洋》（2013）中，中国香港成为全人类抵抗怪兽的最后一道防线，也是最后一块希望之地。在《钢铁侠 3》（2013）中，两位华人医生用中医方法治愈了钢铁侠的疾病。在《地心引力》（2013）中，中国的天宫号空间站拯救了濒临绝望的美国宇航员。将中国形象和元素运用到极致的，还要数《功夫熊猫》和《花木兰》等好莱坞影片。这两部动画电影所选用的形象、元素，甚至故事，都取材于中国文化。在思想、理念等层面，也积极靠近中国传统文化精神。在《功夫熊猫》中，那本“无字武功秘籍”明显是向中国道家的“虚无”观示好，而在刘亦菲真人版《花木兰》中贯穿整部影片的“气”，更是试图迎合中国传统文化对“气”的偏好。总的来看，好莱坞电影在 21 世纪正力图塑造一个有能力、有责任、敢担当、有爱心的中国形象，这与之前总是将中国描述为落后愚昧、积贫积弱的做法很不相同。

此外，中国政府形象在好莱坞影视剧中的转变最为引人注目。由于政治制度以及意识形态的长期对立，在 21 世纪之前的作品中，中国政府及其执政党一直饱受诋毁。但在 21 世纪之后，这种情况有了较大改观。在 2009 年上映的《2012》中，全球各地于 2012 年 12

月 21 日同时爆发了火山、海啸、飓风以及地震等各种灾难。在灾难面前，中国的喜马拉雅山成为保护人类的最后一块安全之地。在接纳世界各地的难民时，中国政府在电影中要比其他国家的政要更坚决、更果断，更富有爱心和责任心。影片最后，海啸将至，在美国临时掌权者拒绝让更多人进入方舟时，中国决策者毅然决定打开船闸，让更多逃难的人上船得救。电影着力塑造了一个有效率、有能力、有担当的中国政府形象。对于习惯于抹黑中国政府的好莱坞影视业来说，这的确是一个巨大转变。

东方形象或者说中国形象在好莱坞影视系统中的这种华丽转身，是否意味着以美国为首的西方帝国已经更新了潜意识内容，放弃了西方中心主义思维框架，开始以更为开放、多元和平等的意识接纳一个正在崛起的东方世界？对此，我们一方面并不否认其中所可能包含着的某些西方诚意，另一方面，我们也更为乐观地认为东方世界的崛起正在改变西方看待东方的方式，但是，与此同时，我们更要谨防一种变种的“东方主义”，即通过曲意迎合东方的方式来换取经济上的巨大收益。在经济基础而非文化影像决定世界格局这一铁律之下，好莱坞完全有动机舍小保大，上演一场“给东方的白日梦”，代替原来的“对东方的白日梦”。

（三）工具理性的巧妙算计

在文化也是一种商品并成为国民经济重要组成部分的当代社会，对东方形象的这次华丽转变持一种谨慎的态度很有必要。尤其是结合欧美等西方帝国近些年来发生的政治、经济事件，这种态度就更不是多余的了。如果从一厢情愿、过于乐观的情绪中冷静下来，也许就会发现，东方形象在好莱坞影视业的转变只不过是资本主义生产体系在全球范围内进一步深化和延伸的结果。在商业利益的强烈诉求下，西方帝国用工具理性的巧妙算计代替了本能欲望的直接满足。这些东方形象不再包含西方帝国的主体情感和人生态度，它所承载的只是商业增值的冰冷法则。从这个意义上讲，21 世纪之后好莱坞影视剧中的东方形象不再是“西方对东方的集体白日梦”，而是“西方给东方的集体白日梦”。这场白日梦的主题则是东方世界迫切希望得到西方强国认同的欲望。

好莱坞影视业在本质上是西方文化工业的一部分，从属于资本主义生产体系。对好莱坞影视业的理解不仅需要在符号象征层面来进行，而且更需要从经济和商业系统入手。早在 20 世纪三四十年代，阿多诺、霍克海默等法兰克福学派学者就已经指出，以好莱坞为代表的西方帝国文艺生产已经全面商业化，成为一种文化工业，而文化工业的唯一本质就是盈利。对此，阿多诺曾说，文化工业的全部实践就在于把赤裸裸的盈利动机投放到各种文化形式上。尽管后来伯明翰学派的菲斯克认为大众在文化工业产品面前具有意义阐释上的主动性，但是也不得不承认，就文化产品作为商品来说，大众依然处于被动的位置，属于被压榨的对象。美国左翼学者詹明信则通过对资本主义进行分期，将对当代文化的理解置于晚期资本主义的框架内。在詹明信看来，晚期资本主义文化就是以好莱坞为代表的大众文化。与早期的帝国文化生产相比，这一时期的文化生产不仅进一步强化了它的商业化属性，而且表现出鲜明的资本跨国特性。很显然，美国好莱坞影视业正是晚期资本主义文化的典型代表。

阿多诺、霍克海默等旗帜鲜明地认为，为追求利润的最大化，文化工业对文化产品的生产总是以大众的欲望为中心。大众欲望什么，它就提供什么，大众梦想什么，它就奉献何种梦想。这些欲望和梦想在工业流水线上，被按照不同的配方和比例加以调和，以形成不同的风格和个性，满足大众的多样化趣味。但是，这些个性和风格在本质上是商业意志的体现，不反映主体的情感，也不表明主体的态度，因此都是适合商业消费逻辑的“伪个性”“伪风格”。产品中所鼓吹的“自由”“平等”等观念，也只不过是产品配方中的调味品，已经经过了淬火和打磨，丧失了应有的反叛性和革命性。正因如此，阿多诺等才断言，文化工业在本质上带有欺骗性质，它通过提供“自由幻象”，发挥意识形态控制功能。在商品化的大众文化产品面前，受众只能是被算计的对象，是机器的附属物，而非机器的主体。因此，好莱坞影视剧中中国形象的这次转变无论多么华丽，也应该首先从资本的逐利这一角度去理解。在 21 世纪之前，好莱坞影视业还只是主要将本土或者欧洲作为它的文化消费市场，它对中国形象的塑造必然会本着西方中心主义的立场，以满足西方大众对东方的各种欲望和想象。尤其在中美两国在意识形态领域极端对立的一段时期，好莱坞对中国形象的妖魔化、奇观化也达到了它的高峰，但是到了 21 世纪之后，情况发生了变化。一方面，中国国力大幅提升，恩格尔系数持续降低，中国大众的文化消费需求日渐旺盛，而由此形成的巨大文化市场已经无法完全由国内文化生产来满足；另一方面，中国的文化政策也日渐开放，与世界接轨，并在 21 世纪以后将发展文化产业作为国策，如此就为文化资本的国际流通打开了渠道。很显然，以追求利润为核心动力的好莱坞影视不会放过这样一个机会。但是，随着中国国力的提升以及政治、文化的日渐成熟，中国大众的民族自信和民族自尊意识也得到了强化。好莱坞要想在中国巨大的文化市场站住脚，就无法再延续过去一味妖魔化中国的做法。揣摩中国大众的口味，迎合中国大众的欲望也就成了好莱坞进入中国市场的不二法则。这也正是在 21 世纪之后，好莱坞影视剧频频向中国伸出橄榄枝的根本原因。

在好莱坞看来，单纯讲好一个故事并不足以在中国赚取足够的票房，只有加入中国元素，塑造一个积极、正面的中国形象才能将中国票房挖掘到底。这一做法实际上瞄准了中国大众的双层心理。从表层来看，它向中国大众售出积极的中国形象，从深层来看，它实际上利用中国大众普遍存在的渴望得到西方帝国认同的欲望，出售了一种西方对中国的认可。很多大众在观看这类影片时，快感的重要内容就是中国终于得到了西方的认可。在豆瓣电影评论区，就

《功夫熊猫》这部电影，网民“有用偏要勉强”表示：“我们的国宝被外国拍成了经典，这既让我们骄傲，也让我们看到了国产动画的差距。”① 网民“安迪熊”也表示，“动画中表现出来的中国元素让人欣喜”。而网民“混世魔王”则如数家珍般地将《功夫熊猫》中的中国元素一一列出，“除了功夫与熊猫这两大中国元素之外，阿宝家的传统手推车与面馆，和平谷的四人轿、鞭炮、针灸与传统庙会，各个人物角色的服饰，无处不在的汉字，还有谷民们的生活习惯也很符合中国古代特点，写毛笔字，手拿筷子吃包子和面条，就连螳螂都喜欢喝面条汤等等，都给观众带来了强烈的视觉冲击和致命的吸引力。在建筑风格方面，飞檐斗拱、红墙绿瓦，而寺庙中更是装点了许多山水画、瓷器，室内的墙壁、柱子、桌椅绘制都很用心。中国四川一带的自然美景在影片中也得到了淋漓尽致的展示，云雾缭绕、山水秀丽，颇有意境”②，其欣喜之情更是溢于言表。

然而事实是，好莱坞并不代表西方社会，它只代表金钱的意志。好莱坞对中国的认可，既不代表创作者对中国的认可，也不代表美国政府或者是美国大众对中国的认可，事实情况还可能相反。西方社会对中国或者东方世界的敌意不仅没有消除，反倒在经过一系列“政治正确”之后，加大了它的反弹力度。2016 年的英国公投脱欧，以及特朗普当选美国第 45 任总统事件就是最好的说明。前者脱欧的一个主要原因，就是不情愿接受更多的难民；后者的竞选纲领直接表现出对穆斯林和中国等东方世界的敌意，而他的当选也说明种族歧视心理在美国白人民众中依然广泛存在。现实与影像之间的这种反差，也进一步证明了好莱坞影视剧关于中国形象的这次华丽转身，只能是另一种形式的欺骗。它通过为中国大众提供一种虚假的认可，来博取更为丰厚的利润。

但是，就是这一虚假的认同，它似乎也没有用心对待。中国元

---

① 豆瓣网，https：//movie.douban.com/subject/1783457/comments，2018 年 3 月 12 日。

② 豆瓣网，https：//movie.douban.com/subject/1783457/reviews，2017 年 10 月 22 日。

素的出场总显得生硬、别扭，是刻意强加的结果。霍克海默等在几十年前就曾讲过，在文化工业的流水线上，产品的各个部分之间不再是有机的、完整的、独一无二的，而是零散的、可以任意替换的。同一影片在不同国度、地区放映时置换成该国元素的做法，已经成了好莱坞的惯例。詹明信也曾深刻地指出，在跨国资本主义时代，文化艺术的创造已经变成了毫无诚意的粘贴和拼凑，“今天，拼凑作为一种创作方法，几乎是无所不在，雄踞了一切的艺术实践”[①]。在《钢铁侠3》中，那两个用中医治愈了钢铁侠老毛病的中国医生在角色上很没有存在感，明显是硬塞进来的。在《2012》中，那句“只有中国才能造出来”的感叹和赞扬，也很突兀和生硬。《防弹武僧》(2003)、《功夫之王》(2008)、《功夫梦》(2010) 等影片，都着力塑造了华人功夫大师。在角色设置上，这些大师都是白人男性主人公的师傅、引导者或者保护者。这尽管很能迎合国人“好为人师”的传统文化心理，但真正的“天选之子”依然是享受呵护的白人男性。实际上，即便是那些貌似用心诠释中国传统文化的好莱坞电影也很有保留，在价值阐释上不是偷梁换柱，就是美国优先。在《功夫熊猫》中，熊猫阿宝（Po）拿到手里的秘籍尽管是空的，似乎在靠近中国传统文化中的“无”，但这个空白的卷轴可以反光，也就如同一面镜子。“镜子”本来是空的，但当阿波看向“镜子”时，他就在镜子里看到了自己，也就是“我”。这个“我”，显然既不是道家追求的“虚无”，也不是佛教消解的“自我”，而是西方一直标榜的个体“自我”。作为镜像存在的这个“自我”具有双重性，一方面它是客观的，是对镜前个体的反映，另一方面它又是想象和超验的，是受到绝对力量（乌龟大师）指定的救世主。因此，一旦镜前的主体认同了镜像中的自我，就会将自我提升到超凡脱俗的神圣地位，也即神化自己，结果他不仅会获得信心而且将拥有神力。这个自信且膨

---

① ［美］詹明信：《晚期资本主义的文化逻辑》，陈清侨等译，生活·读书·新知三联书店 2013 年版，第 150 页。

胀的自我，显然与道家的“忘我”和佛教的“无我”在文化特质上相去甚远，不可同日而语。《功夫熊猫》中的这个“自我”，在本质上就是西方自启蒙时代就产生了的带有个人英雄主义色彩的那种个体和自我。如此一来，中国传统文化情境就与西方现代主义个体被挤压和杂糅在一起，这就造成了社会情境与行动者之间的脱节和混乱，影响到艺术表现的有机性和完整性。这一问题同样存在于美国真人版《花木兰》中。在中国传统民歌中，花木兰女扮男装，隐去性别，替父从军，整个过程都没有与父权制形成冲突，也没有凸显自己的女性身份。但是，在美国真人版《花木兰》中，花木兰却被改造成了女性主义者，她在行军过程中就决定面对真我，主动揭示自己的女性身份，对抗男权社会对女性的歧视，并最终说服上级军官，以女性身份引导大军，完成保家卫国的任务。表达女性对自我的肯定、伸张女性的社会权利，这既符合当代社会的价值观，也符合美国政治正确的要求，但是，将这样一位女性形象放在1500多年前的魏晋南北朝时期，这种女性意识的自觉就显得太过超前，与当时的时代环境格格不入。或者说，这种自觉仅属于花木兰，而不属于那个时代，她即便觉醒也只能是一个孤案。在艺术上，如果人物形象没有与他/她匹配的典型环境，那么这个人物形象的情感、性格和行为就难以得到合理的解释，成为作品硬塞给他/她的东西。在花木兰身上，对古今、中西因素的强行嫁接，必然使得这一人物形象显得古怪而破碎。观众对真人版《花木兰》的诟病，大多导源于此。

随着中国电影市场的日益扩大，美国好莱坞电影也一定会强化他们给东方送去“白日梦”的欲念，通过出售美国和好莱坞对东方文化的肯定而博取商业利益。但是，他们的这种做法也将很快在东方世界遭遇滑铁卢。一方面，如果它们不能解决异质杂糅、生搬硬套、意义大于形象、形象脱离环境的老毛病，它们必将被慢慢成熟的中国电影市场淘汰；另一方面，随着中国国力在21世纪的提升，在国际交往中越来越自信、成熟，中国大众的观影心理也会发生变化。当中国大众能够以自信、自由的心态面对西方发达国家及其文化产品时，好莱坞的金手指也将失去点铁成金的魔力，成为大众指摘、批判的普通对象。

三　《换子疑云》对父权文化的深层批评

《换子疑云》是克林特·伊斯特伍德导演的一部作品，女主角由安吉丽娜·朱莉饰演。这是一部地地道道、扣人心弦的剧情片。故事的主要线索是一位年轻妈妈柯林斯对失踪儿子的寻找，但这是一段迷雾重重、危险离奇的寻子之旅。作品的根本冲突来自这位年轻妈妈和洛杉矶警察局。洛杉矶警察为掩饰自己的无能，随便找了一个流浪小孩交差，但当这位妈妈察觉后决意要寻回儿子时，警察局串通小孩，买通心理医生并通过大众传媒制造舆论，反将这位妈妈置于力图逃脱母亲责任的窘境，并最终将其投入精神病院。但故事的结局还是乐观的。尽管这位妈妈仍然没有找到亲生儿子，但在一位极富正义感的牧师和一位警察的协助下，这位年轻妈妈获得了解救，一位以残杀儿童为乐的凶手也被捕落网，那位文过饰非、邪恶残暴的警官以及警察局长也都在检察院的介入中得到了应有的惩罚。

从人物身份的设置和主要剧情关系来看，这部影片有鲜明的政治批判意识。以女主人公柯林斯和一位牧师为代表的大众对以警察局为代表的国家机关表现出极大的不信任，并时常通过大规模的游行示威来表示反抗。尽管这部影片将故事的发生背景移植到 20 世纪二三十年代，但对当下社会的影射与批判也是不言而喻的。当然，作为美国本土电影，它依然承载着宣扬美国社会主流价值观念的使命，电影通过检察院对警察局的纠错和裁判，宣示了美国“三权分立”这一政治框架的合理性。但是在我看来，这种政治层面的质疑和反思只是该电影的表层意蕴，其深层意蕴则指向了对男权的批判，批判力度之强、反思问题之深是近几年来少有的，尤其是它将对男性的批判从家庭暴力引向了男性的责任意识，从政治特权引向了宗教信仰,给人留下了广阔的思考空间。

(一)责任缺失与暴力泛滥

对私人家庭内部男性中心主义的揭示通常指向家庭暴力,即男人借助生理上的优势对女性施暴。伊斯特伍德并没有重复前人的老路,而是独具慧眼,在一个晦暗不明的地带发现了一种更具有隐蔽性和非议性的男权中心主义表现形式,而这就是常常被男性引以为豪的“责任意识”。“责任”可以大略地分为“治国”与“齐家”两个类别,前者是社会取向的,后者是以家庭为本位的。但在价值谱系上,这两种责任有高低贵贱的不同。在大多数文化情境中,都将社会责任视为更高级别的责任,在性别上属于男性,其活动领域是广场、战场、庙堂和议政大厅,所追求的是公理、正义、理性、济世与安邦等熠熠闪光的宏大叙事;而后者则属于低级的层次,在性别上属于女性,其活动领域是私人家庭或者是街头巷道,这些空间中所追求的总是与生理需要和感性必然相联系,带有天然的狭隘性、自私性和非理性特征。因此,在人们(尤其是男人们)看来,这一领域中的生活是不值得过的。“离家出走”到公共地带去实现人生价值,也就成了男人们的永恒姿态。但在这部电影中,伊斯特伍德对这种根深蒂固的责任意识产生了怀疑并进而质疑。

电影中的许多段落和场景都能表露出伊斯特伍德的这种怀疑与质疑。电影将失子的痛苦、寻子的艰险与一个单亲妈妈的家庭组织在一起并不是随意的安排。导演显然是要暗示人们,孩子的失踪以及妈妈在寻子过程中所遭遇的种种不公和险情,在很大程度上源于父亲的“离家出走”。倘若父亲能与母亲一道担起家庭的责任,很多不幸也许就不会发生。家庭是社会最基本的单元,只有每一个家庭祥和稳定了,才有整个社会的安定和谐。在这里我们可以看出,导演伊斯特伍德首先对男性逃避家庭责任表示了不满,将他们视为一种只顾寻欢作乐的动物。对于延续人类生命这一伟业,他们一旦

“播种”成功，就选择了逃避，将更为艰辛的哺育工作留给了女性。其次，伊斯特伍德赞美了女性的伟大，她们不离不弃，将延续生命、培育生命这一艰辛的使命担当起来，并为之艰苦斗争、不屈不挠。这既是对母爱的赞美，更是对女性的赞美，同时更是站在女性的立场上宣示了“家庭责任”的重要、伟大和无私。再次，导演伊斯特伍德通过母子的一段对话，对男性所谓的责任表示了不屑。在母子对话场景中，儿子问妈妈，父亲为什么离家出走，妈妈告诉他说，因为父亲接到了一个盒子，盒子里面装了一个最最吓人的“责任”；儿子说，“听起来好傻”，妈妈马上接着说，“我也是这么想的”。很显然，伊斯特伍德是借这对母子之口，表达了他对男人所谓责任的不屑。这种不屑正表明了，伊斯特伍德在该电影中是站在一种平民化、日常化和现实化的立场上进行叙述的，这种立场能帮助他透视出男性所谓的责任带有的抽象性、虚幻性与乌托邦冲动。如此，传统责任的价值序列在这里得到了重新校订。

伊斯特伍德对私人家庭内部男性中心主义的批判还表现为对一种新型家庭暴力的揭示。电影中并没有安排男性对女性直接施以拳脚的镜头，却通过精神病院一位“女病人”的讲述，将一种更为耸人听闻的家庭暴力形式揭示出来。男人除了恃强凌弱用拳脚来摧残征服女性的身体和意志外，更发明出一种动用符号力量对女性的身体和精神进行强行命名的做法，将她们关进精神病医院。精神病医院也因此成了男性纳粹建立的“女性集中营”。与前者相比，后者似乎更加野蛮残忍，更加表现出非人道的特质。男性不仅控制着女性的身体，而且控制着对她们身体的命名。知识和文化在这里成为虐杀女性的工具，而“治疗”走向了它的反面，成为更为隐蔽和残忍的“摧残”。精神病院中那位坐在轮椅上，神情木讷、奄奄一息、骨瘦如柴的老妇人就成了这种残忍的直接表征。在这里，作为公共机构的精神病院成为家庭暴力的帮凶，这也暗示出，电影对男性中心主义的批判决不会仅限于私人家庭内部。

（二）公权的男性化、暴力化

伊斯特伍德对男权的批判并没有止于私人空间，而是进一步将批判的矛头指向了社会公共生活空间，不仅包括工作领域、医院、国家权力机关，还包括新闻媒体。在伊斯特伍德的影像表现中，以警察局和市政府为核心的国家公权领域是一个满嘴谎言、欺压大众、文过饰非的罪恶之地，充满了暴戾和恐怖的气息。伊斯特伍德的深刻之处在于，他进一步暗示出国家公权异化的根源就在于公权的男性化。对此伊斯特伍德在影像结构上有着精心的安排。

在电影的结构布局中，活跃在国家公权领域的几乎都是男性，尤其是警察局和市政府几乎完全在男性的控制之下。他们制定社会游戏规则，并把持着对社会事物和行为的命名权。所谓的“公域”，也就变成了狭隘的“男域”，成为男性控制、压制女性的合法领地。尤其是当警察局局长、洛杉矶市长、大众传媒和精神病医生都以男性身份亮相，沆瀣一气、统一口径、狼狈为奸，对女主人公进行集体迫害时，更表现出伊斯特伍德对公权公域男性化的忧虑和批判。如果说，亚里士多德还只是在较为中性化的立场上告诉人们，男人是天生的政治动物，那么伊斯特伍德则通过视像语言在批判的意义上揭示出，男人这个政治动物已将政治彻底地男性化了，而男性化则可与野蛮化、性欲化等量齐观，政治成为男性统治女性的合法工具。笼罩着整部电影的那种排遣不尽的灰暗色调，将伊斯特伍德的这种忧虑之情和批判之意表现得深刻而坚定。

但对于政治本身，伊斯特伍德并没有完全陷入绝望，而是将希望之光寄托在博大坚韧的母爱和女性身上。女主人公自始至终火红着的嘴唇正是这一希望的影像象征，而对所有罪恶进行审判的检察官在性别身份上的女性设定也许更是伊斯特伍德对实现公平政治之可能性的现实探讨。就后者来看，伊斯特伍德与美国人类学学者艾斯勒不谋而合。艾斯勒在其《圣杯与剑——男女之间的战争》一书中指出人类目前所面临的所有困境均来自父权制社会的压迫关系和对抗思维，只有重新返回男女平权、共同治理的伙伴关系社会，人类才可能重获自由与和平，“在这种男女合作的世界里，我们对正义、平等和自由的追求，我们对知识和精神启示的渴望，以及我们对爱和美的向往，最终都将获得满足”①。

工作领域中的性别不公也是伊斯特伍德着重批判的领域。该电影中，女主角所从事的工作是在大型通信公司接听电话，而该公司的接话员从性别上看全部是女性。电影曾多次出现这群女工的工作场景，训练有素、紧张繁忙。伊斯特伍德的这种设置显然有所暗示。从工作性质上看，电话接听是一项没有什么知识含量和技术要求的体力工作，不需要多少创造性想象和智力因素。尽管女主人公也升职到中层管理岗位，但最终还是要接受男性的领导，并在后者的“注视”中接受嘉奖或者惩罚。这种工作角色的分工也被伊斯特伍德运用在精神病院中，男性是医生，是领导者，是命令的发布者，而女性所从事的则是卫生清洁、日常护理、门口迎宾和医生秘书等琐碎的工作。这种职业领域的角色分工，我们既可以将其认作导演对现实生活工作情境的真实揭示，也可以认作伊斯特伍德对这一不合理结构的无声批判。这种批判具有强烈的现实意义。从表面上看，女性已经被允许进入各种男人曾经主导和盘踞的工作领域，并由国家通过法律的形式加以保障，但实际情况却往往相去甚远。男性一般是领导者、管理者，是企业家、律师、医生，而女性则一般是从属者、被管理者，是文字秘书、清洁工和服务员；前者是命令的发出者，而后者是命令的接收者；前者总是正确的、精明的、理性的，后者则总是失误连连、冲动感性的，正如电影中那位神志清醒的“女精神病人”所说的，“人人知道，女性是脆弱的，都觉得女人太感性，没什么理性”。对于这种既定的社会角色背后的压制与不公，

---

① ［美］理安·艾斯勒：《圣杯与剑——男女之间的战争》，程志民译，社会科学文献出版社 1995 年版，第 287—288 页。

伊斯特伍德的揭示与批判也是鲜明而深刻的。

（三）上帝也是男性：对宗教男性化的批判

伊斯特伍德在这部电影中的深刻之处尤其表现为他将对男性中心主义的批判引向了宗教这一领域，这使伊斯特伍德的批判具有了远超前人的深刻性和尖锐性。在电影中，作为上帝代言人的那位牧师既是正义的化身，也是民主的斗士。他不仅在电台上怒斥警察的恶行，揭露他们的罪恶，而且亲自带领抗议者到警察局游行示威，把对强权的抗争从话语引向行动，表现出疾恶如仇、维护正义的可贵精神。可以说，如果没有这位牧师的热情鼓励和鼎力相助，女主角就不可能逃出精神病院，也很难斗争到底并取得最后的胜利。但恰恰是在这样一位富有正义感和抗争精神的人物身上，导演伊斯特伍德表达了他对现实宗教行为中男性中心主义的疑虑和批判。

这种疑虑和批判早在女主人公和牧师的初次会面中就显露端倪。在他们的第一次会面中，牧师像政治演说家，慷慨陈词，“这是一个充满暴力、滥用职权、谋杀、腐败和恐吓的警察局”，并鼓励女主人公抗争到底，彻底揭露警察局的丑行和罪恶。但对于这场称得上激动人心的演说，女主人公好像全没听进去，而是声音低沉但十分坚定地说：“我只是想找我的儿子回家。”在这里，导演伊斯特伍德显然是站在女主人公的立场上，对牧师那种抑制不住的政治激情表示了疑虑。疑虑的核心就在于，这种宏大的政治愿景尽管崇高，但所表现出来的依然是男性化的政治冲动，它无法领悟女性和母爱的深邃与敏感。而在电影接近尾声的地方，伊斯特伍德将宗教政治化、男性化之后可能有的麻木和冷酷揭示出来。电影有一段很有意味的镜头和对白，当警察局局长和虐童凶手等被一一宣判之后，牧师如释重负，并劝慰女主角柯林斯忘记“死去”的儿子，甩掉包袱，重新生活：

牧师："但我觉得是时候向前看了，开始新的生活，你儿子也想让你忘记过去。"

妈妈："也许，但或许他更想让我一直找他，或许他正在别处等着我呢！"

牧师："我相信他在那等着呢，他在那个我们某一天都将会和爱人重聚的地方等着。"

牧师第一句话的潜台词就是，你的儿子已经死了，找也徒劳，不如开始新的生活。很显然，对于牧师的好意，女主人公又一次没有领情，而是认为儿子仍然活着，而她也要继续寻找。牧师也依然固执地坚持自己的判断，并将年轻妈妈所说的"他正在别处等着我"中的"别处"故意解释为人死之后的"天堂"。两个人已经到了无法沟通的程度。设置这样的冲突和争执，到底是在暗示女主人公患上了"偏执症"或者"妄想症"，还是在表明这位男性牧师只是将女主人公作为政治斗争的工具，而一旦达成政治目标，他也就没有耐心和兴趣去关心这位年轻妈妈真正的内心世界和情感体验了呢？随着电影结尾处一位被确定为"死亡"了的男孩死而复生，伊斯特伍德的真实意图就十分明朗了。

他显然是站在女性的立场上，对宗教中忽视女性利益和情感世界的倾向提出了较为严厉的批判。通过牧师性别的设置以及情节的安排，伊斯特伍德同样暗示出，这种不良倾向产生的原因就在于宗教的男性化以及由此而来的宗教的政治化。尽管它有可能是崇高的，追逐着正义和良知，却无法真正走进女性的内心世界，去探查她们的真实情感和生存体验。这一批判所暗示的命题就是：上帝也是男性，他为男人而非女人代言。这种认识不仅深化了对男权中心主义的认识，而且也为女权主义批评提供了新的方向和领域。

（四）对立思维及其遗憾

这部影片对男性中心主义的批判全面而又深刻。作为一名男性导演，伊斯特伍德能在耄耋之年对男性中心主义做出如此深刻的反思，的确令人尊敬。但是如果细加检视，伊斯特伍德对男权中心主义的批判还没能跳出二元对立的思维框架，这就使得他的批判虽然深刻全面，但没有对男女关系的重构提供多少启示意义。

在电影中，女性和男性之间似乎永远无法获得内心深处的共鸣和理解，即便是在始终处于合作关系的那位牧师和女主人公之间，也有着无法跨越的三八分界线。男性永远无法走进女性的内心世界，无法感知和了解女人的直觉天性和对某些事情的坚持。就在电影的最后，这种对立认识也一直有所表现。在目睹一位男孩家庭团聚之后，女主人公柯林斯微笑着离开警局，而她身后那位颇有正义感的警察问道："你认为他还活着?"柯林斯语气坚定地回答说："为什么不?"导演伊斯特伍德之所以安排这样一组对话，也许是为了更加突出女性的乐观、伟大与坚忍不拔，但是也无意间透露出他对男女之间关系的对抗性认识和界定。这种认识和判定显然不利于男女关系的和谐和重构。

在价值立场上，伊斯特伍德更多地站在女性立场上对女性以自然血亲为指向的坚韧、务实和伟大的母爱作了赞颂，而将男性表现出来的政治热情和社会责任视为好高骛远、不切实际、远离生活的可笑举动并进行批判，这也有失偏颇。我们固然承认，男人也应该在私人家庭领域承担起生活的责任，去追寻内心深处最本然的情感呼唤，但我们更认为，对社会公共责任的关注和担当绝不应该被视为可笑的，用"好傻"来形容多少有些不恰当。从社会结构的总体构成来看，没有公共空间中政治生活和社会秩序的和谐、健康和公平公正，也就没有私人家庭空间中的和谐、幸福和安定。这两者如鸟之两翼，相辅相成。要想实现两者的和谐，就需要社会中包括每一个男女在内的所有人在私人空间享受天伦之乐和感性自由的同时，更能时时进入公共领域去行使和承担作为一个公民应该有的权利、责任和义务。

作为艺术品的电影，不仅应该像透镜一样反映出既存的社会秩序及其掩藏的假丑恶，更应该在介入和引导的层面上为人类生活提供更有参考价值的坐标和方向。艺术既要反映事件，更要创造事件。伊斯特伍德的孜孜不倦和自我批判精神使我们有理由相信，只要时间允许，他完全有可能创作出更有性别建构意义的电影佳作。

参考文献

一　中文原著

曹志平：《马克思科学哲学论纲》，社会科学文献出版社 2007 年版。

陈炎：《艺术与技术》，人民出版社 2012 年版。

高亮华：《人文主义视野中的技术》，中国社会科学出版社 1996 年版。

韩升：《生活于共同体之中——查尔斯·泰勒的政治哲学》，中国社会科学出版社 2010 年版。

何中华：《历史地思：马克思哲学新诠》，山东人民出版社 2013 年版。

胡泳：《众声喧哗：网络时代的个人表达与公共讨论》，广西师范大学出版社 2008 年版。

黄鸣奋：《超文本诗学》，厦门大学出版社 2002 年版。

黄鸣奋：《电脑艺术学》，学林出版社 1998 年版。

黄鸣奋：《数码艺术学》，学林出版社 2004 年版。

贾秀清等编：《重构美学：数字媒体艺术本性》，中国广播电视出版社 2006 年版。

李建军：《文学的态度》，作家出版社 2011 年版。

廖祥忠：《数字艺术论》（上、下），中国广播电视出版社 2006 年版。

刘大椿等主编：《现代科技导论》，中国人民大学出版社 1998 年版。

马立新：《数字艺术德性研究》，社会科学文献出版社 2013 年版。

马立新：《数字艺术哲学》，中国社会科学出版社 2012 年版。

马晓翔:《新媒体艺术透视》,南京大学出版社 2008 年版。

孟繁华:《众神狂欢:世纪之交的中国文化现象》,中央编译出版社 2003 年版。

欧阳友权:《网络文学本体论》,中国文联出版社 2004 年版。

秦凤珍等:《信息传媒文化与当代文艺生产消费的新变》,中国社会科学出版社 2012 年版。

单小曦:《现代传媒语境中的文学存在方式》,中国社会科学出版社 2007 年版。

孙恒存等:《文艺研究的数字审美之维》,四川大学出版社 2014 年版。

汪民安主编:《身体的文化政治学》,河南大学出版社 2004 年版。

王方:《数字时代的艺术媒介化》,中国传媒大学出版社 2020 年版。

王诺:《欧美生态批评:生态学研究概论》,学林出版社 2008 年版。

吴义勤:《守望的尺度》,吉林出版集团有限责任公司 2009 年版。

谢有顺:《文学的常道》,作家出版社 2009 年版。

许鹏:《新媒体艺术论》,高等教育出版社 2006 年版。

严峰等:《生活在网络中》,中国人民大学出版社 1997 年版。

杨大春:《感性的诗学:梅洛-庞蒂与法国哲学主流》,人民出版社 2005 年版。

杨加:《数字虚拟艺术超真实表现研究》,中国商业出版社 2019 年版。

姚大志:《现代之后:20 世纪晚期西方哲学》,东方出版社 2000 年版。

俞吾金:《重新理解马克思:对马克思哲学的基础理论和当代意义的反思》,北京师范大学出版社 2005 年版。

曾念长:《中国文学场:商业统治时代的文化游戏》,上海三联书店 2011 年版。

张京媛主编:《新历史主义与文学批评》,北京大学出版社 1993 年版。

张清华:《文学的减法》,吉林出版集团有限责任公司 2009 年版。

张岩冰:《女权主义文论》,山东教育出版社 1998 年版。

周宪:《审美现代性批判》,商务印书馆 2005 年版。

周宪：《文化表征与文化研究》，北京大学出版社 2007 年版。
朱光潜：《西方美学史》，人民文学出版社 1964 年版。

二　中文译著

[斯洛文尼亚] 阿莱斯·艾尔雅维茨主编：《全球化的美学与艺术》，刘悦笛等译，四川出版集团、四川人民出版社 2010 年版。
[美] 阿伦特：《人的境况》，王寅丽译，上海人民出版社 2009 年版。
[美] 阿诺德·贝林特：《艺术与介入》，李媛媛译，商务印书馆 2013 年版。
[美] 阿瑟·C. 丹托：《艺术的终结》，欧阳英译，江苏人民出版社 2005 年版。
[美] 埃伦·迪萨纳亚克：《审美的人》，户晓辉译，商务印书馆 2004 年版。
[意] 艾柯：《丑的历史》，彭淮栋译，中央编译出版社 2012 年版。
[美] 安德鲁·芬伯格：《技术批判理论》，韩连庆等译，北京大学出版社 2005 年版。
[英] 保罗·克劳瑟：《视觉艺术的现象学》，李牧译，南京大学出版社 2021 年版。
[法] 保罗·维利里奥：《无边的艺术》，张新木等译，南京大学出版社 2014 年版。
[法] 保罗·维利里奥：《消失的美学》，杨凯麟译，河南大学出版社 2018 年版。
[德] 本雅明：《经验与贫乏》，王炳钧等译，百花文艺出版社 1999 年版。
[英] 戴维·莫利：《认同的空间》，司艳译，南京大学出版社 2001 年版。
[美] 丹尼尔·贝尔：《资本主义文化矛盾》，赵一凡等译，生活·读书·新知三联书店 1989 年版。

［美］道格拉斯·凯尔纳：《媒体文化介于现代与后现代之间的文化研究、认同性与政治》，丁宁译，商务印书馆 2013 年版。

［法］德勒兹：《差异与重复》，安靖等译，华东师范大学出版社 2019 年版。

［法］杜夫海纳：《美学与哲学》，孙非译，中国社会科学出版社 1985 年版。

［法］杜夫海纳：《审美经验现象学》，韩树站译，文化艺术出版社 1992 年版。

［美］杜威：《艺术即经验》，高建平译，商务印书馆 2005 年版。

［美］费什：《读者反应批评：理论与实践》，文楚安译，中国社会科学出版社 1998 年版。

［瑞］福克斯等主编：《马克思归来》，“传播驿站”工作坊译，华东师范大学出版社 2016 年版。

［德］格罗塞：《艺术的起源》，蔡慕晖译，商务印书馆 1984 年版。

［美］亨利·詹金斯：《融合文化：新媒体和旧媒体的冲突地带》，杜永明译，商务印书馆 2012 年版。

［法］吉尔·利波维茨基：《责任的落寞》，倪复生等译，中国人民大学出版社 2007 年版。

［德］加达默尔：《真理与方法——哲学诠释学的基本特征》上卷，洪汉鼎译，上海译文出版社 1999 年版。

［加］卡尔松：《自然与景观》，陈李波译，湖南科学技术出版社 2006 年版。

［加］卡菲·凯丽：《艺术与生存——帕特丽夏·约翰松的环境工程》，陈国雄译，湖南科学技术出版社 2008 年版。

［美］卡罗尔编：《今日艺术理论》，殷曼楟等译，南京大学出版社 2010 年版。

［美］凯瑟琳·海勒：《我们何以成为后人类：文学、信息科学和控制论中的虚拟身体》，刘宇清译，北京大学出版社 2017 年版。

［德］康德：《判断力批判》，宗白华译，商务印书馆 1964 年版。

［俄］康定斯基：《艺术与艺术家论》，吴玛悧译，重庆大学出版社 2011 年版。

［美］克里斯蒂安妮·保罗：《数字艺术：数字技术与艺术观念的探索》，李镇等译，机械工业出版社 2021 年版。

［法］朗西埃：《词语的肉身：书写的政治》，朱康等译，西北大学出版社 2015 年版。

［法］勒庞：《乌合之众：大众心理研究》，冯克利译，中央编译出版社 2004 年版。

［美］理查德·舒斯特曼：《身体意识与身体美学》，程相占译，商务印书馆 2011 年版。

［俄］列夫·马诺维奇：《新媒体的语言》，车琳译，贵州人民出版社 2020 年版。

［加］琳达·哈琴：《反讽之锋芒：反讽的理论与政见》，徐晓雯译，河南大学出版社 2010 年版。

［法］鲁尔·瓦纳格姆：《日常生活的革命》，张新木等译，南京大学出版社 2008 年版。

［英］罗纳尔多·蒙克：《马克思在 21 世纪——晚期马克思主义的视角》，张英魁等译，江苏人民出版社 2010 年版。

［美］马克·波斯特：《第二媒介时代》，范静哗译，南京大学出版社 2005 年版。

［美］马克·波斯特：《信息方式：后结构主义与社会语境》，范静哗译，商务印书馆 2014 年版。

［英］马克·柯里：《后现代叙事理论》，宁一中译，北京大学出版社 2003 年版。

［法］马克·西门尼斯：《当代美学》，王洪一译，文化艺术出版社 2005 年版。

［德］马克思：《1844 年经济学—哲学手稿》，刘丕坤译，人民出版社

1979 年版。

[意] 马里奥・佩尔尼奥拉:《仪式思维》, 吕捷译, 商务印书馆 2006 年版。

[美] 马歇尔・伯曼:《一切坚固的东西都烟消云散了——现代性体验》, 徐大建译, 商务印书馆 2003 年版。

[加] 马歇尔・麦克卢汉:《理解媒介》, 何道宽译, 商务印书馆 2003 年版。

[德] 玛克斯・德索:《美学与艺术理论》, 兰金仁译, 中国社会科学出版社 1987 年版。

[美] 迈克尔・J. 桑德尔:《自由主义与正义的局限》, 万俊人等译, 译林出版社 2011 年版。

[德] 尼采:《悲剧的诞生》, 周国平译, 生活・读书・新知三联书店 1986 年版。

[美] 尼古拉・尼葛洛庞帝:《数字化生存》, 胡泳等译, 海南出版社 1996 年版。

[美] 尼克・库尔德利:《媒介、社会与世界: 社会理论与数字媒介实践》, 何道宽译, 复旦大学出版社 2016 年版。

[英] 尼克・史蒂文森:《认识媒介文化——社会理论与大众传播》, 王文斌译, 商务印书馆 2001 年版。

[德] 尼克拉斯・卢曼:《大众媒体的实在》, 胡育祥等译, 台北: 左岸文化、远足文化事业有限公司 2006 年版。

[美] 诺埃尔・卡罗尔:《超越美学》, 李媛媛译, 商务印书馆 2006 年版。

[以] 齐安・亚菲塔:《艺术对非艺术》, 王祖哲译, 商务印书馆 2009 年版。

[英] 齐格蒙特・鲍曼:《流动的现代性》, 欧阳景根译, 上海三联书店 2002 年版。

[加] 奇塔姆:《康德、艺术与艺术史——学科的阶段》, 沈亚丹等译,

江苏美术出版社 2010 年版。

[美] 萨义德：《文化与帝国主义》，李琨译，生活·读书·新知三联书店 2003 年版。

[美] 萨义德：《东方学》，王宇根译，生活·读书·新知三联书店 1999 年版。

[英] 舍勒肯斯：《美学与道德》，王柯平等译，四川出版集团、四川人民出版社 2010 年版。

[英] 斯各特·拉什：《信息批判》，杨德睿译，北京大学出版社 2009 年版。

[斯洛文尼亚] 斯拉沃热·齐泽克：《无身体的器官：论德勒兹及其推论》，吴静译，南京大学出版社 2019 年版。

[英] 斯图尔特·霍尔：《表征：文化表象与意指实践》，徐亮等译，商务印书馆 2003 年版。

[英] 斯图亚特·西姆：《后马克思主义思想史》，吕增奎等译，江苏人民出版社 2011 年版。

[澳] 泰瑞·弗卢：《理解全球媒介》，李欣译，浙江大学出版社 2018 年版。

[美] 唐纳·哈拉维：《类人猿、赛博格和女人——自然的重塑》，陈静等译，河南大学出版社 2016 年版。

[英] 特里·伊格尔顿：《审美意识形态》，王杰等译，广西师范大学出版社 2001 年版。

[美] 威廉·格雷德：《资本主义全球化的疯狂逻辑》，张定淮译，社会科学文献出版社 2003 年版。

[英] 维特根斯坦：《哲学研究》，陈嘉映译，上海人民出版社 2001 年版。

[德] 沃尔夫冈·韦尔施：《重构美学》，陆扬等译，上海译文出版社 2002 年版。

[新西兰] 肖恩·库比特：《数字美学》，赵文书等译，商务印书馆 2007

年版。

［英］伊格尔顿编：《女权主义文学理论》，胡敏等译，湖南文艺出版社 1989 年版。

［美］约翰·菲斯克：《解读大众文化》，杨全强译，南京大学出版社 2001 年版。

三 英文著作

Aneesh, A., Lane Hall and Patrice Petro, eds., *Beyond Globalization: Making New Worlds in Media, Art, and Social Practices*, New Brunswick, New Jersey, and London: Rutgers University Press, 2012.

Alan Kirby, *Digimodernism: How New Technologies Dismantle the Postmodern and Reconfigure Our Culture*, New York and London: Continuum, 2009.

Brunella Antomarini and Adam Berg, eds., *Aesthetics in Present Future*, New York and Toronto: Lexington Books, 2013.

B. Mark, N. Hansen, *New Philosophy for New Media*, Cambridge and London: The MIT Press, 2004.

Christian Fuchs, *Culture and Economy in the Age of Social Media*, New York and London: Taylor & Francis, 2015.

Didier Anzieu, *The Skin-Ego*, London: Karnac Books Ltd., 2016.

Friedrich Kittler, *Optical Media*, Cambridge and Malden: Polity Press, 2010.

Henry Jenkins, Sam Ford and Joshua Green, *Spreadable Media: Creating Value and Meaning in a Networked Culture*, New York: New York University Press, 2013.

Hidenori Tomita, ed., *The Post-Mobile Society: From the Smart/Mobile to Second Offline*, London and New York: Routledge,

2016.

John Armitage and Ryan Bishop, eds., *Virilio and Visual Culture*, Edinburgh: Edinburgh University Press, 2013.

Mark Poster, *Information Please: Culture and Politics in the Age of Digital Machines*, Durham and London: Duke University Press, 2006.

Mjos, O. J., Page, R. E. and Albarran, A. B., *Music, Social Media, and Global Mobility: Myspace, Facebook, Youtube*, Routledge, 2012.

Peter Glotz, ed., *Thumb Culture: The Meaning of Mobile Phone for Society*, Bielefeld: Transcript Verlag, 2005.

Ralph Schroeder, *Social Theory after the Internet*, London: UCL Press, 2018.

Robert Samuels, *New Media, Cultural Studies, and Critical Theory after Postmodernism*, New York: Palgrave Macmillan, 2009.

Roberto Diodato, *Aesthetics of the Virtual*, Albany: State University of New York Press, 2012.

Sonia Livingstone, ed., *Audiences and Publics: When Cultural Engagement Matters for the Public Sphere*, Portland and Bristol: Intellect Ltd., 2005.

后　记

在我们热情眺望“后人类”社会，对赛博格和机械人充满无限向往时，更应该认识到，披着科技外衣的人类依然和其他自然生命一样，处在相互依赖、相互影响的生命共同体之中。这种休戚与共、相互连带的生命关系警示着人们：个人主义虽然美好，但群体责任更加重大；科技虽然许下了赛博格愿景，但自然生物躯体仍是生命的支柱；数字虚拟尽管已经无所不能，挺向了元宇宙，但它还是要架设在嗡嗡作响的一堆物质装备上；新媒介尽管提供了数不尽的新玩法，但人们总是必须先填饱肚子再说。这些情况都在提醒着当下的学术界，要想使新媒介审美和数字美学的研究更具生命力，就需要克服个体主义和形而上学的话语方式，恢复物质、自然、生命、身体、责任和共同体在研究中应有的尊严和地位。本书在这一方向上只是做了初步的探索。

本书的部分内容先后发表于《天津社会科学》《山东师范大学学报》《理论学刊》等期刊，收录时略有增删。本书也是山东省社会科学规划研究项目“新媒介时代的大众阅读经验研究”（项目编号：18CWYJ15）的结项成果，并受到山东师范大学中国语言文学山东省高水平学科·优势特色学科建设经费资助。在本书付梓之际，感谢文学院领导和各位同事所给予的支持，感谢文艺学、美学学科的各位同事在科研和教学中所给予的关心、帮助。感谢周均平教授在百忙之中为我赐序。对于拙著，这篇序既是画龙点睛之笔，又是点铁成金之作。其奖掖后学、鼓励晚进之意，溢于言表。感谢我的研究生们帮着校对了书稿。

李红春

2021 年 12 月 19 日